聖經研究叢書

歷久常新的生命故事

約翰福音人物研究

二版

曾思瀚、吳瑩宜 著

基道出版社

▼

聖經研究叢書

歷久常新的生命故事

約翰福音人物研究

Eternal Word Spoken

A Literary Study on Characterization in John's Gospel

作者
曾思瀚 Sam Tsang
吳瑩宜（撰寫婦女部分）Nancy Ou (with the section on women)

責任編輯
蔡錦圖

裝幀設計
陳琦

■

出版 / 發行
基道出版社
香港沙田火炭坳背灣街 26 號富騰工業中心 1011 室
LOGOS PUBLISHERS
Unit 1011, Fo Tan Ind. Centre, 26 Au Pui Wan St., Shatin, Hong Kong
電話：(852) 2687-0331　傳真：(852) 2687-0281
網址：http://www.logos.com.hk

承印
海洋印務有限公司

●

10/2006 初版　8/2015 二版
Cat. No. LP163-2
ISBN-10: 962-457-317-4
ISBN-13: 978-962-457-317-6

刷次	10	9	8	7	6	5	4	3	2	1
年份	2024	2023	2022	2021	2020	2019	2018	2017	2016	2015

致謝

本書是許多授課資料及文章撰寫的綜合成果。若非下列良友之支持與鼓勵，我無法順利完成這個寫作計劃的全新嘗試。在許多方面，我必須感謝我的學生及過去的會友，他們所提出的問題，直到如今仍然不斷地刺激我的思考與探索。對於我所屬教會的牧師 Rev. Karl Overbeek，我也要表達至誠的謝意，因為他在我生命經歷試煉低谷的時期，給與了我無盡的支持。我所敬重的羅慶才博士，曾經是海外神學院的教授，現為香港鑽石山浸信會的主任牧師，他大力地引介了我與中文的學術出版界人士認識，值得我獻上最高的致意。《約翰福音文學註釋》一書，仍然是我繼續參閱的寶貴資源，而其作者孫寶玲博士，在本書的寫作上，貢獻了許多無私的佳美指引及個人洞見。他為本書所寫的序言，更顯出他深廣的恩慈。Dr. Estrada 曾是海外神學院的教授同仁，傾全力地催促我開始本書的寫作。我也特別感謝陸建華牧師，他是我過去的學生，但他智慧的忠告，卻仍繼續幫助我在人生的道路上大步前行。熊璩弟兄是《舉目雜誌》的特約編輯，他總是在學術誠實及公正的角度上，向我發出率直的挑戰。他是所有朋友中，最鼓勵我在寫作上繼續努力的夥伴。他在基督裏所展現的真誠友誼，至今仍使我心存感恩。我特別感激舉目雜誌，容讓我有機會發表數篇有關約翰福音的文章。這些文章好似撒下的種子一般，經過更多的澆灌，長成了這本《歷久常新的生命故事：約翰福音人物研究》。吳瑩宜姊妹也在《舉目雜誌》上發表她最初有關約翰福音婦女的文章。她以這篇文章為雛型，更進一步地發展出本書婦女信徒部分的五篇文章。她將我許多未經修潤的思想，調融為整合的中文翻譯，成為我極大的幫助。她所撰寫的婦女信徒部分雖短，卻可略見她真實的才華。我認為像她這樣具有品質的姊妹，極其適合撰寫約翰福音中這一羣具有極高品質的婦女信徒。毫無疑問地，基道出版社的蔡錦圖弟兄，也在一開始的接觸時，就顯出了他誠摯的支持。最後，我必須感謝我的太太若蘭，她的生命正是耶穌婦女門徒的最佳典型。她不但在智識及屬靈上，不斷地幫助我成長，更在我的缺點上繼續地包容與忍耐。沒有她的全心支持，我無法有今日的成果。我實在是一個最蒙福的人。一切榮耀歸與神！

孫寶玲序

曾思瀚博士的《歷久常新的生命故事：約翰福音人物研究》是華人教會應該注意和肯定的作品。作者展示了學術並不一定是和寡的高曲，而是提高讀經和信仰識見的養料。

本書雖然以人物和主題作為陳述約翰福音內容的經緯，但作者卻能整合約翰福音全書的精要，讀者閱讀時不僅沒有片斷或脱落的感覺，更有福音書結構之緊密和主題相互呼應的體會。我相信讀者必定可以從閱讀本書，重新或更深欣賞約翰福音。

對神學教育過程中學習的人而言，本書所徵引近年約翰福音研究的方法與成果，既提高了讀者的認知水平，同時亦顯示怎樣將學術理論應用在聖經詮釋上。然而，本書並不是象牙塔裏不食人間煙火的夢囈，在探討每個人物主題後，作者都以「應用」消化和反思經文與信仰生活的關連，其中探討的，既是信仰核心的課題，也是適切當下的教會處境。華人教會必定可以從曾博士的《歷久常新的生命故事：約翰福音人物研究》有所學習。

自序

研究人物的途徑繁多，最常見的當屬以歷史背景或靈修角度為方法論的兩種進路。在這兩個廣為聖經讀者所使用的方法論之間，仍有極大空間為文學研究的方法論存留。

本書以約翰福音為首要的研究焦點，但並非逐節詮釋經文的聖經註釋書。更確切地說，本書的目標是經由人物的探討，來了解約翰如何傳遞並表達神的信息。因此，本書應屬約翰福音人物的解經書。本書的研究並不與上述常見的兩種方法論相互衝突。反之，作者盼望本書能夠為約翰福音的讀者，提供「第三種」的思考方式，使讀者在這三種不同方法論的相互補充下，對於約翰福音的信息有更整全的了解。

一方面，為了避免讀者覺得本書的「學術氣味」太濃，作者特別在每一個人物研究的末了，為讀者提供「省思與今日應用」，期使聖經人物所帶出的信息成為讀者信仰生活的實際指引。本書的生活應用部分，絕無意取代其它以聖經人物為主的靈修性作品。作者嘗試由信仰的應用層面，來展示以文學角度進入聖經人物研究的價值，及其對讀者的貢獻。

另一方面，為了提高本書對於一般信徒的可讀性，我將大部分較艱深的學術討論置於註腳。相信神學生亦可從這些註腳的深入研讀中，擷取助益。

本書誠然不是約翰福音人物研究的最後結論。事實上，書中每位人物都值得我們用一本書的篇幅仔細探討。然而，本書僅能以約翰福音的數位代表人物為研究焦點，期望藉著文學研究的方法，能夠幫助讀者對聖經的歷史人物，有更深廣的了解，並更深刻的體驗。作者誠摯企盼本書不但能激發讀者對於神話語有更深層渴慕，更能藉著有益的方法論，讓讀者在神話語的了解上，不斷突破進深。

二版序

這本研究約翰福音人物的著作，在我心中享有特殊地位，因為它是我出版的第一部中文著作。感恩的是，這本書得到讀者喜愛，並且獲得第三屆基督教金書獎神學及研經類原創作品銅獎。本書出版以後，我曾多次教授約翰福音——由紐西蘭到馬來西亞到加拿大。這些教學經驗對我大有裨益。我的學生很多時根本就變成了我最好的老師。我為著課堂上的這些互動獻上感恩。亦由此我發現教學過程中討論過的問題，確實值得回答。這個版本修正了前版的一些問題，而不稔我這本最早期作品的讀者，必能從這最新的版本獲益。當然，一切亦要歸功於基道出版社，因他們再次對我這微小的獻呈投上信心的一票，樂意出版這個最新的修訂版本。感謝神。

目錄

第一章

約翰福音釋經方法論之探討

引言

約翰福音常被視為一本看似簡單，卻蘊藏深奧真理的福音書。其中百分之九十以上的內容，與其他三本福音書的記載相異。[1] 約翰福音的獨特性由此顯露無遺。為了更明白耶穌的救恩信息，如何清晰地展現在約翰筆下，本書將以人物刻畫及修辭用法為討論之重心。[2]人物刻畫是敘事文體不可或缺的要素。當作者藉自己的字彙，或書中其他可信靠人物的話語，描繪某人物時，他正在進行人物刻畫的寫作。[3] 直接的形容字眼或間接的描述手法，都是人物刻畫的寫作技巧。[4]所刻畫的人物，常常代表了約翰所針對的一些團體。當然這羣約翰筆下的人物，就是本書的主角。他們將分別出現在不同的篇章之中。約翰對照尼哥底母及撒瑪利亞婦人，就是人物刻畫的上佳例子。約翰在四章1節對法利賽人顯示敵意的記錄，使我們想起第三章中那位無法了解耶穌的法利賽人尼哥底母。在第三章中，約翰以「以色列人的先生」、「法利賽人」及「猶太人的官」(三1)，帶出尼哥底母的社會地位及背景。反觀撒瑪利亞婦人，除了她曾經有過五個丈夫(四18)並對猶太人心存敵意之外(四20)，讀者對撒瑪利亞婦人的背景及姓名，自始至終沒有絲毫認識。在猶太人的心目中，撒瑪利亞婦人與以色列毫無關連。然而，尼哥底母與撒瑪利亞婦人之相異，在兩人與耶穌相遇之時，卻顯出另一層面的對照。當尼哥底母對耶穌重生的講論無言以對時，無名無姓的撒瑪利亞婦人不但明白耶穌的信息，更進城宣揚耶穌是基督的大好消息。由約翰對尼哥底母及撒瑪利亞婦人的刻畫，我們肯定了約翰欲表達的信息。原來，猶太或撒瑪利亞的傳統，無法拯救世上任何人。任何宗教制度、社會階級、種族或教育，亦無法賜人生命。真實的救恩來自耶穌基督，當人接受耶穌為彌賽亞時，人就有了生命（四28～29、39～42），因為耶穌才是真正的救世主。[5]

本書將選擇一些不同角色的人物為研究對象，並由這些人物的生命表現，發掘約翰欲傳達的信息。[6]但若缺乏良好的釋經方式，則無法達成此目標。本書嘗試由四個角度探討約翰福音，盼望這個多層面的釋經策略，能生動地將經文信息呈現在讀者面前。因此，本書每章之內容，將含人物的研究及釋經四角度的分析。最後，每章的簡短摘要帶出每一個人物研究的結論。我將本書歸類為人物刻畫註釋。雖然本書清楚地採用釋經原則研究經文，但它並非傳統式的聖經註釋，因為書中並未對經文作顯微鏡式的詳細研究。事實上，許多學者已在聖經註釋方面作出極美好的貢獻。本書的研究亦不屬約翰福音文學角度的註釋，這方面的研究有孫寶玲博士的佳作為例。[7]我想我不需要在前人耕耘收成之處，再費撒種之力。更正確地說，本書是以文學體裁之特性為釋經方式的人物刻畫註釋書，最終目的是希望讀者不但能夠了解經文的細節，更能領悟一種全面性研究人物的釋經方式。

前言與結語之角度

約翰福音的一大特色乃是它的前言(一1～5)及結語(二十一1～25)。[8]這兩段落的經文，彷彿在寫作最後階段加入，使全書信息的啟示更鮮明。尤其是結語部分，其內容清楚顯示具此目的之寫作方式。[9] 前言與結語之角度由敘事文體的結構為切入點，探討作者與讀者在經文的思想交流。卡森(D. A. Carson)在釋經中作出如下觀察：「前言是通往約翰福音的廊道……它不但激發讀者的注意力，更同時介紹了約翰福音的重要主題。」[10] 博克(D. L. Bock)也在最近的精深作品《聖經中的耶穌》一書中，提出前言為其他部分設下寫作語調的功能。[11] 對當代敘事文體研究極具影響力的學者里蒙－凱南(S. Rimmon-Kenan)更肯定前言在開始時，即為全書設下寫作態度及語調的重要角色。[12] 在由朗讀取代閱讀的第一世紀口傳社會中，前言在聽者的腦海中，佔了不可或缺的重要地位。前言必須清晰，以維持聽者的注意力。前言必須簡潔，容讓聽者在聽的過程中，記住重要的信息。前言更須有力，為全書設下活潑並有生氣的語調。如此，前言不但帶出作者的寫作用意，更引導式地預備聽者對寫作內容之聆聽。

口講的「字／道」(spoken word)是口傳社會溝通的基本要素，其重要性不言而喻。[13]約翰在前言中，為何使用「道」(the Word)字，並以此字引出「道」是可信的主題觀念？除了「道」在口傳社會中的可信度之外，「道」亦是猶太人及羅馬人共同具有的觀念。可見，約翰是使用聽者已熟悉的「道」一字，展開前言並帶出約翰福音全書的主題。〈七十士譯本〉(LXX)將預言講論中的「道」譯為「主的話」。[14]由此譯法，可以了解猶太人視「道」為創造主的權威啟示。對淪落異域的猶太人，神的話語威嚴地與異域外邦神成了對照。如此，神啟示話語的權威不但彰顯真神，同時也揭發外邦假神的面目。由猶太人的智慧文學（Wisdom 18. 15），我們可以進一步地觀察出，猶太人以擬人化的智慧「道」代表創造的根源。[15]「道」在一世紀猶太信徒的心目中，代表了那位永遠信實、有權威性，並完全真實的神。[16]

對一世紀的外邦信徒來說，「道」的涵義可以溯源至亞里士多德及柏拉圖的思想，其意義範圍由口語之溝通涵蓋至歷史中超自然力量的描述（Plutarch 2. 376 c）。[17]在某些希臘羅馬神祕宗教的經典中，擬人化的「道」被用來代表他們敬拜的神明。[18]對羅馬人來說，「道」的涵義範圍極其廣闊。顯然，在「道」一字的使用上，約翰為當時的讀者留下許多猜測的空間。前言之後的經文，應漸縮小「道」的意義範圍，進而清楚地為讀者說出「道」的身分及角色。神的話是否真實，又是否能實現在歷史中，是作者探索的問題。在約翰福音中，約翰以「道」證明並應驗神的話語，為上述的問題提供了肯定的答案。

到底如此重要的前言有何信息呢？前言的信息包含下列五個主題：（一）「道」成肉身前之討論；（二）「道」與神同在的宣告；（三）「道」神聖屬性的描述[19]；（四）「道」創造世界的肯定[20]；（五）「道」、生命、與光三者密切關係之強調。

驟眼看來，約翰福音的前言與符類福音的修辭用法毫無相似之處。然而，經過仔細的觀察，卻可發現有基本的類似。在前言中，對「道」之來源的指出，與馬太福音及路加福音中的家譜，有相同的修辭功用。然而在類似中，約翰福音的前言仍有其特殊之處。它並不像符類福音的引言一樣，強調耶穌為兒子的觀念。[21] 由約翰福音的前言，我們清楚看見作者約翰特意脫離符類福音的描述。約翰如此下筆，並非反對其他福音書的記錄，乃是為帶出耶穌獨特的畫像。畢竟，以眾人所熟悉的資料描述耶穌，並非作者的心意。對前言內容及其用意的了解，可以幫助我們觀察前言中的五個主題，如何影響約翰福音全書的信息。以下列經文為例，讀者將看見前言五個主題，在約翰的寫作之下，不斷地呈現在約翰福音全書中，前呼後應地帶出耶穌基督救恩的信息。

前言主題(一)：「道」成肉身前之討論(一1a)

在約翰的記錄中，耶穌有意疏遠自己肉身的根源。以迦拿的婚筵為例，當耶穌與母親對話時(二4)，祂以當時對一般婦女的稱謂「婦人」，稱呼自己的母親(四21)。在耶穌地上事工結束之際，身懸十字架上的耶穌，再次以「婦人」稱呼自己的母親(十九26)。耶穌絕非有意對自己的母親表示不敬。在地上事工開始及結束之時，祂如此疏遠的稱呼，乃為展示自己身分的獨特性。耶穌獨特性的彰顯，使前言在一開始即顯得重要，不但自然地將耶穌帶入地上事工的起始，更有力地為耶穌地上事工的結束畫上休止符。

耶穌超自然的身分起源，在祂與天父關係的強調上，更是明顯可見。當耶穌將自己與人的家譜疏遠時，祂同時在多處顯出祂神聖的來源(五19～20，八54)。在八章54節中，耶穌稱神為「我的父」，即為明顯例子。約翰由耶穌在教導中對神的稱呼，觀察出耶穌與神之特殊關係(五17，六32，十29、37，十四23，十五1、8)。在約翰福音中，沒有任何經文指出門徒與耶穌一樣地稱呼神為「我的父」，因為這些門徒並非那從起初即存在的「道」。

前言主題(二)：「道」與神同在的宣告(一1b、2)

在六章46節中，耶穌以第三人稱對自己做出「惟獨從神來的，他看見過父」之大膽宣告。此外，耶穌並常以「我是父所差來的」(五36，二十21) 之教導，描繪「道」與神同在的事實。可見耶穌的事工與其他先知大不相同，祂為神所差，因為祂從起初即與神同在。

前言主題(三)：「道」神聖屬性的描述(一1c)

顯然，當耶穌說「我與父原為一」時(十30)，耶穌陳述了祂與父神同時存在、具有與父神同樣屬性、而且不與父神同屬一位格的事實。[22] 猶太人控告耶穌說僭妄的話(十33)，並非因耶穌自稱為父神，乃因耶穌宣稱自己具有與神同樣的屬性。[23]由於有關褻瀆神的法律，在後期猶太人的文獻中記載不甚清楚(Sanhedrin 7.5)，耶穌如此的宣稱，極有可能為自己帶來不堪設想的後果。[24] 因為完全了解此宣稱之涵義的敵對者，毫無可能容忍此種言論的存在。

前言主題(四)：「道」創造世界的肯定(一3)

「萬物是藉著他造的。凡被造的，沒有一樣不是藉著他造的」(一3)，此節經文明確地將「道」視為創造主。「我是」(I Am) 一詞，貫穿約翰福音全書。耶穌七次對自己的「我是」宣告(六35，八12，十7、11，十一25，十四6，十五1)[25]，不但是約翰福音獨有之特色，更突顯了「道」即創造主的重要主題。[26]有些學者主張，約翰的觀念有多處起源自舊約聖經，前言源自描述創造的經文即是明顯之例。同樣地，我們亦可大膽地推論耶穌之「我是」宣告，起源自舊約聖經。在〈七十士譯本〉的出埃及記中，神以「我是」向摩西啟示自己的名字(出三14)。這位名為「我是」的神，就是創世記中的創造主。耶穌的某些神蹟，亦展示了祂對自然的權能掌管(六16及下)。[27]奇妙地，這七個

「我是」宣告，都顯示了耶穌與創造主的事工之關連。[28]

前言主題（五）：「道」、生命與光三者密切關係之強調（一4～5）

前言指出生命在「道」裏頭，而這生命就是人的光。這個主題不斷地出現在約翰福音全書中。當耶穌宣告「復活在我，生命也在我」時（十一25），「道」與生命的關係密不可分。耶穌甚至在講論中，以生命的糧比喻自己，凡到祂那裏的必定不餓，信祂的永遠不渴（六35）。耶穌是生命的賜予者，因為「道」就是生命。耶穌亦對眾人宣告「我是世界的光」（八12），顯明自己是那照在黑暗裏的光。所以至終，凡遇見耶穌的人都必須面對自己光明或黑暗、死亡或生命的抉擇。

當初讀前言時，「道」的身分彷彿十分神祕。但當福音故事漸進展開時，「道」的身分愈來愈清楚地指向耶穌。由上述例子可見，不論閱讀約翰福音的任何一段經文，我們都必須自問此段經文是否解釋了前言的主題？如同莫洛尼（Francis J. Moloney）之觀察，約翰福音的前言部分是「述說」（telling），敍事部分則是「演出」（showing）。[29]那麼，約翰福音中的講論，就更進一步地肯定了耶穌是神最後「話語」或「道」之真理了。除了前言之外，結語（二十一1～25）也是了解約翰福音信息的重要因素。在眾多舊約及新約敍事文體的研究中，結語的重要地位，許久以前已被肯定。[30]例如彼得被主堅立的故事，好像是約翰福音的附錄，[31]其實可以視此段經文為耶穌復活後與門徒之間關係描述的故事。再者，約翰福音的結尾經文（二十一25）對見證許多耶穌所行事迹的自白，證實了作者誠實的寫作品格。若無經過廣泛的研究，作者無法得知耶穌在大祭司前的審判情形（十八19及下），因為當時無一門徒親身在場。約翰在結語中，對「為這些事作見證，……就是這門徒。我們也知道他的見證是真的」之強調（二十一24～25），乃是為了堅立從未見過耶穌之信徒的信心。[32] 這羣信徒認識作者，因此他們信任作者的見證。在耶穌堅立彼得這段敘事之前，約翰已經寫下一段與讀者信心有關之迷你結語（二十30～31）。綜合兩結語，我們清楚看見約翰建立讀者信心的用意。由此推之，當我們閱讀約翰福音時，我們應當思考所讀經文如何能讓我們的信心繼續不斷地增長。

神蹟與講論之角度

以神蹟及講論為一組的二元編排結構（Binary Connection），是約翰福音的特色之一。[33] 閱讀約翰福音最常犯的錯誤，就是讀者為達自己釋經之目的，而將神蹟或講論視為獨立經文處理。關注耶穌對尼哥底母之教導的釋經，就是一個明顯例子。無可置疑地，「重生」是此段經文的重要主題，但同時上文的迦拿婚筵及潔淨聖殿，也關連性地為約翰福音第三章帶出「重生」以外的重要主題。這種常見的釋經錯誤，乃因對全書結構的了解不完全所致。下文將由敘事的結構安排，探討約翰福音的經文，以使讀者更加清楚約翰所欲表達的信息。

茲將約翰福音的綱要列於如下，以供讀者閱讀本書時之參考。

約翰福音全書綱要

I. 前言（一1～4）

II. 七個神蹟之敘事（一5～十二50）

a. 為耶穌開路的見證人（一6～51）

i. 有關施洗約翰的見證（一6～8）

ii. 約翰信仰羣體的見證（一9～18）

iii.施洗約翰的見證（一19～34）：「這是神的兒子」（一34）

iv.第一批門徒的見證（一35～51）

b. 第一個神蹟／神蹟的開始（二1～四43）：新的次序

i. 神蹟（二1～12）

ii. 神蹟的教導（二13～四43）

1. 耶穌成為新的聖殿（二13～25）：與「住在我們中間」之主題有關（一14）－第一個逾越節？

2. 耶穌帶來新的生命（三1～21）：與「生命」及「從神生的」之主題有關（一3～4、12～13）

3. 耶穌引進新的時代（三22～36）：與「律法及恩典」之主題有關（一17）

4. 耶穌顯明新的認知（四1～45）：與「父懷裏的獨生子將父神表明出來」之主題有關（一18）－第一個「我是」宣告；「我是」＝彌賽亞（四26）

c. 第二及三個神蹟（四46～五47）：救世主

i. 神蹟（四46～五18）

ii. 神蹟的教導（五19～47）

1. 耶穌所作的事（五19～24）

2. 耶穌事工的見證人（五25～47）：與「作見證」之主題有關（一6～8）

d. 第四及五個神蹟（六1～71）：生命的糧

i. 神蹟（六1～25）：第二個逾越節？－第二個「我是」宣告（六20）－與「道成肉身」之主題有關（一14、18）

ii. 神蹟的教導（六26～71）

1. 耶穌是生命的糧（六26～51）：第三個「我是」宣告－「我就是生命的糧」（六35）

2. 神蹟教導的結果（六52～71）：與「接待」及「不接待」之主題有關（一11～12）

e. 第六個神蹟（七1～九41）：世界的光－與「光」之主題有關（一4～5、9）

i. 神蹟的教導（七1～八59）

1. 耶穌是誰？（七1～53）

2. 耶穌的赦免（八1～11）

3. 世界的光（八12～59）：第四個「我是」宣告－「我是世界的光」（八12）；與「光」之主題有關（一4～5）

ii. 神蹟（九1～41）：與「律法及恩典」之主題有關（一17～18）

f. 第七個神蹟（十1～十二50）：好牧人－與「生命」之主題有關（一4）

i. 神蹟的教導（十1～42）：第五個「我是」宣告－「我就是羊的門……我是好牧人」（十7、11）

ii. 神蹟（十一1～十二50）：第六個「我是」宣告－「復活在我，生命也在我」（十一25）；與「生命」之主題有關（一3～4）

III. 受難敘事（十三1～十七26）

a. 洗腳的命令（十三1～20）：第七個「我是」宣告－「我是基督」（十三19）；與「恩典」之主題有關（一16）

b. 受苦的預言（十三21～38）：與「不接待」之主題有關（一11）

c. 耶穌對門徒的安慰（十四1～31）

i. 禱告蒙允的應許（十四1～15）：第八個「我是」宣告－「我就是道路、真理、生命」（十四）6；與「生命」之主題有關（一4）

ii. 有關聖靈的預言（十四16～31）

d. 關係的三個層面（十五1～27）：與「新家庭」之主題有關（一12）

i. 信徒與耶穌的關係（十五1～17）：第九個「我是」宣言－「我是真葡萄樹」（十五1）

ii. 信徒彼此間的關係（十五12～17）

iii.信徒與世界的關係（十五18～十六4）

e. 引導及喜樂的預言（十六5～22）

i. 聖靈的引導（十六5～15）

ii. 信徒的喜樂（十六16～33）

1. 耶穌得勝帶出的喜樂（十六16～22）

2. 禱告蒙允帶出的喜樂（十六23～33）

f. 受苦前的禱告（十七1～26）

i. 保守與合一（十七1～21）

ii. 耶穌得榮耀（十七22～26）

IV. 榮耀敍事（十八1～二十31）：最後的逾越節－第十個「我是」宣告；「我就是」（十八5、6、8）；與「榮光」之主題有關（一14）

a. 捉拿（十八1～27）

b. 定罪（十八28～40）

c. 受苦（十九1～15）

d. 釘十字架（十九16～30）

e. 埋葬（十九31～42）

f. 復活（二十1～29）

i. 第一次顯現（二十1～18）

ii. 第二次顯現（二十19～23）

iii.第三次顯現（二十24～29）

g. 作者的用意（二十30～31）

V. 結語（二十一1～25）

除了注意前言結語與約翰福音全書之關係外，約翰福音的寫作結構，也是了解經文涵義的重要指引。善於觀察的讀者，會馬上注意到約翰福音獨特的寫作結構。[34] 前言與結語之間的約翰福音經文，皆以「講論及神蹟／記號」(discourse and sign) 之二元結構編排而成。戴維斯 (M. Davies) 認為神蹟之所以稱為記號，乃是因為這些神蹟超越了本身的獨立性而隱含地指出了現實情境中更重要的真理。[35] 這些記號指向耶穌及其講論。[36] 二元結構的編排寫作法帶出講論及神蹟／記號的相互闡釋。約翰以二元結構的寫作法，帶出了七個神蹟／記號的敘述 (一6～十二50)。以第二章的第一個神蹟／記號迦拿婚筵為例，作者對婚筵中按猶太人潔淨規矩而預備之水缸的註釋 (二6)，與隨即帶出的潔淨聖殿經文描述，同時暗示了與猶太傳統有關之主題。第三章與第四章的耶穌與尼哥底母及撒瑪利亞婦人的談話，更是對照了猶太傳統與耶穌欲帶出之信仰新義。「耶穌又到了加利利的迦拿」(四46) 這節回顧性的經文摘記，為此二元結構的段落經文帶出了結束。因此，讀者可以清楚看見尼哥底母與撒瑪利亞婦人的故事，原來與約翰福音第二章的迦拿婚筵及潔淨聖殿，同屬一組之二元結構單元。[37] 第二及第三個神蹟／記號表明了耶穌拯救世人的使命 (四46～五18)。在敘述耶穌醫治大臣之子 (四50) 及使躺了三十八年之病者得以痊癒 (五5) 的故事之後，約翰緊接著帶出耶穌賜人生命之使命的講論 (五19 ff)。而在第四及第五個神蹟／記號中，耶穌不但餵飽了五千人，並且宣告自己像當年曠野中的嗎哪一樣，是世人生命的糧 (六1～71)。在耶穌向眾人講論自己是「世界的光」之後 (七1～八59)，耶穌行使了第六個神蹟／記號，使一個生來瞎眼的人重見光明 (九1～41)。當這人向主說：「我信」，並且拜耶穌時，他就真實地看見了光。在第十章中，耶穌首先以好牧人比喻自己，帶出祂看顧羊羣並願為羊捨命的心意（十28），隨後耶穌在伯大尼叫祂的朋友拉撒路從死裏復活（十一43～44）。如此看來，神蹟不單只是奇事的產生，它必須超越事件本身而指向講論中的真理，以使讀者明白神蹟／記號的意義。惟有如此，神蹟不再只是奇迹的故事，而是有特殊涵義之記號。

在一至十二章之神蹟／記號敍述之後，約翰開始耶穌預備受難的經文描述（十三～十七章），其中包含為此段經文之高潮的大祭司禱告。雖然，我們不再看見神蹟／記號的記載，講論及事迹的二元編排結構，卻仍繼續出現在此經文段落之中。耶穌預備受難的經文，在諸多方面摘要了前述神蹟／記號經文中的信息及真理。在此段經文一開始，耶穌就使用了令人聯想起約翰福音其他部分的字詞。在本書的其他篇章，我們將會發現第十三章是解釋受難敍事的關鍵。另外，約翰也藉著耶穌對自己死亡的掌控，帶出了耶穌神聖權能的至高展現。耶穌的復活，更印證祂乃是為神所差，並按那差祂來者的意思行的基督。

既然我們了解作者二元結構的獨特寫作方式，我們更當謹慎地研讀約翰福音，必須深入地觀察約翰如何使用講論來解釋神蹟。分別研究各自獨立的神蹟或講論，如同見樹不見林，將帶出不完全的釋經。但當讀者視神蹟及講論為一和諧整體時，豐盛又奇妙的信息涵義將全然地流露在眼前。

敍事文體之角度

近年來，學者對敍事文體的研究，為聖經的解釋帶來了不少貢獻。[38] 敍事文體中的幾項要素將引導讀者進入敍事的世界，經歷敍事的描述，以致敍事不再只是毫無特殊含意的事實彙編。尊重約翰福音敍事文體的釋經者，了解約翰以敍事的方式傳遞信息，必定會考慮敍事文體的釋經角度。下列有關敍事文體幾項要素的探討，有助讀者對約翰福音的了解更上層樓。

要素一：「情節」(Plot)

敍事者約翰及中心人物耶穌是敍事中最值得信靠的人物，所以他們的論説或註解，常是了解情節的最佳著眼點。他們的言論為每一展開的事件帶出了意義。對約翰而言，猶太人潔淨規矩的提及極其重要(二6)，因為它不但指出水的容量，並且説明了水的用途。如果約翰只要描述水的容量，他就不用加上二章6節的註解。如此，約翰要讀者知道，這水雖有特殊用途，但在迦拿婚筵的酒用盡時，卻也無法提供任何幫助。當我們將迦拿婚筵與學者尼哥底母及耶穌的對話連在一起時，以色列教師尼哥底母對耶穌的講論無法了解，使得一幅傳統出了問題的畫像活現在我們眼前(三10)。進一步，水的主題串流在活水賜予者耶穌及撒瑪利亞婦人的對話中(四10～14)。在為門徒洗腳中，水的使用並非代表傳統的潔淨禮儀，乃是為了表現耶穌犧牲捨命的更深意義(十三5、14)。所以，1節解釋猶太人潔淨規矩的簡單經文，在耶穌故事的繼續展開中，竟顯出無比重要性。當我們注意到二章6節與其他敍事之間的關係時，我們更清楚了解迦拿婚筵故事的情節。由此可見，耶穌和約翰對於某些事件的評論或註解，實在不容讀者輕心或忽略。

要素二：「時間」(Time)

「時間」要素非僅觀察時間次序的進展記錄，同時亦研究作者如何運用「時間」為象徵性寫作法的工具，以傳遞所欲表達之信息。卡爾佩珀(R. A. Culpepper) 在其約翰福音的重要研究上，特別針對時間在經文中的表達，作了仔細的觀察。他注意到某些故事在時間上的進展較其他故事快速許多。[39] 藉著故事時間進展快慢的寫作手法，作者加強了故事的表達效果。以約翰福音一至三章為例，在「次日」、「再次日」及「又次日」的時間描述下，門徒與耶穌初遇的事件，在第一章一日又一日的簡單素描中，快速地往前移動。而第二章對迦拿婚筵及潔淨聖殿的詳盡描述，則使時間的移動緩慢下來。當作者在第三章極其仔細地記載耶穌與尼哥底母之對話時，時間霎時停頓在歷史的時空中。由此，我們看見敘事者技巧地運用「時間」的寫作要素，將一及二章的主題尖銳地呈現在第三章的對話中。卡爾佩珀亦注意到作者為表達某些特殊的意義，而在經文中重複地提及有關的節期。[40] 在整本約翰福音書中，被多次提及的「逾越節」即為一例(二13，六4，十二1，十三1，十九14)。戴維斯指出，約翰多次以「時候」一詞，預期了那令人難解的耶穌受難最後時刻。[41] 事實上，約翰福音中所有「時候」的提及，都指向了耶穌受難的時刻。

社會歷史背景之角度

雖然我們無法完全取得約翰及其讀者當時的社會及歷史背景資料，卻仍有可能對其建構一般性的了解。此了解將幫助我們更加清晰明白地釋經。社會－歷史背景的釋經角度，考慮經文以外的一些因素，因為這些外在的因素自然地影響了約翰與讀者的溝通方式。[42] 根據一世紀末的歷史資料，猶太人及耶穌跟隨者之間的衝突，在公元七十年聖殿被毀之後更形惡化。[43] 甚至在聖殿遭劫之前，保羅已在致帖撒羅尼迦信徒的書信中，寫下了兩者之間的緊張對立(帖後二16)。在啟示錄中，約翰亦指責那些在示每拿及非拉鐵非教會中自稱為猶太人的，其實不是猶太人，乃是屬撒但一會的(啟二9，三9)。晚期猶太會堂使用的祝禱文(Twelfth Benediction)，再次讓我們看見彼此拒絕及對立的情勢是相互造成的。[44] 由於當時的猶太會堂具有宗教教育(Philo Spec. leg. 2.62)、敬拜(徒十七1；十九8)、社會互動(徒十八4；CPJI no. 138)、收稅(Josephus AJ 16. 167～168)及處理法律訴訟(Joseph AJ 14. 235)的多重功能，[45] 當耶穌跟隨者被逐出會堂時，他們即刻受到了嚴重的社會疏離。因懼怕被趕出會堂而拒絕回答法利賽人的問題，那對生來瞎眼者的父母淋漓盡致地表現了當時人的心境(九20～22)。[46] 耶穌跟隨者被社會疏離，在信心上受到了極其強烈的考驗。對他們而言，思考「復活的耶穌如何帶給我信仰上的衝擊？」及「復活的耶穌能改變我的現況嗎？」這兩個重要問題，是他們的挑戰！約翰在約翰福音中，為這羣因信仰而經歷社會疏離之痛苦的信徒，提供了滿有盼望的答案。[47]

結論

基於上述四個不同角度的釋經策略研究，我們發現「上下文」或「情境」(Context)是解釋約翰福音最首要的原則。約翰福音以三種不同型態的上下文結構，帶出經文之間的重要關連。首先，結構性上下文(Structural Context)是約翰在寫作上的刻意編排。其次，由約翰敍述故事的方式，可觀察出表現作者用意的上下文(Authorial Context)。最後，約翰寫作時的歷史情境(Historical Context)亦為經文解釋的重要考慮。了解約翰福音中這三種型態之「上下文」寫作結構之後，我們可以歸納出下列四項重要的釋輕原則。這些重要原則將更有效地幫助讀者了解約翰福音的信息。

任何經文皆與上下文有關。如果此段經文是講論，則應該注意上下經文中與講論有關的神蹟，反之亦然。

在閱讀經文時，應該思想此段經文與前言及結語之關連，並觀察經文信息如何更清楚地定義前言中的「道」。

閱讀有關人物刻畫的經文時，亦須注意上下經文對其他人物的刻畫。如此，才能正確地判斷這些人物在經文中正面或負面的角色功能。

釋經最終目的乃為加強讀者的信心。研讀聖經時，讀者必須常常省思此段經文中的信心教導。如此，釋經帶出的經文了解，才能幫助身處信心困境的信徒，如鷹展翅上騰般活出有力的生命。

如果我們能把握住本文所討論的釋經角度及釋經重要原則，我們就能夠明白約翰刻意的寫作方式之信息。如此，自然會產生對耶穌信息更清楚了解的佳美結果。

本書將針對約翰福音中的各樣人物，在其出現之上下經文範圍內，以本文討論的四個釋經角度進行剖析研究。在此嘗試之下，每一個人物所帶出之信息，將清楚地展現在讀者面前。讀者也因此能夠了解福音書的神學概念，進而有路可循地，將其實際地應用在今世的生活中。本書並未涵蓋所有在約翰福音中出現的人物，僅以其中一些令人深思的特殊人物為探討對象。無論是聖經一般人物的廣泛研究，或約翰筆下活畫角色的焦點透視，作者期盼本書不單在人物刻畫研究的領域中，激起些許的漣漪，更能在聖經人物的釋經方面獻上正面有益的指引。

註釋：

1 如欲詳細研究約翰福音與符類福音的比較，參 D. Moody Smith, *The Theology of the Gospel of John* (Cambridge: Cambridge University Press, 1995), pp. 10～74; *John* (Nashville: Abingdon, 1999)。福音書之間的比較並非本書研究重點。

2 身體及非身體方面的特性，一直被認為是人物描述的標示記號，常見於古代的修辭中(例如 *Physiognomonica* by Adamantius the sophist)。雖然這些特性並沒有直接影響本書的人物研究，但本書的研究方法亦非當今才開始的創新產物。本書的方法自古以來已經以相同或相異的形式被人接受。如欲對古代修辭有更深入的了解，參 Mikeal C. Parsons, "The Character of the Lame Man in Acts 3-4," *JBL* 1124 (2005), pp. 295～312。本書與帕森斯(Parsons)持一樣的基本觀念，認為人物刻畫的文學筆法，為其中的人物帶出了某些預表或象徵的價值與意義。

3 有關人物刻畫的研究，參 D. F. Tolmie, *Jesus' Farewell to the Disciples: John 13.1-17.26 in Narratological Perspective* (Leiden: Brill, 1995), pp. 117～144。

4 關於人物刻畫方法的更多研究，參 S. Rimmon-Kenan, *Narrative Fiction: Contemporary Poetics* (London: Metheuen, 1983)，及 D. F. Tolmie 運用 Rimmon-Kenan 之方法論的敘事研究：*Jesus' Farewell*, pp. 165～167, 175。

5 撒瑪利亞婦人認信耶穌為「救世主」(四42)是新約極獨特的記載。另一處稱耶穌為「救世主」的經文，出現在約翰一書(約壹四14)。如此偉大真理，竟為一撒瑪利亞婦人發現，聖靈的感動與啟示實在奇妙！

6 聖經敘事中的人物，並不完全代表歷史上那位活生生的特定人物，他的個人性質不見得出現在聖經的敘事中。在作者的筆下，書中的人物成為作者表達信息的媒介，他不再只是一位曾經在歷史中出現的歷史人物。當然，這並不表示這些人物不具歷史性，乃是強調他們有文學媒介的角色，及傳達作者信息的功能。有關討論，參 Petri Merenlahti, "Characters in the Making: Individuality and Ideology in the Gospel," David Rhodes, Kary Syreeni (eds.), *Characterization in the Gospels: Recontructing Narrative Criticism* (JSNTSup 184; Sheffield: Sheffield Academic Press, 1999), p. 49。在書中，Merenlathi 多數以符類福音為研究對象。但不可否認，人物刻畫這個屬於文學研究的學科，在聖經敘事的研讀中佔了極為重要的角色。另一本關於路加福音比喻的研究值得讀者注意，參 G. Sellin, "Lukas als Gleichniserzähler: Die Erzählung vom barmherzigen Samriter (Lk. 10,25-37)," *ZNW* 65 (1974), pp. 166～189; *ZNW* 66 (1975), pp. 19～60。

7 孫寶玲：《約翰福音文學註釋》(香港：天道，2001)。

8 以一章1至18節為前言段落是常見之分法。本文為深入探討前言與釋經之關係，僅以1至4節之前言經文為研究焦點。

9 二十章30節的經文好像已結束約翰福音。但為給予讀者更完全的耶穌畫像，作者繼續在二十一章帶出主耶穌復活後如何向門徒顯現並堅立他們的描述。由作者以第三人稱描述自己，可知約翰的基督徒羣體，也為這些經文內容的真實性作了見證(二十一24～25)。約翰福音的最後兩節經文，不但沒有否認約翰為該書的作者，反而更確認了約翰的作者地位。

10 Carson, *The Gospel according to John* (Grand Rapids: Eerdmans, 1991); Warren Carter, "The Prologue and John's Gospel: Function, Symbol and the Definitive Word," *JSNT* 39 (1990), pp. 35～58; Robert H. Gundry, *Jesus the Word According to John the Sectarian* (Grand Rapids: Eerdmans, 2002), pp. 1～50; Contra M.-J. Lagrange, *Évangile selon Saint Jean* (EBib: Paris: Gabalda, 1936), pp. clxx; J. A. T. Robinson, *Twelve More New Testament Studies* (London: SCM, 1984), p. 69.

11 Bock, *Jesus according to Scripture* (Grand Rapids: Baker, 2002), p. 409. 相同的看法參孫寶玲：《約翰福音文學註釋》，頁27；Bart D. Ehrman, *The New Testament: A Historical Introduction to the Early Gospels* (Oxford: Oxford University Press, 2000), p. 155。

12 S. Rimmon-Kenan, *Narrative Fiction: Contemporary Poetics*, p. 120; 何蒙娜(Morna D. Hooker)著，郭靈飛譯：《序章—開啟福音書的鑰匙》(香港：基道，2005)。

13 參 L. Alexander, "The Living Voice: Scepticism towards the Written Word in Early Christianity and in Graeco-Roman Texts," D. J. A. Clines et al (eds), *The Bible in Three Dimensions* (JSOTSup, 87; Sheffield: JSOT, 1990), pp. 221～247; Robert H. Gundry, *Jesus the Word*, p. xv，該書作者進一步將「道」視為包含命題式真理的概念。

14 在〈七十士譯本〉的預言中，百分之九十三的「道」字被翻為「主的話語」。參 *New International Dictionary of New Testament Theology* (以下稱NIDNTT) CD ROM。

15 如欲了解「道」為創造根源的主題，參 B. Witherington, III, *John's Wisdom: A Commentary on the Fourth Gospel* (Louisville: WJK, 1995)。

16 如欲了解「道」在猶太人心中的觀念，參 C. A. Evans, *Word and Glory: On the Exegetical and Theological Background of John's Prologue* (JSNTSup, 89; Sheffield: JSOT, 1993)。

17 Liddell et al (eds.), *Greek-English Lexicon* (Oxford: Clarendon, 1994)，又作

LSJM。

18 NIDNTT, BAGD.

19 一章1節c「道就是神」的「神」字，在希臘原文中沒有冠以定冠詞。一章1節b「道與神同在」的「神」字，則冠有定冠詞以表父神的位格。一章1節c的「神」字以強調性的用法，出現在句子的構造中。所以由文法的結構，我們知道沒有定冠詞的「神」字(一1c)乃是用來形容「道」的屬性，而非用來指明「道」為父神的身分，「道」與父神仍有區分。如欲更詳細了解希臘文的文法分析，參 D. B. Wallace, *Greek Grammar Beyond the Basics* (Grand Rapids: Zondervan, 1996), pp. 256～274。此種句子結構的型態，在1931年為科爾韋爾(E. C. Colwell)所發現並加以研究，因此被稱為 "Colwell's Rule"。一章1節的πρὸς 一字常被翻譯為「面前」(before)或「同在」(with)，代表耶穌與父神相近並且有密切之關係，但是耶穌並不是父神。有關此字的深入研究，參 A. T. Robertson, *A Grammar of the Greek New Testament in the Light of Historical Research* (Nashville: Broadman, 1934), pp. 622～626。

20 Wallace, *Greek Grammar*, p. 434。注意約翰福音中耶穌所有的媒介角色(agency)(例如，約一3，三17)。耶穌一方面道成肉身，成就祂到世上的使命，另一方面也以媒介者的身分完成神的工作。

21 Bock, p. 413.

22 「我與父原為一」(十30)的「一」為中性的希臘字，因此「道」與「父」有同樣屬性的意義。如果作者以陽性的字帶出「一」的觀念，則表示「道」與「父」本屬同一位格。參 Carson, p. 394。「我」字的強調帶出了作者以耶穌為焦點的用意。參 Robertson, *Grammar*, pp. 402, 760。

23 「又為你是個人，反將自己當作神」(十33)的「神」一字，在希臘文中，與一1c的「神」一樣，沒有定冠詞出現。由這相同的文法結構，可知十章33節的「神」字是帶出耶穌有神的屬性而非父神的真理。

24 Carson, p. 396.

25 由此七處經文的希臘文述語結構，可以看出七個「我是」宣告的重要性。

26 我同意卡邁克爾(Carmichael)認為約翰福音第一章深受創造記錄影響的看法，但他對於六日創造的經文與一章1至5節之經文平行的觀察，則顯然太過極端。詳參 Calum M. Carmichael, *The Story of Creation: Its Origin and Its Interpretation in Philo and the Fourth Gospel* (Ithaca: Cornell University Press, 1996), pp. 41ff.。

27 M. S. Kjärgaard, "Metaphern, Gleichnisse und "Ich bin" - Aussagen im Johannesevangelium," J.-P. van Noppen, *Erinnern, um Neuses zu sagen. Die*

Bedeutung der Metapher für die religiöse Sprache (Frankfurt/Main, Athenäum Verlag, 1988), pp. 241～257; D. M. Ball, *"I Am" in John's Gospel: Literary Function, Background and Theological Implications* (JSNTSup. 124; Sheffield: Sheffield Academic Press, 1996), p. 74.

28 正如創造主在曠野中供應以色列人日用的食物，耶穌成為生命的糧（六35）；又如創造主在曠野中以火柱引領以色列人，耶穌成為世界的光（八12）；又如創造主以完美君王的典範牧養以色列人，耶穌是祂羊羣的好牧人（十11、14）等。

29 Francis J. Moloney, *Belief in the Word: Reading John 1-4* (Minneapolis: Fortress, 1993), p. 24.

30 參 R. E. Longacre 對約瑟故事的研究：*Joseph: A Story of Divine Providence* (Winona Lake: Eisenbraun, 1989), p. 23 及 G. J. Wenham 較近期之舊約研究：*Story as Torah* (Grand Rapids: Baker, 2000), pp. 17～43。Wenham 採用里蒙－凱南之方法論探討創世記的敍事文體。

31 關於此方面的詳細討論，參 B. Gaventa, "The Archive of Excess: John 21 and the Problem of Narrative Closure," in R. A. Culpepper and C. C. Black (eds.), *Exploring the Gospel of John* (Louisville: WJK, 1996), pp. 240～252。她認為二十一章雖是後加的經文，所描述的卻是二十章空墳敍事之前的事件。換句話説，二十一章的事件乃緊接地發生在十九章所記錄的事件之後。顯然，她的看法為二十一章1節「這些事以後」，帶出極為不同的解釋。

32 有關這方面的討論，參鍾志邦：《約翰福音（卷上）》（香港：天道，2003），頁57。當然，根據二十章31節的經文證據，作者可以叫讀者繼續相信（present tense）或是開始相信（aorist tense），支持這兩種看法的證據不相上下。根據十九章35節的用法，Andreas J. Köstenberger 在他的書中 *John* (Grand Rapids: Baker, 2004), p. 582 提出，「叫你們可以信他」（that you may believe）之看法較佔優。如果證據的支持相當，那麼我們可以接受任何一種看法。無論如何，當各類信徒或非信徒接觸約翰福音時，如何解釋這節經文中的「相信」一詞，並不是最重要的。參較近期的研究：Richard Bauckham, *The Gospels for All Christians: Rethinking the Gospel Audience* (Grand Rapids: Eerdmans, 1997)。包衡（Bauckham）認為福音書有多重的寫作對象，與過去歷史鑑別學認為福音書只有單一寫作對象的看法完全相反。另外一種看法參 D. A. Carson, "The Purpose of the Fourth Gospel: John 20.31 Reconsidered," *JBL* 106 (1987), pp. 639～651，卡森認為福音書的對象是猶太人。另參 Carson, *John*, p. 90。最近期的研究參 James McGrath, *John掇 Apologetic Christology: Legitimation and Development in Johannine Christology* (SNTSMS; Cambridge: Cambridge University Press, 2001)。麥格拉思（J. McGrath）的作品有社會學假設模型的傾向。他認為約翰寫作的最重要目的，乃是為了針對敵對者

而提出護教的論點。卡森對於自己看法所提出的最新支持，參 "Syntactical and Textual Critical Observations on John 20.30-31: One More Round on the Purpose of the Fourth Gospel," *JBL* (2005), pp. 693～714。

33 以某個角度來看，約翰的寫作可說是龐大的 *chreia*。希臘羅馬式的傳記常有一個 *chreia* 隨著事件或情況出現，以帶出一組有意義的談論。同樣，約翰福音所有講論都在與神蹟／記號有關的上下文範圍之內。參 R. F. Hock, E. N. O徛eil (eds.), *The Chreia in Ancient Rhetoric. I. The Progymnasmata* (Texts and Translations, 27; Atlanta: Scholars Press, 1986)。

34 如欲了解約翰福音之大綱，參 L. Morris, *John* (NICNT; Grand Rapids: Eerdmans, 1971), pp. 65～69。

35 M. Davies, *Rhetoric and Reference in the Fourth Gospel* (JSNTSup, 69; Sheffield: JSOT, 1992), p. 223. 如欲對神蹟／記號篇的學術研究有概略性的了解，參 Erhman, *The New Testament*, p. 161。

36 「記號」的最佳定義，似乎是「藉著耶穌基督所完成的救恩，指向天父的作為」。參 M. M. Thompson, "John," Joel Green et al (eds.), *Dictionary of Jesus and the Gospels* (*DJG* henceforth) (Downers Grove: IVP, 1992), p. 379; R. H. Gundry, *Jesus the Word*, p. 5。

37 G. L. Borchert, *John 1-11* (NAC 25a; Nashville: B & H, 2002), pp. 96～97，由經文結構的觀察，指出迦拿婚筵為一故事循環的說法，雖然未必完全正確，卻為讀者在經文結構方面的認識，提供了一個新鮮又獨特的看法。

38 如欲更多了解敘事文體對約翰福音釋經的貢獻，參 M. W. G. Stibbe, *John as a Storyteller* (Cambridge: CUP, 1992)。

39 R. A. Culpepper, *Anatomy of the Fourth Gospel* (Philadelphia: Fortress, 1987), pp. 70～73.

40 同上註書，pp. 73～75。

41 Davies, p. 54. 如欲詳知更多關於時間的討論，參 pp. 44～66。

42 David A. deSilva, *An Introduction to the New Testament* (Downers Grove: IVP, 2004), p. 391 提出一項極為正確的觀察，寫道：「如同其他福音書一樣，約翰福音乃是針對第一世紀基督徒所面對的問題、關切及挑戰提出回應而寫成。」

43 如欲了解此理論的建立，參 J. L. Martyn, *History and Theology in the Fourth Gospel* (New York: Harper and Row, 1979)。近代在此方面的研究，參 A. T. Lincoln, *Truth on Trial: The Lawsuit Motif in the Fourth Gospel* (Peabody: Hendrickson, 2000), pp. 263～332。

44 Martyn, *History and Theology*, pp. 53～60. 第十二條祝禱文之內容，設定於公元九十年的雅麥尼亞(Jamnia)猶太會議。此時，基督徒已決定性地落入猶太人的咒詛中。如欲更了解猶太人與基督徒之間的緊張衝突，參 W. Horbury, *Jews and Christians: In Contact and Controversy* (Edinburgh: T & T Clark, 1998), pp. 67～110。

45 M. H. Williams, *The Jews among the Greeks and Romans: A Diasporan Sourceboook* (Baltimore: Johns Hopkins, 1998), pp. 33～37.

46 有關法利賽人影響力增長，以及公會權力壯大的討論，參 B. D. Chilton, "Judaism," *DJG*, pp. 403～404。

47 約翰的寫作與其說完全又直接地反映了當時信仰羣體的關切，倒不如說，約翰所選擇及記錄的事件也是當時信仰羣體的重要問題。如欲對約翰信仰羣體當時的信仰問題有簡明的了解，參 C. K. Barrett, *The Gospel of John and Judaism* (trans. D. M. Smith; Philadelphia: Fortress, 1975)。

第二章

耶穌：將人類引入新時代的領導者

有聲勝無聲：由「敘事－修辭」角度研究約翰的「聲音抑制」使用法

1. 引言

前言在約翰福音中的重要角色無可置疑。而前言中，以「道」(Word或Logos) 描述耶穌之用法，在整本聖經中只有約翰一人。故此，幾乎每位約翰福音的解經家都以極大篇幅討論「道」的重要性。雖然一般學者同意「道」所指的就是耶穌，但約翰使用「道」字時，所強調之真理為何，卻是爭辯的論題。[1]「道」是智慧的化身，以及「道」是摩西五經的化身，是最普遍的兩種看法。[2] 也有一些學者將這兩種說法集合，認為「道」因與摩西五經有關而成為智慧的化身。[3] 這些是極具參考性之立論，但本文將以「道」的另一層面為研究的焦點。「為何約翰不使用其他字比喻耶穌？」是我思想約翰使用「道」的用意時，所不斷提出的問題。由約翰如何技巧地運用「道」的聲音，使當時耶穌之反對者閉口無言的寫作方式，我們可以清楚找到此問題的答案。因此，約翰對「道」的修辭使用手法是本文的研究重點。誠然，以研究「道」在一世紀時期的定義著手，也是了解「道」的合理方法。然而，本文選擇約翰福音的修辭用法為研究進路，以了解「道」在書中的具體功用。[4]

耶穌及其對話者之間的關係研究，是在此的著手點。[5] 約翰刻意描繪耶穌及其他人物聲音的出現及消失，由此帶出有力的信息。我認為約翰以「道」描述耶穌，是因為「道」與「口講的字／道」(Spoken Word) 之間的關係。[6] 以「道」描述耶穌，使耶穌所說的話語成為約翰福音的神學理念。在修辭的運用上，約翰以耶穌的話語強調正確的信仰觀念，同時以對話者話語的消失，表達對消極錯誤信仰觀念的抑制。[7]

「聲音的抑制」(Voice Suppression) 是反對敵對者看法的主要表達工具。首先，我將觀察耶穌及其對話者之間的對話結構。我不僅注意耶穌話語之出現及強度，也會觀察其他聲音的抑制及消逝。其次，每回合的對話結果也是觀察的重點。約翰以無聲的靜默，描繪敵對者的無言，這是有趣的寫作技巧。最後，我將總結上述兩項觀察，進而展現這些對話所欲表達之信息。在本書修辭研究的三部曲中，嘗試帶出約翰對真理及錯誤信仰之看法。真理來自成為「道」之耶穌的高昂聲音，而錯誤的信仰則在敘事中被約翰以文學技巧抑制無聲。如同「道」的聲音向當時跟隨耶穌的信仰羣體說話，「道」的聲音也藉著約翰福音向約翰的信仰羣體表達同樣的教訓。由於本文不僅屬神學而屬方法論之研究，所以重點在於以敘事及修辭的方法研究約翰福音中的耶穌。[8] 在敘事的研究中，讀者將發現修辭是人物刻畫過程中極重要之寫作方式。

2. 聲音與靜默

第一個清楚表達「聲音抑制」修辭用法的例子，應屬尼哥底母與撒瑪利亞婦人這一組故事。這兩個故事緊接在迦拿婚筵及耶路撒冷潔淨聖殿之後。在上述兩個敘事曲中，約翰記錄了耶穌早期事工的一些事跡。[9] 這些事跡的記載，帶出了耶穌反對猶太教傳統的宣告。這些傳統包含了與人有關的潔淨禮儀（二6），及奉獻祭物與金錢方面的潔淨（二14；Philo Spec. Leg.1．166f）。[10] 根據皮爾加德（A. Pilgaard），死海古卷中〈安息日獻祭之歌〉（*Songs of the Sabbath Sacrifice*）對「神的國」（三3、5）一詞之使用，常與聖殿有關。[11] 顯然，在一世紀猶太人的觀念中，聖殿成為象徵神國度的指標。如此看來，耶路撒冷潔淨聖殿的故事，自然成為引進尼哥底母故事之完美前奏曲。約翰對上下文的巧妙安排，應使讀者迫不及待地欲知尼哥底母及撒瑪利亞婦人故事之後的發展。

在尼哥底母的敘事中，尼哥底母以二十四個希臘字為耶穌的身分作了神學性的宣告（三2）。自以為是耶穌行動至高詮釋者的尼哥底母，自信地為對話做了開場白，卻在約翰的筆下，以短短的四個希臘字（三9）自卑地消失在黑暗中。故事中的對話描述，讓讀者看見尼哥底母的答問愈來愈短，直至他的觀點完全淹沒在耶穌的教導中。在約翰的筆下，尼哥底母是一個在黑暗中的人物，他對耶穌了解的黑暗，快速地被耶穌所啟迪的教導所克服。[12] 身為以色列人先生的尼哥底母，靜靜地離開了故事的現場。以「敘事－修辭」的角度觀察，約翰福音三章16至21節並非作者約翰的旁註，乃是耶穌話語的持續。

約翰福音四章1節，連接了尼哥底母及撒瑪利亞婦人兩個故事。此節經文描述法利賽人對耶穌的誤解，令人想起前述尼哥底母對耶穌的缺乏了解。這誤解導致耶穌離開猶太，往加利利去。在經過撒瑪利亞的旅途中，耶穌與撒瑪利亞婦人有了談話的機會。撒瑪利亞婦人也有極強烈的宗教傳統背景（四19）。她的宗教傳統極為特殊，亦為作者約翰所深知（四5～6）。當耶穌以如何敬拜神的講論回答她時（四21～24），耶穌以全故事中最長的對話，靜止了撒瑪利亞婦人對宗教傳統的辯護。與尼哥底母的故事比較，我們發現撒瑪利亞婦人有較多的自由，表達本身對信仰的看法。約翰容許撒瑪利亞婦人陳述她錯誤的信仰觀，乃是為了帶出耶穌對自己彌賽亞身分的宣告（四25～26）。如此，耶穌在話語的迷宮上引導撒瑪利亞婦人，使這位婦女成為門徒以外接受彌賽亞宣告的第一位。當撒瑪利亞婦人為耶穌基督作見證時，她的聲音在約翰的筆下就顯得鮮明重要（四29）。由約翰僅對撒瑪利亞婦人作出性別及種族的描述筆法，我們清楚看見作者顯然偏愛這位無名撒瑪利亞婦人的洞察力。[13] 在博學的猶太男性對手尼哥底母的對照下，約翰更以門徒反應的描述強調她身為婦女的地位（四27）。[14] 約翰以反諷的筆調，帶出這位屬社會低層的無名撒瑪利亞婦人，其洞見遠超以色列聞名的教師尼哥底母的諷刺。[15] 但約翰並不停留於反諷的寫作中，他繼續描述許多人因耶穌的話語而相信的事實（四41），為讀者帶出撒瑪利亞城的人因相信「道」的話語而得救的重要真理。

另一個顯然使用「聲音抑制」修辭法的例子，出現在約翰福音九章耶穌醫好生來瞎眼的經文中。此段經文與上文耶穌自稱是「世界的光」有重要關連（八12），因為此段經文的事件，顯示了耶穌如此自稱的重要涵義。在此段經文中，約翰以「光與黑暗」及「白日與黑夜」的相關概念，帶出故事的信息（九4～

5）。耶穌說醫好生來瞎眼的乃是神的作為（九3），而祂必須趁著白日做那差祂來者的工（九4）。作者以白日的時間，比喻耶穌仍在世上的事實。可見，不論是白日或黑夜，完全在於耶穌及其話語的出現或消失。當耶穌消失時，黑夜來臨，神的作為不再出現。在此段敘事中，醫好生來瞎眼的耶穌在彰顯神的作為之後消失無影，直到「好牧人講論」時，才再次出場。[16] 耶穌離開現場後，聲音不再，讀者所能聽見的盡是被醫之瞎子與眾多宗教領袖對「耶穌是誰」的冷酷爭論。在約翰的筆下，當耶穌不在場時，黑暗的權勢立即籠罩。顯然地，耶穌並未完全離開故事的現場，因為當耶穌聽說瞎子被趕出會堂時，耶穌再次遇見他（九35）。我認為約翰刻意地在經文中使耶穌及其聲音消失的筆法，乃是為了強調光不在時的黑暗及不信。[17] 瞎子得醫治，並不全然為了瞎子的好處，更是為了要在耶穌的白日黑夜講論之後，顯明神的作為（九3～5）。然而，故事中的猶太人卻活在愚頑的不信中，他們不願思考耶穌醫治瞎子的舉動之重要意義。惟有原本為瞎子現在卻重獲光明的人，才完全了解耶穌醫治神蹟的涵義（九30～33）。原來眼不能見的瞎子，在約翰的筆下，強烈地對照了一羣視力正常反而看不見的法利賽人。

在安息日醫治瞎子的事件，使得耶穌與宗教領袖之間的衝突更形惡化（九35～十21）。[18] 在這衝突中，耶穌的聲音重新加入與法利賽人的劇烈對話。約翰記錄了在這段對話中，耶穌極長的好牧人講論。耶穌在好牧人講論中，可能引用了以西結書及耶利米書的比喻（結三十四章；耶二十三1～3），以賊、強盜及雇工等用語定了在黑暗中的法利賽人的罪（十8、12）。[19] 如果法利賽人代表當時掌管猶太的黑暗權勢，身為世上之光的耶穌顯然在這段故事中，以祂的聲音勝過了代表黑暗的法利賽人，因為他們的聲音在彼此紛爭中黯然消逝（十19～21）。被逐的瞎子成為耶穌羊圈的新羊，則是這段衝突事件的佳美果實。好牧人講論指出了耶穌面對法利賽人的得勝，並且顯出「光照在黑暗裏，黑暗卻不接受光」（一5）的主題思想。總結來說，當光完全消失時，不信充滿在白日之中。而世上之光耶穌出現時，黑夜的黑暗權勢卻毫無力量戰勝祂。當耶穌靜默時，不義掌權；反觀當耶穌發出公義之聲時，黑暗權勢的代言人，全然被耶穌的話語擊倒以致寂靜無聲。

最後一個「聲音抑制」修辭法的例子，出現在逾越節前之晚餐到耶穌受難時的經文中（十四～十七章）。[20] 此段經文呈現兩重危機。首先，背叛耶穌的猶大受了餅後，立刻就出去，行出賣耶穌的事（十三30）。其次，彼得雖說願意為主捨命，卻不了解耶穌所要去之地方的意義（十三37）。由上文的描述中，我們清楚看見彼得代表門徒的領袖地位（十三24）。然而，耶穌在此時預言，甚至身為領袖的彼得都將在耶穌受難時跌倒失敗（十三38）。三次不認主的慘敗，必定嚴重影響彼得的使徒權威及領袖地位。相信這是約翰以二十一章為結語的原因。在門徒猶大背叛耶穌，以及門徒領袖彼得三次否認主之後，眾人最關切的問題是門徒如何能再挽回權威及地位。耶穌在十四至十七章中的祈禱文，為這問題提供了答案。多馬、腓力、另一個猶大，以及其他門徒的答問，引進了耶穌的教導（十四5、8、22；十六18、29～30）。約翰刻意讓門徒表達心聲，然後再以耶穌的大量言論，平息門徒的關切。在耶穌受難的敘事中，門徒靜默無聲，惟有彼得三次不認主的聲音，迴響在大祭司的院子中（十八17）。此段經文的講論與禱文，是耶穌以「道」的身分所帶出的最長篇言論。耶穌對門徒將來的生命道路，關切之心洋溢在十四至十七章的經文中。耶穌首先確保門徒，將來在父的家裏必有住處（十四1～4）。其次，耶穌指出門徒有能力作比耶穌更大的事（十四12～14）。第三，耶穌應許聖靈的降臨（十四17），聖靈不但常與門徒同在，并要指教他們了解有關耶穌的真理（十四26，十五13）。第四，耶穌不僅預知門徒將遭困難（十六1～2），並且為他們祈求。耶穌祈求天父保守他們，及因他們的話而相信的人（十七15、20及下）。

在十四至十七章的講論中，耶穌不單處理門徒憑靠己力（彼得為例）及誤解耶穌的問題（多馬、腓力、另一個猶大及其他門徒為例）。祂更藉著確保他們將來的事工及信徒跟隨的應許，重新堅立使徒的權威。[21] 所以，正如約翰福音結語所示，彼得在耶穌復活之後，仍然是使徒的領袖，而其他門徒也成為接續耶穌在地上事工的見證及權威。

3. 靜默無聲：甚麼「不是」真理？

由以上討論，我們可以清楚知道在約翰福音中「甚麼不是真理」。約翰藉著耶穌抑制對方敵對及不真實言論的修辭用法，讓讀者知道甚麼不是真理。在此讓我們看出，耶穌以「道」的身分得勝一切非真理言論的寫作形式，屢次地出現在約翰福音中。在耶穌事工的初期，約翰以耶穌的話語帶出猶太宗教傳統的問題。這些傳統包括墨守成規，拘泥不變的禮節儀式。耶穌與以色列人教師尼哥底母的對話，顯出了這些宗教傳統毫無能力回應信仰真理的可憐光景。約翰在此隱含地讓讀者看見，公元七十年的猶太教因為不相信耶穌，而成為徒具形式的表面宗教。沒有「道」的聲音，猶太教就無法對生命信仰的問題，提供完全的答案。約翰對耶穌話語的記錄，也同時成為他對一世紀中期猶太教的批評與回應。[22] 而在耶穌醫治生來瞎眼的事件中，那些不相信耶穌醫治神蹟及拒絕耶穌言論的人，就是不具真理的敵對者。這羣法利賽人及其他的猶太人真是有罪了。耶穌對這羣人的定罪，比對以色列人教師尼哥底母的責備來得嚴重。尼哥底母對重生的不明白，帶出了猶太教的有限。但在天生瞎眼事件中的法利賽人及其他猶太人，所表現的卻是對耶穌的公然敵意。在這事件中，尼哥底母所屬的法利賽人羣體，不但敵對耶穌也迫害耶穌神蹟的接受者。尼哥底母只是一位無法了解耶穌重生講論的法利賽人，但他的同人卻是一羣一心想要毀壞以色列羊羣的賊及強盜（十8）。在這段耶穌與敵對者的言論衝突中，約翰稱猶太教的領袖為罪犯。這是約翰對當時猶太宗教所發出最嚴苛的批評。在約翰的心目中，當時的宗教領袖是一羣誤導羊羣的惡劣牧人。他們在神面前，真是重重地犯罪了。他們的罪是拒絕耶穌的結果。當耶穌白白地為羊捨命時（十15），這羣宗教領袖反而強行偷竊、殺害及毀壞（十9b）。雖然耶穌對當時宗教領袖的批評彷彿過度嚴苛，但這看法卻正確地反映出，聖殿重建到被毀這段時期（Second Temple Period）宗教領袖的實際情況。許多學者在死海古卷中，已發現當時以色列人對猶太教信仰及儀式的爭論（參 1 QS 4．15ff；1 QH 1．15ff）。[23]

在耶穌最後講論的例子中，彼得及其他門徒隨後的靜默，讓讀者看見即使有好名聲又極其能幹的領袖，都是不完全的。在約翰的修辭技巧下，所有門徒領袖都居於耶穌之下，因為沒有一人能夠完全依靠自己。約翰極有可能藉著這段經文，讓信徒了解將領袖理想化的危險。

4. 決然有聲：甚麼「是」真理？

引用聲名狼藉之彼拉多的問話：「真理是甚麼呢？」。對約翰來說，耶穌壓制敵對者聲音的話語，就是真理。由上述的第一個例子中，約翰讓我們看見猶太教的繁文禮儀不是真理。耶穌的事工才是真理，耶穌的行動加上耶穌的話語是真理的完全表現。祂的話語是真實的「道」，因為祂本身就是「道」。第二個例子則集中在耶穌是以色列好牧人的焦點上。耶穌對以色列人的引領及保護就是真理。當法利賽人拒絕承認他們眼瞎時（九40），耶穌向以天生眼瞎者為代表的信徒啟示了真理。天生瞎眼的人不但重獲光明，也跟從了真光。對約翰來說，只有跟隨耶穌的猶太人才具有真正的信仰。

由於上文第三個「聲音抑制」修辭法的例子，與耶穌的小羣跟隨者有關，所以我們必須了解甚麼是他們最關切的問題。在這段經文中，約翰針對使徒的權威及人性的脆弱兩方面提出討論。雖然身為領袖的使徒們也可能犯錯，但約翰肯定他們仍然有使徒的領導地位。在耶穌的長篇講論中，約翰以同情的筆法描述了彼得及其他使徒的困惑及失敗。約翰的修辭描述讓我們看見，這羣不完全的領袖仍是神完美計劃的一部分。雖然這羣領袖也會犯錯，但神賜予他們特殊的能力及責任，使他們能夠承當領導教會的重要使命。因著彼得多變浮沉的過去歷史，教會中的信徒可能會質疑他及其他門徒領導教會的權柄。不同使徒的跟隨者，可能因其他使徒領袖的可信賴性而陷入衝突之中。耶穌的禱文肯定了彼得的跌倒僅是一時而非永遠。當約翰福音成書時，許多使徒領袖已經去世。但在約翰筆下的字句，卻仍然不斷提醒我們，這羣第一代基督徒領袖為後代信徒傳承的佳美見證。教會有責任謙卑地繼續他們的使命。若無耶穌為信徒蒙保守的禱告，沒有一人能在世上站立得穩。「惟靠耶穌，軟弱的人才得以剛強」，是這段經文所帶出的真理。許多信徒無法接受人的失敗，他們對跌到的弟兄或姊妹持著輕視定罪的態度。無疑地，這段經文所帶出的真理成為了他們的警告及提醒。在聖靈的默示下，約翰以耶穌在十四至十七章的一段講論，解決了當時信徒面臨這兩個問題時的困惑。

5. 結論

由以上討論，我們能得到甚麼樣的結論呢？首先，從修辭的角度，我們看見約翰將「道」能講話的特性，運用在他的寫作技巧上。他修辭性地用耶穌的話語代表耶穌。「講論－敘事」並列的文學結構，帶出了耶穌話語及行動的相互輝映。在彼此的呼應及互補中，「道」的話語層面在耶穌身上更顯突出。其次，由「敘事－人物刻畫」的角度來看，約翰藉「道」的話語層面描述耶穌，而不露痕迹地向他的信仰羣體傳遞信息。他運用不同聲音的出現及消失，顯示他對信仰羣體的關切並帶出信息的內容。[24] 由上述觀察，我們不得不同意卡特 (W. Carter) 的看法。卡特認為「道」的角色並不僅限於約翰福音的前言部分。[25] 事實上，本文的研究也有相同的結論。在約翰審慎的修辭用法之下，「道」一貫又徹底地影響了約翰福音全書。

本文以「道」的聲音作為修辭研究的重點，這方面的研究極為重要，卻常被學者忽略。第一章的釋經方法論所提供的釋經四角度，能幫助我們對「道」的了解更加完全。下文將為讀者提供由四個角度概略觀察「道」之角色，所得的結論。「前言與結語」及「神蹟與講論」兩個角度在約翰福音中有極密切的關連。約翰福音的前言與結語，雖有極相關的內容，卻是福音書的起頭與結尾。而神蹟與講論的文學結構，自然地成為連結前言與結語的關鍵。約翰福音二十章對「信」的強調（二十30～31），呼應了前言「信」的主題，就是一個明顯的例子。約翰的信仰羣體在約翰福音末了所加入的記錄（二十一24～25），則肯定了整本福音書的可信度。由第三個敘事文體的釋經角度，讀者可以觀察出約翰福音的情節線索，是由未道成肉身的「道」一線貫穿到耶穌的復活。在整個情節的表現中，成為人的耶穌清澈響亮地發出了「道」的聲音。由此觀察，我們可以自然地帶出釋經第四個角度的經文應用。對約翰的信仰羣體來説，信心包含積極地聆聽及主動地跟隨「道」的聲音。信心並非抽象的概念，聆聽「道」的聲音也非信徒可隨意取捨的決定。「信心」與「道的聲音」是信仰的兩部分，卻彼此相關密不可分。

釋經最後角度的應用部分，不但針對約翰的信仰羣體，也涵蓋了今日的信徒。今日信徒常面對與當時信徒相同的挑戰。而這些嚴峻的考驗，使今日的信徒與當時的信徒一樣，面臨信心搖墜的危險。雖然為了爭論的目的，約翰必須提及歷史的情境，但是約翰的答案並不聚焦在環境的因素上。約翰的信息反而是要讀者不斷地聆聽「道」的教導。「道」的聲音就是約翰的答案。在傾聽及應用「道」的教訓中，信徒的信心得以持續成熟茁壯。

6. 省思與今日應用

根據約翰信仰羣體的觀點，我們可以發掘下列一些信仰生活的應用。以「道」比喻耶穌的特殊用法，提醒了信徒許多重要的屬靈生活應用。第一，神的信息具體化地實現在耶穌的身上。與耶穌生命及話語有偏差的教導，都不能被視為教會生活的權威。第二，既然「道」是約翰福音的中心，當所有福音書中的人物，與道成肉身的耶穌互動時，他們的生命就帶出了信息。過分簡化地仿傚耶穌是不夠的。整本約翰福音教導信徒必須面對並影響自身所處的環境。約翰雖以各樣方式帶出教導，但他總不離開耶穌的主題。第三，如同其他的聲音，「道」的聲音亦要求聽見的人作出回應。因此，對基督徒而言，順服神的聲音，並非人的選擇，而是神的命令。順服使信徒的生命及信心增長茁壯。第四，「道」的聲音經由約翰的故事，向世人說話。如此說來，當今日的信徒閱讀約翰福音時，他們清楚地聽見了神的聲音。聽見神的聲音，不見得要像禱告時，聆聽神的聲音那樣神祕。每當信徒研讀約翰福音時，神就藉著「道」的故事向人說話。只讀過一次約翰福音的信徒，僅能抓到真理的膚淺表面。惟有重複地研讀這本重要的福音書，信徒才能有力地活出那永恆的生命。

成為羔羊的牧人：耶穌出人意外的角色

1. 引言

約翰福音十章的好牧人講論，在該書佔了極重要的地位。因為耶穌為好牧人的畫像不但出現在第十章，並且貫穿密佈在整本約翰福音中。本文將觀察約翰如何以「預示」(foreshadow)及「回顧」(backshadow)的寫作法，描述耶穌為羔羊及牧人的雙重角色。當耶穌或約翰說出與後來出現之好牧人講論有關的言論時，就代表了一種預示。而這些預示使得聆聽好牧人講論的聽者，清楚地了解此講論的真正涵義。當受難敘事的經文論及有關前段好牧人之講論時，即成為回顧的寫作法。「預示」及

「回顧」的寫作技巧極為普遍，許多作者在刻意或不自覺的情況下，使用了這種寫作方式。因此，「預示」及「回顧」經常出現在各類文學中。約翰福音的作者也不例外地運用了「預示」及「回顧」的寫作技巧。

2. 牧人成為羔羊的預示

約翰記錄了耶穌在事工開始時，對第一批門徒所發出的呼召。約翰以平行的字彙，記下了此次的相遇及好牧人的講論。在這平行字彙的用法之下，約翰將牧人與獻祭的羔羊融為一體。當我們觀察呼召門徒及好牧人講論這兩段經文時，我們發現約翰對「聽」和「跟從」這兩字重複使用。因此，我們可以確定耶穌初遇門徒的經文有預示好牧人講論的用意（一37～38、40、43，十3～5）。[26] 在這初遇的經歷中，耶穌與門徒對話並且向他們發出了跟隨祂的邀請。卡森發現在約翰福音中，「跟從」一詞常代表「門徒」的意義（八12，十二26，二十一19～20、22等）。[27] 藉著施洗約翰的宣告，這些門徒多少認識了耶穌的重要性（一36、40），[28] 但施洗約翰的聲音只是引進耶穌的前導。耶穌仍以自己與門徒的互動信服他們，以至於他們願意在嶄新的人生道路上跟隨祂（一39、47～51）。在好牧人的講論中，我們將再次看見耶穌對「聽」與「跟從」的重複強調（十3、4、5等）。

約翰對耶穌召門徒的敘述，與符類福音中的呼召敘事有何關係（太四18～22；可一16～20；路五2～11）？這是釋經者無法避免的重要問題。然而，若是嘗試協調各福音書呼召事件的前後次序，釋經者倒不如集中在約翰福音故事本身，這樣更能了解作者所欲表達的涵義。這種看法並不是說約翰或符類福音的作者捏造故事。相反地，釋經者應該堅信各福音書中的呼召敘事曾經發生，只是沒有人能確定實際發生的方式及時間。協調各福音書中同一事件的釋經方式，雖然可以滿足現代人對事件發生次序的著迷，但卻難免會誤解了約翰的要點。約翰可能欲以此呼召故事代替符類福音中的呼召事件，使得經文不只關注被呼召的門徒，并且對耶穌這位呼召者作出更重要的強調。與好牧人講論平行的用語，帶出了耶穌為以色列牧人君王的尊貴角色，而此角色則來自大衛的彌賽亞傳統。所以，尚未聽過好牧人講論的拿但業，能清楚地宣告耶穌是「以色列的王」(一49)。

由於神的羔羊是約翰福音的獨特主題，所以獻祭的羔羊成為一個值得注意的中心要題。不論施洗約翰對耶穌為羔羊的初次宣告所指為何，好牧人為羊捨命的講論，將耶穌作為獻祭羔羊的畫像清楚地描繪出來(十11、15)。約翰用來描述受難前之事件及受難故事的字彙，也平行地出現在好牧人的講論中。

至此，我們可以看見其他敘事經文，如何預示了好牧人的講論；而好牧人的講論，也在許多方面成為以後事件的預示。約翰在十三章描述耶穌為門徒洗腳的經文中，所用的字彙使人聯想起好牧人講論及受難的敘事。當耶穌為門徒洗腳時，他「脱」了衣服(十三4)。[29] 約翰使用此希臘字，帶出好牧人為羊「捨」命的使命(十11、17、18)。[30] 當耶穌被釘在十字架時，祂的「衣服」被兵丁分為四分(十九23)。「衣服」一字也出現在耶穌為門徒洗腳的經文中(十三4)。這種微妙的平行用字，使得耶穌在前「脱了衣服」的經文，為在後「耶穌衣服被兵丁拿去」的經文帶出了振撼人心的效果。當耶穌脱了衣服之後，祂為門徒洗腳。當耶穌的衣服被兵丁拿去時，祂被釘在十字架上。許多釋經家認為，耶穌為門徒洗腳象徵了耶穌的受難。如果「衣服」是耶穌受難情節的接連點，則這個由經文而來的必然結論，肯定了這些釋經家的觀察。耶穌為門徒洗腳及耶穌被釘十字架之間的奇妙關連，使我們想起另外一個值得思考的問題。在兵丁分耶穌的衣服之前，是耶穌自己脫去衣服，還是兵丁強行脫去祂的衣服？在此，約翰彷彿告訴我們，雖然是兵丁拿走了耶穌的衣服，但祂是容許這事情發生的，因為祂甘願捨了自己的生命。耶穌為門徒洗腳前自動脫去衣服的舉動，正象徵了耶穌在十字架上的捨命。耶穌的話語預示了祂對十字架使命的完全掌控（十11、17）。不但如此，在十三章12節中，耶穌穿上衣服的「穿上」希臘文一字，也是十章17節耶穌將命再取回來的「取回」。可見，「取回自己的命」的預示，證實了耶穌死後的復活。由約翰的經文描述，我們可以看見萬事都在神的計劃之中。沒有一件細微的事是出於突然的。耶穌為門徒洗腳的經文不單預示受難敍事，也同時回顧了好牧人講論。而緊跟耶穌為門徒洗腳之後的十四至十七章，則以耶穌的最後講論及臨別禱告，解釋了祂受難的涵義。

如此看來，施洗約翰對耶穌是「神的羔羊」之宣告，指出了耶穌為羊捨命及耶穌為生命賜予者的終極目標。一章4節的經文提及生命在「道」裏頭，而「神的羔羊」之宣告成為「道」將如何影響世人的第一個暗示。在「有聲勝無聲」一文中，我們看見「道」的聲音如何掌管了整個故事，並帶出清楚的信息。耶穌的話語及呼召就是神的聲音，祂是「道」的化身。[31] 在耶穌初遇門徒的事件中，作者約翰及施洗約翰都將耶穌置於舞台的中心（一29～35）。雖然施洗約翰帶出了開場白，耶穌的聲音卻壓倒了來自各方的話語。在耶穌與門徒同住幾天後，耶穌行了預知拿但業的神蹟。藉此神蹟，耶穌宣告門徒將看見比這更大的事發生在人子身上（一51），而以此宣告結束了初遇事件。「道」對全局的掌控，再次顯露無遺。初遇及呼召的結果是門徒的跟隨（二2）。「耶穌和祂的門徒」一詞，在迦拿婚筵的經文中第一次出現（二2）。可見，「道」裏頭的生命，已經開始影響耶穌跟隨者的生命。由約翰福音結語的信心教導來看（二十30～31），顯然耶穌及施洗約翰都知道耶穌在世上的使命，必須使耶穌跟隨者的信心得到肯定。耶穌的使命是受難的使命，因為是「羔羊」又是「道」的耶穌，以自己的生命換取了耶穌跟隨者的生命。耶穌對自己使命的預知，證明了祂是生命來源的真道。欲得生命者，須先成為祂的羊，如此羔羊的救贖才能在羊的身上產生功效。

我們究竟能從耶穌為門徒洗腳的舉動，學到甚麼功課呢？無疑，耶穌為門徒的洗腳暗示了祂以至於死的犧牲。但如同祂穿上衣服，祂將自己的命再取回來。如此，耶穌廢棄了死的效力。當耶穌在十五章13節的經文中，提到為朋友捨命的愛心時，祂將自己至高的犧牲視為一個道德例子。而耶穌為門徒洗腳的舉動，正示範了這種道德上的愛。所以，就像好牧人為他的羊捨命，他的羊也應當如此地彼此相待（十三14）。好牧人的講論及耶穌為門徒洗腳的舉動教導了我們兩個功課。一方面，十字架是一個至高道德的表現，另一方面，耶穌對自己的死所掌有的完全主權，讓我們看見十字架是祂神能的終極彰顯。總結來說，耶穌藉著犧牲及僕人的服事，彰顯祂的能力。祂最後的復活是神為祂神聖使命的辯護及肯定。

好牧人講論及受難故事之間的關連，不但清楚顯示耶穌至高的犧牲，也同時帶出祂超人般的預知能力。耶穌的捨命出於自願。耶穌及祂門徒的生命都在神旨意的完全掌控之下。耶穌受難的事件，直接地證明了「道」就是神的真理（一1）。由經文可看出耶穌生命最後一週所發生之事及好牧人講論的關連，那是肯定了人必須信靠耶穌的事實。人不單要跟隨神所定意的好牧人，更要相信及敬拜祂。約翰福音重申信心的結語，也再次顯示了耶穌是配得敬拜的那一位。

在好牧人及羔羊的主題之下，我們必須思考跟隨耶穌的真義何在？為門徒洗腳及在十字架上的受難，使得耶穌成為門徒的道德典範。好牧人的形象具有能力，但羔羊的形象卻是軟弱的。這兩者到底如何有關呢？回答此問題的關鍵，在於耶穌對「正如我」（as I）一詞的重複使用。[32] 在約翰福音中，耶穌所使用的「正如我」帶出了耶穌在道德上及屬靈上的身分（十三15，十五10）。既然耶穌身為道德的典範，信徒的信心必須有行動的表現。這些行動須與神的兒子犧牲服事以至於死的榜樣一致。基督徒不以能力展現信心，而是以服事帶出信心的力量。信徒理當以服事及犧牲彼此相待，要像牧人一樣彼此眷顧。當耶穌對門徒發出彼此相愛的新命令時（十五12～13、17），祂以好牧人及羔羊的故事為愛帶出了清晰易懂的定義。很快地，耶穌完全的愛也在十字架上達到頂點。遵守主道的命令，也與犧牲的愛脱離不了密切的關係（十四23，十五10、14）。順服是能力的來源。順服所帶出之力量使耶穌從死裏復活，也使門徒有能力繼續地彼此服事。在神完美的計劃中，犧牲的愛同等於力量的表現。

3. 牧人成為羔羊的回顧

約翰不單使用預示法維妙維肖，同時也純熟地運用回顧法，使全書前後貫穿連成一氣。拉撒路復活的故事是最能表現回顧技巧的例子。大多數釋經學者提出拉撒路復活與耶穌復活之間的明顯關連。但拉撒路故事，影射前面經文所提之末日復活，卻為多數釋經學者所忽略。

在某種程度上，約翰使用第五章耶穌對末世審判的講論（五24～25、28），預示了拉撒路復活的故事。雖然第五章的經文已足夠使讀者了解末日復活的事實，拉撒路復活的故事卻完美地豐富了末日復活的意義。五章24至30節的經文，論及末日時的復活及審判。耶穌預言死人要聽見神兒子的聲音，聽見的人就要活了。行善的復活得生，作惡的復活定罪（五25、29）。而在第25節的經文中，「時候將到，現在就是了」一詞似乎令人難解地暗示末世即將來臨。末世怎可能如此快速來臨？這個問題將由拉撒路的故事，得到部分的解答。聽見神兒子聲音的情節線索，由第五章開始，直至第十章再次出現。羊跟著好牧人，因為認得他的聲音（十3、4、5）。而好牧人也按著名叫自己的羊。

由上述第五章及十章的要節討論，我們發現拉撒路的故事完美無缺地回顧此兩段經文的重要信息。雖然在哀傷中的馬大埋怨耶穌來得太晚（十一21），但耶穌卻另有一番心意。耶穌的遲延似乎是故意的（十一6、14）。耶穌遲來的目的到底為何？拉撒路的病不至於死，乃是為神的榮耀（十一4），又有何意義？拉撒路的復活證實了第五章的論點：「死人要聽見神兒子的聲音，行善的復活得生」。耶穌大聲呼叫拉撒路出來，而死人拉撒路回應耶穌的聲音就出來了（十一43）。「聲音」一詞也出現在五章25節中。「神兒子的聲音」與「行善的復活得生」，此兩觀念清晰地迴響在拉撒路的故事中。進一步地看，如同好牧人知道羊的名字，耶穌也知道並呼叫拉撒路的名字。如此看來，當我們由拉撒路的故事回顧前面經文時，我們發現好牧人講論的涵義變得更深闊了。原來這位好牧人不僅為他的羊捨命，他更要在末日的時候，將永生賜給他的跟隨者。約翰在拉撒路的故事中，藉著使用一些與好牧人講論及末日審判（五24～29）相同的概念及詞語，回顧地使前面經文的意義更顯豐富。好牧人使羊得生命，因為好牧人藉著拉撒路在先的復活及自己在後的復活，在世上行了無人能顯之神蹟。在末日，他所有的跟隨者將以義人的身分，跟隨他復活得生。簡言之，好牧人帶出兩件重要的事實。首先，凡認識他的人，必定與他建立相互的關係。其次，所有跟隨他的人，不但生命有意義，而且一生不枉然。

由本文第一部分「牧人成為羔羊的預示」之討論，我們知道好牧人講論與醫好生來瞎眼者的事件有最重要及密切的關連。使用二元結構先後排列講論及事件，而帶出信息意義的寫作方式，是約翰福音的特色之一。好牧人講論及醫好生來瞎眼的事件，是一個極清楚的範例。因此，值得我們花點篇幅來觀察兩者的相關性。

在好牧人講論中，耶穌提及牧人、羊、賊及強盜等。約翰在上下文清楚顯明，好牧人講論是耶穌及有罪之法利賽人的對答（九41）。因此，好牧人講論成為耶穌指控法利賽人事件的說明。好牧人講論亦是耶穌醫治天生瞎眼事件的最佳詮釋。法利賽人以偷竊、殺害及毀壞的行動，逼迫得醫治的瞎眼者（十10）。他們將他逐出會堂，使他失去了應有的宗教及社會生活（九22、34）。法利賽人這些行動與好牧人講論中的賊及強盜不謀而合。正當天生瞎眼的人被趕出會堂時，耶穌找到他並將他帶入祂的羊圈內（九35）。當好牧人的聲音清楚呼叫他時，他憑信心跟隨了耶穌。可見，這位天生瞎眼的人確實是牧人羊圈中的羊。法利賽人的存心，也將在後來參與謀害好牧人的行動中顯露無遺（十八3）。耶穌不單使用好牧人講論來駁斥法利賽人，也預言性地使用它來彰顯祂對未來的全知。天生瞎眼者的故事，再次為屬於或不屬於真牧人的兩種人，畫下了清楚的界線。由約翰以懦弱膽小的字詞，勾畫天生瞎眼者之父母，可見他對這對父母的輕視及失望。雖然他們認識耶穌，但對法利賽人的懼怕，使他們無法成為真正的耶穌跟隨者。他們因為環境的因素，不願與耶穌發生任何關係。在整個事件中，獨有這位瞎眼者真正跟隨了耶穌。

由耶穌醫治天生瞎眼者之目的來看，好牧人講論也包含著另一個特殊的目的。為了彰顯神的作為，是耶穌醫治天生瞎眼者的目的。下列四點將說明耶穌的醫治如何顯出神的榮耀。首先，在最基本的層面上，藉著父所差來的子行醫治的神蹟，明顯地為神帶來榮耀。其次，在瞎子與耶穌的關係層面上，瞎子以自己的生命見證耶穌的工作，也為神帶來榮耀。第三，在好牧人講論的層面上，耶穌代表了「耶和華是我的牧者」中的那位牧人。祂以傳統以色列牧人的角色榮耀神。在這角色上，耶穌清楚知道祂將遭以色列盜賊殺害的命運（十10）。第四，在受難敘事的層面上，天生瞎眼的醫治情節持續出現在耶穌受難的敘事中。換言之，在「父榮耀子，子也榮耀父」的同時（十七1），世人得了醫治。不同的故事在作者約翰的編排下，將福音書的步伐加促到十字架這不可避免的結局。在約翰福音中，好牧人將成為羔羊的主題恆常不變。

約翰福音另有一處的敘事與好牧人的主題有關。那是在彼得與耶穌討論愛的結語加長部分（二十一章）。現有的約翰福音註釋書，皆以愛的定義為解釋此段敘事的中心。本文不再舊調重彈，將轉換研究的焦點，連接好牧人講論及耶穌在結語部分對彼得的託付。第一個突出的關連，就是彼得與耶穌同為牧人。沒有一位釋經者應該避開這個重要的事實。一般釋經者皆正確地指出，彼得三次不認主及耶穌三次堅立彼得的平行關連。這三重式的故事情節，是故事主題的重要基礎。這段結語經文強調彼得為牧人的職責。但在二十一章17節之後，好像與約翰福音結語的神學主題毫不相干。耶穌對彼得將如何死的討論，彷彿是卷末的附註。然而，如果了解約翰刻意使好牧人講論與彼得的未來互有關連的心意，則二十一章18至19節自然顯得合理易懂。這兩節經文所使用的字彙，帶有釘死於十字架上的意味。「榮耀神」及「伸出手來」的字彙使用，使人聯想起耶穌如何伸出自己的手而得榮耀（十七1，二十20、25、27）。毫無疑問，「榮耀」一字論及某種形式的受苦，而釘死於十字架上，只是其中一種。雖然耶穌在這兩節經文中所使用的字詞，與約翰描述耶穌釘死十字架的用詞不同，但對衣服的強調，再次使人想到耶穌的死（十九23～24，二十一19）。對彼得來說，跟隨耶穌就是獻上甚至置死生命。彼得的門徒道路，是一條全然的十字架道路。

4. 牧人與羔羊在上下文的角色

許多釋經學者以社會歷史的角度探討約翰福音的好牧人，他們共同發現這位好牧人與以西結書三十四章的牧人有平行的意義。由此層面來看，耶穌好牧人的角色，帶出祂就是那位超越所有牧者或統治者的以色列牧人（結三十四15）。祂配得敬拜的大牧人角色，也帶有傳統彌賽亞的涵義。耶穌就是那位以色列所盼望的君王。或許約翰當時的信徒，正掙扎於其他多種不同的彌賽亞看法。約翰藉此福音書回答了這羣人的疑惑。他告訴世人必須相信耶穌為真實的牧人，因為惟有祂能夠以自己的死證明祂配得的地位。沒有其他牧人為羊羣捨命。耶穌的死與復活超乎了傳統的期待。約翰對耶穌呼召門徒的敘事描寫獨具一格，因為約翰不僅記錄呼召事件本身，並且顯明了為何世人必須跟隨耶穌的原因。

在四個釋經角度之下，好牧人與羔羊的主題又為我們帶出甚麼結論？首先，前言論及生命（一4）及光（一4～5），而結語則以信心總論全書（二十31）。當呼召的敘事與好牧人的講論平行對照時，我們可以清楚看見捨命的主題表現在耶穌與第一個門徒相遇的敘事中。除了拉撒路復活得生命的明顯事實之外，拉撒路的故事因有好牧人講論中的一些特性，也巧妙地帶出了光、黑暗及信心的討論。拉撒路的墳墓比喻了黑暗的權勢。擋著墳墓的石頭（十一41）則描繪了如同裹屍布的黑暗，籠罩拉撒路的畫面。當石頭被挪開時，光在剎那之間射進了墳墓。耶穌呼叫「拉撒路出來」的聲音，成為帶領拉撒路進入全然光明的推動力。回應耶穌呼叫聲而走出墳墓的拉撒路，因此得以離開墳墓中的黑夜，歡然進入白日的光明中。拉撒路成為活生生的比喻，見證了耶穌就是照亮黑暗世界的真光。拉撒路由墳墓中走出來的行動，也與射進墳墓中的光一樣，照明了生命的復活。前言中光與生命的主題（一4），在約翰的筆下，令人訝異地出現在拉撒路復活的故事情節中。凡跟隨耶穌的人都有信心，但信心的程度卻因人而異。馬大相信拉撒路在末日必復活的信心，顯然還不夠大（十一24）。耶穌叫拉撒路復活的神蹟，將馬大的信心帶入更上一層樓的境界。

瞎眼者得醫治的故事，也在些許的轉折中，帶出一些極為強烈的比喻效果。正如拉撒路，瞎子在耶穌的神蹟之前，也處於極度的黑暗中。但當耶穌將光賜給他們時，拉撒路由黑暗進入光明，而瞎子則得到了重新看見光的能力。耶穌是真光的描述，帶出了耶穌照亮這世界的使命。真光照亮一切世上的人，但世人接受光嗎？瞎子接受了光，並且跟隨了牧人。連已死的拉撒路都奇迹地遵照牧人的吩咐，走出墳墓進入光明。

彼得與耶穌的最後相遇（二十一章），帶出前言與結語另一層面的關係。耶穌確立彼得的敍事，清楚地指明耶穌全知的屬性。這屬性證明了能知悉未來的耶穌，就是與神同在的「道」（一1）。軟弱的彼得除了打魚與等候耶穌之外，不知何去何從。當耶穌出現時，祂不但為彼得帶來食物的供應（二十一8），也為彼得的未來作出了預言。有些釋經家討論耶穌在岸上所烤的魚，是否另外一個神蹟？然而，這不是作者約翰的討論焦點。在約翰的筆下，甚至網撒右邊而得著的一百五十三條魚，都不算為神蹟。因為對約翰而言，「神蹟／記號」的出現，具有特殊的神學目的。[33]「約翰福音釋經方法論之探討」一文，已清楚解釋約翰以神蹟為記號，帶出耶穌為世人之光、世人之糧及世人之生命等使命的特殊用法。但在約翰福音二十一章，約翰並沒有提及有關耶穌的任何使命。所以網撒右邊捕獲多魚的事件，並不含有神蹟的要素。雖然耶穌的供應及關懷，遠超過這第一批門徒的預期，但經文的用意仍以表現耶穌超自然的全知能力為焦點。耶穌的全知必定激發了門徒的信心。一次又一次地，「道」的聲音領人進入光明，並賜下生命。這位「道」在福音書的結語，也對彼得的未來說出了預言。「道」聲音由過去至未來，永遠常存。

第二個釋經角度，由二元編排的寫作結構，可以看出好牧人講論及拉撒路故事之間的關連。有些學者將好牧人講論視為瞎子得醫治轉入拉撒路復活敘事的關鍵信息。一方面，拉撒路是因聽見並跟隨好牧人聲音，而生命改變的鮮明例證。當羊跟隨好牧人的聲音時，羊就尋見了光及生命。另一方面，被逐出會堂的瞎子，是引入好牧人講論的前奏。他也由於成為好牧人的跟隨者，而獲得了新生命。拉撒路的復活故事，讓我們親眼看見，拉撒路之所以重獲生命乃因耶穌就是生命（一4）。所有跟隨好牧人耶穌的羊，都將尋獲寶貴的新生命。拉撒路是一個活生生的見證。好牧人更進一步以自己的復活顯示出祂所賜予人的，是那死亡權勢不再的永恆生命。雖然二元的寫作結構，無法表達好牧人講論更多層面的涵義。但好牧人講論的豐富不受寫作結構的限制，仍滿溢湧流地影響了其他經文及事件的敘事。

耶穌的復活，證明了跟隨祂的人在末日有永恆的生命（五24～30）。耶穌復活的敘事經文，成為前面講論末日復活的證據。而之前末日復活的講論，則預告了以後拉撒路的復活。因此，由結構上的關連來看，拉撒路的復活是耶穌復活的先嘗，而耶穌的復活則成為信徒在末日復活的前例。

第三個釋經角度與敘事文體有關。當約翰描述耶穌初遇門徒的事件時，他刻意地延緩了敘事的步調，而至耶穌講論自己的使命時（一50～51），敘事步調成為休止符，帶出完全靜止的畫面。由敘事步調的急速與延緩，可以看出寫作的重心何在。如此說來，在耶穌與門徒的初遇事件中，約翰所強調的並不是門徒的跟隨。促使門徒跟隨耶穌的原因，才是約翰在此段經文所欲表達的重點。耶穌彰顯祂是配得的那一位，因此門徒跟隨了祂。由於對耶穌的觀察，施洗約翰、安德烈及腓力表現對耶穌身分不同層面的認識。最後，耶穌對拿但業所說的話（一50～51），顯明祂就是以色列的領袖及好牧人。好牧人講論、拉撒路復活、耶穌為門徒洗腳、耶穌受難及耶穌復活等經文的逐次出現，完全表現了耶穌就是配得門徒跟隨的那一位。所有的故事、事件及理念都強而有力地證明，耶穌是太初與神同在，並且就是神的「道」（一1）。約翰福音證明了耶穌尊貴的神性。

由敘事文體的角度，可以看到更多好牧人及羔羊兩主題之間的關連。羊羣聽好牧人的聲音，與拉撒路聽耶穌的聲音，在寫作上是兩個獨立的段落。但它們在意義上的相連，展示了好牧人講論對約翰福音的巨大影響。好牧人講論與瞎子得醫治的故事，同屬一組二元編排的寫作結構。拉撒路的故事在經文結構中則獨樹一格。然而，耶穌聲音的出現，使得好牧人講論及拉撒路的故事產生互動的效果。約翰建立情節線索的目的，是為了帶出耶穌以神的羔羊受難的主題。猶如好牧人講論是約翰引進拉撒路敘事的方式，拉撒路的事件也成為猶太人設計謀害耶穌的前導（十一45～57）。由上述這些敘事的特性來看，約翰在記錄耶穌後期事工時，從未停止帶出好牧人及羔羊的主題。

好牧人的情節，繼續發展到約翰福音最後一章（二十一章）。彼得與耶穌的最後接觸，帶出了好牧人使命的傳承。整個事件的意義格外地豐富，使約翰福音全書在高潮中結束。除了賜給瞎子及拉撒路等更豐盛的生命，耶穌在世時，也成為引導門徒的領袖。在這最後的時刻，耶穌將領導者的責任轉移至彼得的肩頭上。耶穌在世上時所有的牧養責任，在此刻託付了教會的領袖。彼得是教會領袖的典型代表，所有的教會領袖都當像彼得一樣，學習耶穌基督這位至尊牧人的榜樣。如同彼得，教會的領袖必須承當耶穌所傳承的使命，如此好牧人耶穌基督，才能藉著這批領袖繼續牧養祂自己的教會。

最後的釋經角度，闡明了好牧人及羔羊的主題，如何為當時的約翰信仰羣體，提供多種信仰的幫助及生活的應用。當約翰時代的信徒，面臨來自以色列假牧人的逼迫及疏離時，「為何跟隨耶穌這位好牧人？」必然是他們凝思的一個問題。「因為這位好牧人永遠掌權」是約翰給他們的簡單答案。當耶穌初遇門徒時，祂神聖的光芒已經透過「神的羔羊」這個鏡頭直射而出。當時的信徒也處於極為可怕的環境中，因為他們必須面對羔羊被殺的至終結局。當耶穌出人意料地將自己放在愈來愈危險的情況中時，門徒無助地觀看耶穌走向完成使命的終點。當四周環境灰暗一片時，門徒緊緊抓住他們當初跟隨耶穌的動機。門徒相信耶穌是神的兒子，是以色列的君王牧人，也是神的羔羊。正如門徒起初堅守信念跟隨耶穌，約翰的信仰羣體亦須排除環境的萬難，繼續跟隨主。耶穌的光照亮了黑暗的世界。持有真光的信徒，必須讓這光不斷地閃耀在他們的世界中。因為真光的榮耀來自耶穌的受難，信徒不應以基督的十字架為恥。反之，信徒應當浸沐在羔羊的榮耀中，等候最後得贖的來臨。

約翰有使命地以好牧人的講論及拉撒路的故事，對世人發出挑戰。由拉撒路故事中的人物分析，可以看見約翰筆下所描述的兩種人：信徒或非信徒。在跟隨耶穌的道路上，沒有橫跨兩者的第三種人存在。雖然少數為信徒，多數為非信徒，約翰仍然清楚地劃分信徒與非信徒的界限。一方面，約翰要求信仰羣體持守信心，另一方面，他挑戰非信徒再次思量他們對自己生命的抉擇。因為不相信耶穌的人，與永生無分。

在信徒與非信徒的界限劃分上，耶穌對於以西結書三十四章的背景引用，值得我們注意。約翰的猶太讀者必然能夠從許多不同的方面，了解耶穌對於以西結書的旁徵。以色列的牧者因著他們的不忠而被定罪。同樣地，耶穌時代的宗教領袖也在耶穌的好牧人講論中被定罪。耶和華將在以色列中親自尋找自己的羊(結三十四11～31)。耶穌醫好的天生瞎眼者，也成為耶穌尋見的一隻迷羊。經文的對照十分明顯。約翰使用耶和華來展示耶穌的神性。約翰也旁徵對於宗教領袖的定罪，來顯出耶穌及約翰的時代，宗教領袖已經失去信仰真義的不忠與強暴。惟有透過耶穌，真正的聖經信仰才能再次恢復建立。那些蒙耶穌這位好牧人呼召的人，與反對耶穌的人大有分別，他們不再屬於同一羣體。約翰總是非常關心誰才是真正的以色列人。在約翰福音的開始，心裏沒有詭詐的拿但業就是真以色列人的代表(一47)。與拿但業相反，這羣宗教領袖心裏充滿詭詐，並且全然邪惡。以坦誠率真的態度面對彌賽亞的天生瞎眼者，就是一位心裏毫無詭詐的人。最後，耶穌所引領的這位天生瞎眼者象徵了彌賽亞引進新時代的新以色列人。這段討論，對約翰時代的宗教領袖直接定罪。一方面，這些宗教領袖看不見耶穌的神性，以至偏離真以色列羊羣的圈子。另一方面，真以色列只能被耶穌所尋獲。當約翰對他的信仰羣體傳達信息時，來自舊約聖經的救贖歷史，依然佔據重要的角色。好牧人進一步定義真以色列，而定義的根基乃是身分與特性，而非禮儀與傳統。

牧養羊羣是約翰信仰羣體的實際問題。當好牧人離去時，誰將承接這牧養的職責？在早期教會，眾人熟悉的彼得在各方面都是屬靈權威的完美榜樣(徒二～五章；加一～二章等)。然而，彼得三次不認主，使他的名譽籠罩上一層冷酷的陰影。約翰福音二十一章的敍事再次堅立了彼得的權威。如果敍事中的真實人物是約翰信息的象徵，那麼耶穌與彼得的對話，則帶出了牧人的模範。好牧人講論與彼得重被耶穌堅立之間的關連，顯示牧養工作有為羊羣犧牲的涵義。正如耶穌甘心為祂的跟隨者付上生命，彼得在日後亦須付出同樣的代價(參約十7～19，十八8～9)。[34] 當耶穌要彼得跟隨祂並牧養祂的羊羣時，祂就是要彼得仿效祂為羊羣犧牲的榜樣。所有選擇以牧養工作跟隨耶穌的人，都應該預期此項工作可能要求的犧牲。耶穌將牧養的工作傳給彼得。因著此傳承，牧養成為教會中不息的傳統。如果彼得在約翰寫作時已經逝世，則牧養的傳統必須由其他的耶穌跟隨者承接。使徒牧養職責的承繼，是由耶穌創始設立的。沒有與約翰持相同看法的，必定是活在另一世界的幻想中。

約翰為何如此奇怪地將羔羊的比喻與好牧人的比喻連結在一起？在所有牧養的討論中，約翰從未忘記提及「好牧人／羔羊」的捨命犧牲。以羔羊認同好牧人是出人意料的，也不合常理。但在神學上，羔羊對好牧人的認同卻是完全合理。「好牧人／羔羊」使人想起「道成肉身」。這位道，道成肉身住在人的中間，完全與世人認同(一14)。完全的羔羊成為不完全羊羣的救贖。這救贖藉著教會牧者的事工傳衍不斷。可見，神學上的一致性，真是天衣無縫，完美無缺。

5. 省思與今日應用

好牧人的比喻，為今日的信徒帶出豐富的信息。約翰採取典型的辯證方式，傳達信息的涵義。一方面，獨有與世人完全不同的耶穌，能為世人的罪成為挽回祭，拯救屬祂的羊羣。我們時常使用「慕道友」一詞形容非信徒，但約翰福音中的好牧人才是「真正」的尋找者。人類無法為自己成就任何救恩。呼召的權利與主動性，完全掌控在耶穌的手中。另一方面，耶穌以愛的方式，將牧養的使命傳給祂的教會。當世人尋找救贖的道路時，科技的進步或各種宗教傳統的精神追求，都成為人類心靈的寄託。只有好牧人的挽回祭，為世人指出通往救贖的惟一道路。相信耶穌，是得救的惟一方式。對世人而言，約翰福音中的代贖犧牲，既是好消息又是壞消息。耶穌的代贖，帶出世人無法自救的悲慘情況。對人類來說，這是一個壞消息。但祂的代贖，也是世人的好消息，因為藉著耶穌，人可以不付任何代價地獲得寶貴的救恩。

當分享福音時，我們不應該為了人對福音的接受而感到驚訝。我們也不應該為了人對福音的拒絕而喪膽。因為好牧人的王權，已經由舊約轉移到新約。耶穌是教會獨一無二的主。既然承認耶穌是那位好牧人，教會應該認定自己與好牧人的關係，如同主僕的關係一樣。教會最重要的使命是照顧與愛人。在為門徒洗腳及再次堅立彼得的舉動中，耶穌將牧養及愛的責任交託教會。因此，教會應該成為好牧人的實現。在世上，仍有許多未蒙照顧的人。這種問題的產生，並不代表耶穌的失敗。照顧失散流離的人羣，是教會的責任。教會常常忽略了牧養羊羣的責任，也忘記了關照迷羊的使命。

由耶穌的教導，我們知道聖靈是現今教會牧養責任的動力來源（十六7，二十22）。因此，無論推動何種形態的事工，教會不可忘記以聖靈的能力及權威為前導。

與聖殿合一的祭物：完美的敬拜

1. 引言

耶穌即聖殿，是一個遍佈約翰福音的主題。無論或明或暗，讀者都可以察覺這個觀念的蹤迹。作者約翰所使用的一些表象(imagery)和暗喻(metaphor)，都直接採自一世紀耶路撒冷的聖殿敬拜。由耶穌與不同宗教權威持續衝突的描繪，我們可以看見約翰欲帶出敬拜真義之信息的用意。雖然有些看法認為約翰福音中的耶穌有大祭司的身分，但這種看法的證據並不顯著。[35] 然而，聖殿的主題卻十分明顯。因此，本文將先討論聖殿的重要特性，然後進一步探討聖殿與耶穌之間的關連。

2. 全新的信息：耶穌是步向天堂的階梯

在約翰福音中，耶穌自始的事奉便與聖殿有密不可分的關連，耶穌明顯引用聖殿比喻自己的身分。在對於拿但業的預言中，祂影射性地以創世記二十八章12節描述自己在地上事工的性質(一51)。雅各所夢見的梯子，展現了神與祂子民完全的同在。創世記的作者也極可能刻意以雅各的天梯對照十一章的巴別塔。巴別塔是一種有階梯式金字塔型的廟宇，[36] 也是古代用來敬拜神的殿堂。由古代巴別塔與雅各天梯的對照，我們看見人手所造之宗教建築物，及表現神親自作為之天梯，為人帶來何等不同的生命意義。可見，神的作為是創世記強調的焦點。[37] 奧戴(G. R. O'Day)也持類似的看法，她認為約翰福音這個梯子，具有神在世上工作的象徵性意義。[38] 進一步思考，事實上，「神使者」的暗喻精確指出神在世上的工作性質。這個工作的主要目的是為人類帶出神的信息。帶出神信息的暗喻，與約翰福音一章的神聖之「道」，顯出有力的連貫性。因此，在回答法利賽人之質問時，耶穌以聖殿比喻己身，暗示地道出了祂將為人類帶來神信息的使命，而這正是當日聖殿存在的目的。[39] 在帶出神信息的事工上，約翰的「人子」有頗獨特的任務。這位人子不但如同但以理書的那位末世人子一樣，將為人類帶來神的信息，祂更是成為了神的信息。在一世紀猶太教的背景下，聲稱自己是神的信息，乃是目中無神的膽大行為。因為在當時惟有具權威的宗教制度，才是神人之間信息傳遞的管道。耶穌對於聖殿的引用，清楚地流露在約翰筆下的敘事中。無疑，耶穌以殿喻己身之舉，為祂帶來了日後與宗教當局的強烈衝突及對立。

根據以上觀察，我們可以肯定，約翰福音二章的敘述絕非偶然，因為它的內容與耶穌的大膽宣稱極為吻合。除了二章以外，約翰福音的其他經文亦可證實耶穌這獨特宣稱的真確性。在耶穌的第一個神蹟中，二章6節的經文註解了表面看來不甚重要的猶太潔淨禮，但其真正之目的，乃為帶出下文潔淨聖殿的敘事。[40] 耶穌在迦拿以水變酒的第一個神蹟是約翰福音的獨特記載，而對於耶穌潔淨聖殿的記錄與解釋，也顯出約翰別有用意的寫作目的。根據賴特（N. T. Wright），約翰認為當時的聖殿制度不但腐敗，並且處於神聖審判之下。[41] 耶穌潔淨聖殿的行動，證明了賴特的觀察頗為正確。耶穌隱藏地以新聖殿自喻的意義，也變得清楚。到底迦拿神蹟與潔淨聖殿有何關連呢？二章6節讓我們看見代表宗教禮儀的石缸，在婚筵缺酒的情況下，無法供應人的根本需要。惟有經由耶穌，婚筵的所需才得以及時滿足。為了比較新酒與舊酒的品質，耶穌特意讓管筵席的成為嚐酒的專家證人。在品嚐之後，他作出了「上好酒」及「次好酒」的評論，並質問新郎為何將上好之酒留到如今（二10）。

在她極力避免觸怒猶太教的努力中，奧戴認為這六口石缸代表猶太教，而猶太教則因此包含耶穌嶄新的創造能力。[42] 然而，耶穌的神蹟並非針對石缸而行。耶穌所關注的乃是缸中連容量都記錄清楚的水。這些按傳統被人用來潔淨的水，才是耶穌所要替代的實質。[43] 奧戴對於滿缸豐富水量的強調，並不足以使人信服。[44] 因為，約翰不僅強調神蹟本身的豐富，這並非約翰的重點。事實上，約翰在這段經文所要表現的，乃是對照人們對潔淨禮所需之水的豐富，以及婚筵所需之酒的缺乏。基督在婚筵中的神蹟，扭轉了令人困窘的情勢。祂將潔淨禮所需的水，完全轉變為人們真正需要的喜酒。潔淨禮之水雖然沒有了，但人們的需要卻得到真正滿足。約翰在寫作情節上的進展，並非令人難以捉摸。他將迦拿變水為酒的事件，連貫至猶太人的逾越節（二13），強調猶太人追求潔淨的時候。然而，由約翰的敘事，我們看見潔淨的品質瀕臨危機，顯然大有問題。克爾（A. K. Kerr）說得對：「耶穌所取代的不僅是聖殿，連與聖殿有關的儀式，祂都一併取代。」[45] 雖然布朗（R. Brown）有些保留，但他仍指出布特曼（R. Bultmann）對於此段經文有異教主題的看法。布特曼認為作者約翰在描述耶穌以水變酒的神蹟時，可能有針對酒神（Dionysius）護衛基督教的寫作用意。[46] 如果約翰寫作時，真有異教節慶及猶太教儀式的情景在腦海中，那麼耶穌的神蹟就不僅是為顯出猶太教傳統的無能與乏力，更是證明了世上所有宗教的死氣沉寂。無論是異教的敬拜或猶太教的儀式，惟有真實及獨特的聖殿才能取代現行乏力的宗教秩序。耶穌以自己為新聖殿，取代猶如死亡的宗教制度，為人的信仰生命提供了一條出路。這個與儀式無關的新聖殿，乃是全世界人類之所需。不分種族、年代、時間或空間，新聖殿永遠是人敬拜的惟一對象。

耶穌潔淨聖殿的行動，有下列幾點特徵。首先，潔淨聖殿的時間接近逾越節，約翰對時間的暗示，提示了逾越節羔羊的重要性（一36）。其次，約翰筆下的耶穌上耶路撒冷守節期，似乎是一位嚴守律法的猶太人。第三，約翰對於耶穌行動的記錄，顯示耶穌有與大衛類似的彌賽亞身分（二17）。最後，約翰對猶太人向耶穌要求神蹟的敍事，引進了耶穌對於神蹟真義的解釋。原來耶穌行神蹟的真實目的，乃為帶出祂將犧牲自己身體及生命的宣告。簡單的敍事結構，説明了一項簡單卻重要的事實陳述。就是説，約翰所使用的聖殿一詞，其涵義較聖殿所具的字面意義更為寬廣。耶路撒冷的聖殿將在約翰的筆下，繼續與具有耶穌生命及話語的新聖殿相互比較。

3. 全新的敬拜：聖殿的重新建立

聖殿的存在有多種不同的功能，由社會到種族方面的需要不勝枚舉，但其中以提供宗教需要的功能為首要。在諸多的宗教功能之中，以敬拜為特別的重點。耶穌在潔淨聖殿的行動中，已經清楚帶出敬拜在聖殿功能中的重要性。這個主題也繼續出現在耶穌與撒瑪利亞婦人的對話中。約翰對撒瑪利亞婦人有極深刻的描繪，但有關人物刻畫的討論留待後文。目前，撒瑪利亞婦人與耶穌的對話，是我們的討論重點。由這段對話，耶穌引進了一項對約翰、猶太人，甚或撒瑪利亞人都極重要的敬拜主題。在與耶穌的談話中，撒瑪利亞婦人自信地斷言撒瑪利亞人及猶太人有不同之敬拜方式（四19～20）。奧戴認為撒瑪利亞婦人在對話中，極欲深入探討她所關注的相異敬拜方式之問題。奧戴並不同意一般的心理學解釋法，這種常見的說法，認為撒瑪利亞婦人乃藉敬拜方式之討論，逃避自身失敗婚姻之面對。[47] 敬拜的方式，確實是猶太人與撒瑪利亞人長久以來無法解決的爭論。[48] 在兩個敬拜地點的選擇中，耶穌為撒瑪利亞婦人提供了第三種的敬拜方式。與其由敬拜的地理位置進入，耶穌鼓勵撒瑪利亞婦人由個人的角度來思考敬拜的真實涵義。耶穌的全新敬拜方式，能使猶太人及撒瑪利亞人這兩個分裂的羣體在祂裏面合而為一。雖然在第四章中，耶穌僅微淡地暗指自己與聖殿之間的關係，但敬拜的主題卻早在第二章耶穌對於聖殿的討論中清楚顯明。耶穌猶如當時宗教權威的代言人，大膽講論敬拜的真義。因此，在較廣的上下文範圍中，耶穌建立新敬拜制度或自身成為新敬拜對象的身分，已非隱含難明的主題。[49] 這新敬拜的普世性及一般性，是約翰在福音的起頭就闡明清楚的重要觀念。

當約翰針對敬拜提出討論時，他不僅記載了耶穌有關聖殿及敬拜的教導，更將耶路撒冷的聖殿詳加描述。除了聖殿的潔淨之外，約翰以下列的描述筆法，帶出了他對聖殿的觀感。首先，在耶穌上耶路撒冷赴猶太人的節期時，祂醫好了一個患病三十八年的人，而痊癒的地方，就是耶路撒冷靠近羊門的畢士大池旁。在這水池旁邊，躺滿了等待水動時，盼望得痊癒的病人（五1、3）。顧名思義，羊門可能是要成為聖殿犧牲品的羊羣所必須經過的地方。畢士大池的水彷彿有某種醫治的能力。然而，由這個醫治的神蹟，我們看見甚至畢士大池的水，都無法與耶穌的醫治大能相提并論（五7、9）。不幸地，這個在安息日所行的醫病神蹟，竟成為猶太人對守安息日傳統的關切（五

9b～10）。[50] 事實上，設立及執行安息日的聖殿制度，根本無法為人帶來任何醫治。甚至有神祕力量的畢士大池水，也無法為長年等待的病患帶來絲毫盼望。在這個醫治的神蹟中，耶穌明顯取代了聖殿及畢士大池水的角色，祂所有的真實宗教本質，為病患帶來了完全醫治。在另一個類似的醫治神蹟記錄中，耶穌又出現在水池的旁邊。這次的醫治神蹟發生在住棚節時（七2）。當此節期，耶穌要生來瞎眼的瞎子，前往西羅亞池將耶穌為其塗抹的泥洗去以得痊癒（九6～7）。當耶穌在住棚節來到耶路撒冷時，聖殿正處於一片的混亂中（七14、40～41）。聖殿因著宗教傳統而來的錯誤教義，使羣眾對耶穌在聖殿裏的教訓有了分歧的看法。約翰特意針對部分的錯誤割禮理念所提出之更正，更肯定了當時聖殿在信仰教導方面的失責（七22）。諸如此類的錯誤教導，使人們因著耶穌起了衝突，也因此引發了某些人欲捉拿並殺害耶穌的強烈動機（七45，十39）。耶穌與宗教當局的劇烈對抗不斷高漲，為耶穌帶來走上十字架的結局。當耶穌與代表宗教權威的聖殿發生直接對立時，耶穌取代現行宗教制度的可能性，明顯威脅宗教當局的既得權勢。約翰對於不同節期的提示，更肯定他強調宗教禮儀之主題的寫作用意。雖然約翰強調宗教禮儀的主題，但他無意過度注重或完全否認禮儀節期的重要性。相反地，他以耶穌的教導帶出對禮儀節期的正確認識。在這過程中，我們更清楚地看見耶穌及當時宗教制度的直接強烈對照。

約翰的敍事也讓我們看見耶穌所代表的新聖殿，及耶路撒冷舊聖殿之間的對照。在這些描述中，水所象徵的意義佔了極重要的地位。如前所述，約翰以與水有關的背景，帶出了一些聖殿的故事。當我們仔細觀察整本約翰福音與水有關的佈局時，我們將發現耶穌與尼哥底母之對話及耶穌與撒瑪利亞婦人之對話，有極巧妙的關連。水的主題在象徵意義及字面意義的交織下，普遍出現在約翰的寫作中。尼哥底母及撒瑪利亞婦人之關連，是否不僅限於人物刻畫的層面(兩者間人物刻畫的比較探討，將在專論尼哥底母及撒瑪利亞婦人的文章中出現)？尼哥底母及撒瑪利亞婦人之關連，又是否包含了與水有關的神學意義？相信水的主題在約翰福音頻繁出現絕非偶然，實在值得探討。耶穌在與尼哥底母的對話中，明確指出「水和聖靈」在重生過程中的重要角色(三5)。這個如謎一般的用語，引來諸多學者的不同推斷。有些學者以舊約的末世敬拜觀為了解此節經文的考慮。[51] 有些學者則認為水的提及，必然與水的洗禮有關。[52] 雖如同奧戴之觀察，早期教會的信徒有可能發現約翰對於水禮的弦外之音，但我們必須了解約翰在福音書中，有淡描諸如洗禮和主餐之基督教儀式的傾向。在約翰低調禮儀形式的寫作中，反倒為讀者帶出了非聖禮儀式之新敬拜觀念。如此說來，水禮就不可能是三章5節中之「水」的解釋了。在三章的對話中，耶穌並未對水的意義詳加解釋。但如果擴大經文的範圍，將三章及四章合併研讀，我們將發現這兩章經文中的水，乃以暗喻式的用法出現。三章5節這如謎般的經文，乃是耶穌為引進後面討論的前奏。在耶穌對尼哥底母的講論中，祂將關注的焦點集中於聖靈的解釋上(三6～8)。耶穌對水的刻意忽略，使深陷困惑中的尼哥底母在無言以對的情況下，消失於黑暗的深夜中。耶穌在此未對水加以明確解釋，因約翰欲以水的主題，連貫三及四章。在四章中，耶穌以「活水」的象徵性意義，帶出祂對撒瑪利亞婦人的救恩啟示。當人願意接受耶穌的啟示時，約翰堅信這些人就成為承蒙耶穌恩澤的接受者。如此說來，耶穌的確以「水」字，象徵性地帶出救恩的意義。在現實中，當我們以聖殿的觀念來了解水的涵義時，約翰筆下的水將更多彩與豐富。

如果聖殿是人找到救恩的地方，那麼耶穌所代表的新聖殿，將為人帶來更豐盛的恩典。約翰在七章37節中，清楚記錄了耶穌即將賜下之活水的偉大。耶穌的這段講論發生在住棚節。耶穌更刻意地選擇節期的末日，也就是最大之日，對眾人宣告活水的賜予。藉著這個宣告，耶穌預先地說明了聖靈將如同由祂腹中流出的活水一樣，臨到接受耶穌的眾人。但是依照約翰的常用語，聖靈的賜下必須等到耶穌得著榮耀時才能實現（七39）。當聖殿故事繼續進展時，十章22節讓我們看見在修殿節時，行走在所羅門廊下的耶穌。修殿節的起源，與馬加比王朝由敍利亞的統治者手中重新得回聖殿的歷史有關。在敍利亞王朝統治猶大時，聖殿曾被褻瀆而成為祭拜希臘神宙斯的地方（馬加比上四36～59；馬加比下一9ff.）。當英雄以對國家的愛心及宗教的熱忱重新奪回聖殿時，他們將經過修整的聖殿再次獻給神，並定下此特殊日子為修殿節。因此，修殿節是一個充滿歡樂與慶祝的節日（馬加比下一9）。

歷史上的第一個修殿節與耶穌之間的關係，是約翰福音的強調內容之一。首先，修殿節乃為慶祝猶太人宗教禮儀的重新恢復而設的節日。這些宗教禮儀包含了神所設立的各項獻祭儀式。修殿節時，行走在所羅門廊下的耶穌，只能在祂所處的生命階段中，隱約地顯出可見的榮耀（七39）。當約翰在二章中描述耶穌第一次在聖殿的出現時，耶穌已經明顯地以聖殿比喻自己。因為耶穌以聖殿自喻，所以修殿節的提及成為耶穌終將以自己為祭物取代聖殿信仰的預示。在這個預示中，耶穌是重新建立的新聖殿（二19ff.）。[53] 其次，約翰技巧地將這似乎獨立的修殿節事件，與前文的好牧人講論串連為一體的經文段落。在八章12節中，耶穌對眾人宣告祂是世界的光。修殿節又正好與燈光有極為強烈之關係。布朗注意到，約翰在十章23節對所羅門廊的記錄，可能是對於所羅門王時代華美聖殿的迴響。顯然，所羅門廊是一世紀時宗教聚集的重要場所（徒三11，五12）。[54] 當約翰記下所羅門廊時，他腦海中呈現的，可能就是當日所羅門王獻殿時充滿神同在及神榮耀的景象（代下七1～3）。可見，與耶路撒冷的聖殿相比，耶穌這位象徵性的聖殿所發出之榮耀，甚至遠超修殿節這歷史時刻的光輝照耀。耶穌是榮耀的本體，祂才是真實敬拜的本質。因此，人們不但應該接受真理的啟示，更應該以耶穌為信仰之主。人們需要仰望耶穌為新聖殿，並接受由祂發出的生命之光。相反地，當時的羣眾卻瘋狂地試圖以暴力對待耶穌（十31）。在諷刺的反語中，眾人所顯示的暴力行為，竟然是耶穌最後以榮耀的犧牲而成為真聖殿及真光的預示。當約翰暗示性地比較歷史上的第一個修殿節與耶穌當時的宗教情勢時，我們清楚地發現壞人及英雄角色逆轉的現象。耶穌當時的猶太人，如何扮演了如同敍利亞王朝統治者的壞人角色呢？第一，他們就像敍利亞王朝的外邦統治者一樣，無法看見神的同在。第二，他們逼迫了耶穌所代表的聖殿，並且企圖在聖殿的範圍中謀害耶穌。正如馬加比兄弟，耶穌代表了克服敵人的真正英雄（十39）。約翰的信息清晰無比！耶穌所代表的新聖殿，無懼地向過時又毫無生命的耶路撒冷聖殿發出挑戰。約翰筆下的更大之事，則在耶穌得榮耀或受死時，顯明在讀者的面前。約翰以極度痛苦之心情，記下了耶穌死亡時的獨特細節。在十九章34節中，約翰記錄了耶穌肋旁流出血與水的事實。雖然此記錄並非約翰福音獨有，但它的上下文卻顯出了約翰對於逾越節的重視（十九31～33）。在十九章34節之後，我們看見耶穌就是那位毫無瑕疵的逾越節羔羊（十九35～36）。如同水對飲者生命之重要，新聖殿亦為心靈空虛的人們帶來救恩。在肯定耶穌已死的最後步驟中，實質的水與血由象徵耶穌生命的水所取代，而這生命正是耶穌為多人所流出的贖價。耶穌說：「我實實在在的告訴你，人若不是從水和聖靈生的，就不能進神的國。」（三5）至此約翰終於回答令尼哥底母百思不解的問題。原來，耶穌就是新聖殿，因為獨有由祂流出的水及生命，才能滿足所有願意進入全新敬拜的新子民。

4. 全新的潔淨：與祭物合一的聖殿

本段繼續前述聖殿重建之探討，但焦點將集中在「水」的討論上。在約翰福音十二章，馬利亞用頭髮將香膏擦抹在耶穌的腳上。而在十三章，耶穌親自設立洗腳的儀式。這些不同的經文帶出了水的潔淨功能。若以聖殿的觀念為背景，我們可以發現耶穌針對門徒的私人事工，正好與聖殿針對眾人的公眾事工形成強烈對照。在這兩處與潔淨有關的經文描述中，我們似乎看見了耶穌在事工中所具有的選擇性過程。

在耶穌為門徒洗腳的行動中，我們可以清楚看見潔淨的觀念顯現其中，而在馬利亞擦抹耶穌之腳的舉動中，我們則察覺到敬拜成分的存在。這兩個事件將傳統的潔淨禮儀轉變為極具深意的象徵性潔淨行動，關鍵地對照了猶太教的舊聖殿事工及耶穌的新聖殿事工。約翰福音十三章將這關鍵性的轉變描寫得淋漓盡致。在我們討論羔羊的文章中，已經注意到耶穌為門徒洗腳的行動，其實包含了牧養及犧牲的兩個重要部分。

約翰福音包含了許多與水有關的宗教儀式，但獨有耶穌為門徒的洗腳及馬利亞為耶穌的膏抹，是耶穌所稱許的「潔淨」儀式。約翰在十二章3節中，特別以「擦」及「腳」兩個字，描述馬利亞膏抹耶穌的詳細情景。這兩個字的出現，讓我們看見約翰串連發生在十二及十三章之事的心意。[55] 畢竟，根據另外三本福音書，在逾越節尚有許多其他事件發生。[56] 那麼為何約翰要將這兩個事件先後編排一起？當約翰將馬利亞膏抹耶穌的行動，與耶穌為門徒洗腳的行動緊隨前後記錄時，約翰似乎為讀者帶出了更深一層的宗教意義。兩事為極普通的行動，卻有深刻的宗教意義。當一世紀的聖殿及宗教制度深陷在無法滿足人心的失敗時，馬利亞膏抹耶穌的行動突顯了她對耶穌即將受難的了解。馬利亞對耶穌使命的認識，帶出了她對耶穌的真實敬拜。馬利亞對於耶穌預言自己即將受死的教導，有敏感的洞察力。一顆對耶穌時存敏感的心，使馬利亞對耶穌的敬拜達到單純至高的境界（十二7）。她不但有知識，並且行出與知識相稱的行動。在約翰的理念中，真實的敬拜既不只是外在行為的表現，也非成套宗教儀式的遵守。真實的敬拜必須有正確的敬拜對象。正確的敬拜對象所提供的犧牲及救恩，必須能夠取代已經無效的聖殿功能，如此這位敬拜的對象才配得人的真實敬拜。馬利亞以她的行動帶出革命性的敬拜觀念，而耶穌也適當合時地加以稱許。反觀一位與馬利亞恰恰相反的人物猶大，卻在馬利亞膏抹耶穌時，結交宗教當局的權勢。他與當時的宗教領袖同列，成為逮捕耶穌的關鍵（十八2～3）。在定義真實敬拜的極大掙扎中，猶大成為與宗教掌權者同流合污的內線。由馬利亞膏抹耶穌的插敘中，宗教當局的優勢得利隱約可見（十一57，十二10）。他們以猶大為謀害耶穌的聲援者。至此，我們可以發現幾種不同的潔淨功能。首先，馬利亞對耶穌的膏抹行動，顯出了當時聖殿及宗教制度的不足。其次，馬利亞讓我們看見真實敬拜的本質。當她在耶穌這位新聖殿之化身面前敬拜時，她已經將真實的敬拜化為行動呈現在讀者的眼前。

如果馬利亞為新敬拜帶出形式及理由，那麼耶穌則為新敬拜提供了肯定與解釋。在耶穌為門徒洗腳的行動中，祂從不隱藏洗腳行動會為即將展開之事件帶出更深義的事實（十三7）。潔淨主題的不斷呈現令人十分好奇，因為包含聖殿的宗教當局，實際上已經壟斷了定義潔淨的決定權。然而，持有與耶路撒冷聖殿完全相反之潔淨觀的耶穌，竟然告訴門徒祂為他們洗腳的行動，已經使他們全然乾淨。關於我們可以在耶穌的洗腳行動中探析犧牲受死之主題的討論，不必在此多加重複。因為這方面的研究，已經在好牧人的文章中完整地出現。在這裏，我們所要關注的乃是如何由經文中，察覺耶穌對於宗教權威的挑戰。對耶穌來說，潔淨與否不僅是儀式上的問題，更是道德層面的思考（十三11）。耶穌為門徒的洗腳，使他們得到全然的潔淨。耶穌在此帶出一個與宗教當局完全不同看法的潔淨觀念與方式。祂以自己為救恩的管道，因此，潔淨的水必須來自耶穌這位新聖殿。反觀，代表以色列人信仰的耶路撒冷舊聖殿，再也無法滿足人們的需要了。

第十三章除了水的用語，與約翰福音它處經文有所關連之外，約翰對於水與腳的隱含旁徵，也值得我們注意。約翰在一章記載一段已經出現在馬太及馬可福音中的故事（一27）。這段故事與耶穌的鞋子有關。在這兩卷福音書中，耶穌的鞋子與水的洗禮前後關連。然而，鞋子與洗禮的關係，卻非約翰福音的強調。約翰刻意藉著耶穌的受洗，帶出耶穌的另一特性與面貌。在約翰福音中，受洗的故事只不過是約翰介紹僕人基督的襯托罷了。施洗約翰所提及的「解鞋帶」，是家中僕人的慣常事務之一。僕人為主人或客人脱鞋，使他們便於洗腳（一27）。同時，我們看見施洗約翰在猶太教中佔高層的地位，因為甚至猶太人的宗教領袖，都前來詢問並呈清約翰在宗教方面的角色（一19、24）。這位在猶太教中有如此崇高地位的施洗約翰，竟然宣稱自己不配成為耶穌的僕人（一27）。但大約三年後，耶穌卻自己承擔奴隸的角色，為門徒洗腳。門徒的地位根本無法與在猶太教中居高位的施洗約翰相比。然而，為了這羣極其平凡的人，耶穌甘心樂意地將自己獻上，成為至高的贖罪祭。雖然，約翰精心地展現耶穌是神的真理，但他同時對照施洗約翰與門徒在社會地位上的差異，以刻畫耶穌的謙卑與虛己。在耶穌與門徒戲劇性的角色倒轉之中，約翰以明晰及堅定的方式，智慧地帶出「成為僕人」的信仰理念。由耶穌的所言所行，我們看見約翰基督論的弔詭（paradox）包含耶穌為聖殿的榮耀，以及耶穌為贖罪祭的羞恥。約翰的基督倫理所有的弔詭性，則表現於基督是主的榮耀，以及基督是僕人的羞恥。至終，神的尊貴羔羊為全然不配的世人，捨命在十字架之上。

在進入描述聖殿的其他經文之前，我們還有一件關於耶穌洗腳行動的事實需要了解。如同上述討論顯示，耶穌的洗腳行動是專門針對門徒的私人事工。在約翰福音十三章後，及耶穌受難時刻前，約翰筆下的耶穌未曾再出入於公眾之間。但這並不表示耶穌真的在洗腳行動之後，就不曾出現在公眾之前。約翰福音如此安排，乃為帶出約翰所要傳遞的重要論點。原來，在耶穌裏的新聖殿有獨特的排他性。新鮮地，我們發現耶路撒冷的聖殿也有排他性。撒瑪利亞的敬拜之處更沒有例外（四20）。

然而，每個聖殿排他性的決定標準，則不相同。耶路撒冷聖殿的排他性，根源於身體及儀式上的潔淨。在約翰福音中，我們從未發現跛腳的人出現在聖殿之中。這羣身體殘缺之人，被留在聖殿之外的描述則到處可見（五2，九7）。撒瑪利亞人敬拜處所的排他性，亦根基於外在因素的考慮。這位撒瑪利亞婦人曾經討論猶太人及撒瑪利亞人在敬拜環境及種族方面的不同。[57] 耶穌的排他性則與外在的身體或環境層面毫無關係。敬拜耶穌的排他性，取決於人是否有離棄舊有宗教的意願，並與耶穌同站立的心志。雖然彼得及其他門徒曾經跌倒，耶穌仍然確保他們在逆境之後的得勝。惟有永不悔改的猶大淪落在耶穌的確據之外。包容或排他的決定，完全來自耶穌的自主掌權。如果耶穌真的是新聖殿，那麼祂絕對有權設下祂自己的法則與定規。

5. 祭司及聖殿在上下文的角色

現在讓我們一起思考，到底聖殿的討論與四個釋經角度有何關連？以第一個釋經角度而言，我們可以肯定地觀察出耶穌與前言的緊密關連。在前言中，約翰稱耶穌為「道」。在隨後的經文敘事中，約翰描述了耶穌對於拿但業的預知。由耶穌與拿但業的事件，作者清楚地帶出「道」的本質與真義。當耶路撒冷的聖殿再也無法傳遞任何神的話語時，我們看見耶穌代表神話語的真實身分。神藉著耶穌的生命與話語帶出祂的信息，取代了已經喪失傳達神話語之功能的耶路撒冷聖殿。這件事實，再次肯定了結語所提及的信心教導。雖然今日有許多道德家認為如此，但相信耶穌絕不僅是聽從祂美善的教導而已。相信的真義乃是接受神藉耶穌所賜下的一切恩典。正如馬利亞膏抹耶穌的行動所顯示的，耶穌所要的是一種能夠全然敬拜的信心。

「道」親口宣告，馬利亞的行動是一種有至高洞察力的完美敬拜。對於耶穌即將受難的完全了解，使她不期然產生了對耶穌全然敬拜之情。在約翰的筆下，無人可以憑己意選擇信仰的內容。一個人只能在全部相信或全然不信的兩個立場中選擇。信仰必須全面並且不容更改。約翰進一步指出，耶穌就是那位道成肉身而與人同住的帳幕（一14）。[58] 耶穌為門徒洗腳的行動象徵了祂的捨命犧牲，也為猶太教的宗教禮儀展開了新的一頁。「道」就是「聖殿」的真理，帶出了神清楚明確的宣言。神向人正式宣告，惟有經由祂所預備的祭物，神人之關係才能重新和好。然而，神的救恩並非僅為以色列民預備而已，神的救恩範圍遍及全人類。約翰所描述的撒瑪利亞婦人，就是顯出耶穌救恩乃為全人類預備的上好例子。約翰也將拉撒路的姊妹，馬利亞納入了約翰福音之中，讓後世知道一個基督的真實見證人，該當如何全然又誠摯地敬拜自己的生命之主！新聖殿與新敬拜的來臨，終將吸引包含猶太人與外邦人的各方民族，及社會不同階層的各類人民，前來歸向代表信仰實質的耶穌基督。

新聖殿又如何與第二個釋經角度有所關連呢？約翰藉著福音書的二元結構，帶出了耶穌這位暗喻的新聖殿及耶路撒冷舊聖殿之間的強烈對比。在兩者對比之間，約翰指出了當時宗教制度的嚴重問題。法利賽人尼哥底母正是當時宗教制度的最佳代表人物，但他對信仰的認定，卻與撒瑪利亞婦人一樣的模糊不清。以宗教禮儀及制度代替信仰，是尼哥底母及撒瑪利亞婦人的特徵。耶穌針對他們注重外在宗教表現的錯誤，帶出了全新的教導。另一點值得注意的是，約翰對於馬利亞膏抹耶穌及耶穌為門徒洗腳的二元結構寫作安排。馬利亞深知耶穌即將為她及世上所有信徒付上犧牲的代價，因此她以非比尋常的行動獻上她對耶穌的敬拜。這一組故事的描述，為敬拜的真義帶來了最根本的表白。敬拜並非毫無內容的外在宗教儀式，真實的敬拜應該是人感念神所賜之恩典而產生的回應行動。

新聖殿與第三個釋經角度的關連也極明顯。約翰對於敘事情節發展的掌握，帶出了耶穌令人無可置疑的至高身分。每當耶穌與法利賽人對話時，祂的聲音總是清晰又突出地控制了全局。法利賽人只有在靜默中轉瞬消逝。在與撒瑪利亞婦人的談話中，耶穌的話語更引領撒瑪利亞婦人對祂的降服。在撒瑪利亞婦人接受耶穌基督為救世主後，整個撒瑪利亞城也翻天覆地的轉向耶穌。約翰的情節佈局，亦讓讀者能夠在馬利亞膏抹耶穌之行動及耶穌為門徒洗腳之行動的並列觀察下，領略其中的涵義。雖然，在當時還有許多不同的事件，同樣導致耶穌在十字架上的受難。但這兩個與潔淨有關的事件，卻在一世紀宗教禮儀的背景之下，突顯了更重要的屬靈教導。在這兩個潔淨的行動中，約翰的焦點已經完全地由聖殿轉移到人的身上。正當聖殿無法為人帶來生命時，馬利亞的信仰表現卻成為耶穌即將賜下之生命的寫照。

最後，到底新聖殿與第四個釋經角度有何關連呢？約翰盼望他的信仰羣體能夠將焦點放在有生命力的信仰上。外在的宗教禮儀及種族背景，都不應該成為信仰的內容或信徒的屬靈身分。耶穌的事工有普世性的特徵。新的敬拜必須包含猶太人以外的外邦人。敬拜的焦點也應集中在耶穌基督有效的犧牲代死之上。在耶穌裏的新聖殿，乃是為全人類而預備的。

若由基督的角度來探討，一章51節的梯子暗喻的確值得思考。卡森認為梯子的暗喻含蓄地影射耶穌為「新以色列」。[59] 為使這個神學看法有效，耶穌必須代表雅各。然而，耶穌並非雅各，而是雅各的天梯。將耶穌視為雅各的天梯之看法，使得聖殿的類比 (analogy) 更加可信。布朗的研究發現猶太人的經典 (Midrash) 認為當雅各夢見天梯時，雅各的身體雖躺在地上，但其真實自我卻分離地升至天上，而天使就在兩者之間上上下下。[60] 若以此觀，平行比較耶穌及雅各，我們將帶出類似基督幻影之說法或二元的基督論。此種看法認為地上的耶穌只具肉體的形式，真正的耶穌乃高居天上並活在父神的面前。如果耶穌的時代有這種看法的存在，那麼約翰對耶穌的詮釋，不但不與傳統觀點平行，反而成為他自身信念之肯定及對傳統看法之強烈駁斥。約翰以一章14節見證耶穌的確道成肉身住在人中間的事實。不僅如此，約翰還前鋪式地以這節經文中的「住在」(tabernacle) 一字，帶出耶穌即聖殿的表象寫作手法。「住在」一字有帳幕之意 (出四十34)。耶穌道成肉身住在人的中間，就如當年充滿榮光的帳幕，象徵耶和華住在祂的子民中間一樣。

6. 省思與今日應用

今日的信徒必須了解約翰的寫作目的。對約翰來說，耶穌代表了由神而來的信息。耶穌的生命及話語就是神的信息。因此，耶穌自然成為信徒敬拜的中心。當約翰討論何為真實的敬拜時，同時也提及一些與真實敬拜有次要關係，甚或毫無關係的禮儀形式。當日耶路撒冷聖殿在信仰上的貧乏，至今仍然重現在許多教會及神學院之中。許多信徒在犯下與舊日聖殿同樣的錯誤時，仍然毫不自覺。他們在注重傳統及儀式的堅持中，重踏舊日宗教的歧途。當然，並非所有傳統都有害。然而，當這些傳統儀式與耶穌基督這位敬拜的核心相比時，它們不僅顯得黯淡，更是軟弱無力。教會對於敬拜的討論，常常著重形式的強調，而忽略了更重要的敬拜內容。不論持傳統派或非傳統派的看法，今日的信徒都應該避免再犯只重形式的錯誤敬拜方式。有些信徒為樂器的使用或音樂的類型爭鬧不休，甚至面紅耳赤，而另一些信徒則為講道的形式或時間的長短激烈辯論。雖然音樂及講道都是主日敬拜不可或缺的部分，但更重要的是，我們是否達到了真誠敬拜耶穌的目標。在針對信徒一般生活的討論時，約翰為讀者提供了如何在日常生活中敬拜耶穌的線索。其實，在一世紀時，馬利亞以香膏擦抹耶穌的腳，並不是一件了不起的事情。但為何馬利亞這極為普通的行動，在約翰的筆下卻變得如此不平凡？馬利亞的行動之所以不平凡，乃是因為耶穌所賦與的屬靈意義。在耶穌的眼裏，平凡的舉動因著敬拜的真誠而成為聖潔。因此，當信徒願意學習視平日生活為一種神聖的敬拜時，平淡無奇的慣例生活，也能夠成為蒙神喜悅的聖潔生命。代表新聖殿的耶穌來到世上，摧毀了舊日神聖與世俗的分壘。祂不但除去已經僵化的敬拜模式，更創造了全新的生活敬拜。敬拜再不限於禮儀或形式。信徒全人全時的生活，才是蒙神悅納的真實敬拜。

當耶穌將聖殿的責任轉交教會時，約翰的基督論對於教會尤顯重要。首先，約翰的基督論將影響教會對外事工的方向。當耶穌道成肉身與人同住時，不但與好奇的尼哥底母討論重生的生命問題，更刻意將如同活水的救恩賜給撒瑪利亞婦人。祂向他們表明祂就是聖殿的身分。今日的教會也必須擔負與耶穌相同的使命。今日的教會不同於一世紀的聖殿，並不受地理位置或建築物的限制。今日的教會反倒如同耶穌，能夠全面性地打進社會的各個層面。教會必須跟隨耶穌的腳蹤，超越教會四面的圍牆，在不斷地努力中，將福音傳給分散在各角落的人羣。

其次，約翰的基督論，也會影響教會針對內部問題的決策。教會必須常常進行內部的評估考量，以防一世紀聖殿所重視的傳統主義，在無聲無息的侵襲中再次敗壞教會存在的真諦。本文所謂的傳統主義，專指那些為傳統而愛傳統的思想或作為。教會必須提醒自己，真實的信仰並不等同於各樣的宗教。真實的信仰的關注，並不是外在的宗教表現，而是代表惟一道路的耶穌基督。當教會無法擺脱建築物、繁文縟節、宗教儀式、律法主義及傳統主義的纏擾時，教會就如一世紀的聖殿，逐漸走向必然失敗的不歸路。可歎，這仍是今日常見的悲劇。

融合「光與生命」於一身的耶穌

1. 引言

耶穌為世界之光，是基督徒持守不變的重要真理。這個普遍的信仰理念，主導了二千年來的基督教信仰。耶穌是光的真理啟示，源於約翰福音的前言。在此，約翰將光與生命連結在一起。本文將針對約翰對於耶穌為光與生命的刻畫，在約翰福音有關經文的觀察中，尋求耶穌為光與生命的真實意義，並探討其對世人的重要價值。在約翰的信仰理念中，光與生命不可分割，因此我們不須將這兩個概念分開討論。事實上，在全書的觀察中，我們將發現約翰在敘事中，如何巧妙地運用兩者之間的關連，為讀者帶出發人深省的信仰真義。

光與生命之間的關連，是一個極有意思的探討主題。在前言中，約翰已經迫不及待地顯示他對於光與生命互有關連的看法。一章4節的經文：「生命在祂裏頭，這生命就是人的光」，是了解光與生命之關連性的鑰匙。此節經文的「在祂裏面」(in

Him），代表了一種特殊的性質。我們不可用字義的層面，來了解這一個重要詞語的意義，因為它並不表示一個人實際地居住於另一個人的身體中。六章56節：「吃我肉、喝我血的人常在我裏面，我也常在他裏面」，為我們提供了一個明顯例子。約翰以「吃喝人子的血肉」，象徵一種生命的特質。當人願意相信耶穌時，神就賦與人這種生命的特質，而這種特質正是耶穌活「在他裏面」的生命表現。約翰以可見的「血與肉」，象徵耶穌在信徒生命中所彰顯的豐滿與完全。在七章18節中，耶穌更以「這人是真的，在他心裏沒有不義」，強調講述真理者的真實屬性。一個虛假的人，心靈中所存的盡是不義。此種人的特性，在八章44節中繼續呈現，這輩人出於他們的父魔鬼，偏行他們父的私慾。因此，他們心裏沒有真理，全然説謊。如此説來，當約翰使用「在祂裏面」一詞時，他指出了一種內在的特質。所以，在一章4節的關鍵經文中，約翰向讀者顯示耶穌有一種生命特質，能在世人的生命中發揮光的作用，叫人看清耶穌所帶來的真理。

2.「光與生命」：在尼哥底母及撒瑪利亞婦人的故事中

在本書尼哥底母及撒瑪利亞婦人的專文中，已經討論了「光與黑暗」在這兩個故事中的重要對照功能。因此，本文不再重複論述。此段討論將以一章4節有關光與生命的關連為核心，觀察約翰如何引用這兩個重要觀念，帶出尼哥底母與撒瑪利亞婦人這兩個生動敍事的信息涵義。相信在光與生命互有關連的角度之下，讀者對於已經極為熟悉的兩個故事，將有另一番新鮮的了解。

尼哥底母的故事情節，由一個真正處於黑暗的法利賽人為開始，他在夜裏來見耶穌（三2）。在耶穌與尼哥底母對話的進展中，光與生命的關連愈來愈顯明。約翰福音三章讓我們看見耶穌向尼哥底母所提出的論證，由光的角度逐漸進入生命的層面。首先，尼哥底母以耶穌的身分起源，作為討論的開始（三1～2）。然而耶穌卻以一個人必須「重生／從上而來」（born again／from above）才能見神的國為回應（三3）。困惑的尼哥底母自然提出了如何才能重生的問題（三4）。在耶穌再次回答中，我們好似看見耶穌將尼哥底母的「重生」觀念，轉至「從上而來」的層面。因此，耶穌繼續闡明從「靈／聖靈」而生的特性（三5～8）。尼哥底母的疑惑，顯然在耶穌的解釋中更陷深淵（三9）。最後，耶穌以藉著信心而得新生命的討論，完整地詮釋了重生的概念。如此，耶穌以有關光的講論，總結了祂與尼哥底母的對話（三19～21）。

由上述的摘要，我們不難看見作者約翰對於光及生命這兩個概念的交錯使用。雖然在故事的開頭，光的討論僅是隱約可見，但三章3節的「見」（seeing）一字，揭開了面紗，為光的概念帶出了強力的暗示。在約翰的筆下，「見」（εἶδος）一字雖然可能在不同的形式上出現，但都帶著「看見耶穌以認識祂」的意味（四29，十二21）。因此，約翰的「見」字超越了肉眼看見的層次。它的意義包含了對於所見之物的了解。在三章的重生討論中，所見的對象就是神的國（三3）。為使眼睛看見事物，光必須存在。然而，尼哥底母在黑暗中，他沒有光，因為他在夜裏來見耶穌。耶穌間接地回答尼哥底母對祂從何而來的詢問，祂要讓尼哥底母知道，除非一個人能夠「看見」，否則他永遠無法知道耶穌從神國而來的奧祕。然而，尼哥底母無法「看見」，因為他不在光中。

在耶穌與尼哥底母談論永生的問題時，耶穌將對話的焦點，由「看見」的角度，也就是「光」的同義詞，進展到生命的層面。沒有新生，就不可能有生命，耶穌及約翰同以「光照在黑暗裏，黑暗卻不接受光。……凡接待他的，就是信他名的人，他就賜他們權柄，作神的兒女。這等人……乃是從神生的。」(一5、12～13) 的定論，為世人的選擇作出了裁決。耶穌的信息清晰有力。世人之所以有生命，乃因耶穌所發出的光。光與生命不可分割。既然這世界喜愛黑暗，它終將在沒有生命的厄運中消失滅亡。

當耶穌及尼哥底母的對話結束之後，約翰立即以施洗約翰的見證對照尼哥底母的無知。施洗約翰將生命與信心連結(三36)，正如耶穌所親口發出的宣告一樣，施洗約翰的講論，再次地肯定了「叫一切信祂的，不至滅亡，反得永生」(三16)的真理。另一段與施洗約翰見證平行的撒瑪利亞婦人故事，在強烈對照尼哥底母的故事之下更是突出。這位婦人的故事，由她憑藉個人觀點對於耶穌的所見為開始，發展到她最後了解耶穌行動背後所代表的意義為止。[61] 耶穌並不是一個可以隨便賦與個人觀點或意見的對象。對於積極追求永恆生命的人來說，耶穌值得我們與祂建立親密的個人關係。約翰告訴我們，有不少撒瑪利亞人相信耶穌，他們不僅因著婦人的見證，因為有更多的人，在「看見」並親自了解耶穌是誰之後，相信了耶穌(四40～42)。「眼見為憑」的實際意義，完全地實現在撒瑪利亞婦人的故事中。更貼切地說，「看見」導致了信心。如此說來，信徒因被耶穌這位生命之光所啟發，以至得到永恆生命的福分。

尼哥底母、施洗約翰及撒瑪利亞婦人的故事，為讀者帶出了「光與生命」之關係的肯定結論。首先，「光」為人提供了一個「看見」的機會。其次，「看見」又導致了「信心」的產生。最後，「信心」使人獲得「永生」。無疑，「光與生命」的關係無法分離，它們已經融合並深印在讀者心中了。

3.「光與生命」：在醫好三十八年之病者的故事中

在五章醫好三十八年之病者的故事中，生命的主題明顯突出，但是與光的關連卻隱藏。然而，緊接著這個醫治故事之後的講論，卻暗示了耶穌對於光這個主題的興趣。這個故事由耶穌在安息日，醫治一個長年患病的病人開始。猶太人對於整個事件發生在安息日的質問，絲毫不讓人驚奇地隨之而來。在整段敍事中，我們看見有關生命的主題不斷呈現。

第一個呈現生命主題的特徵，與約翰描述那人病了三十八年有關（五5、7）。因為久病不得醫治，那個人的「生命」，正在逐漸地消逝。第二個呈現生命主題的特徵，則與那個人的屬靈疏離狀態有關，因為他躺在作為敬拜之用的聖殿之外，期待能夠從畢士大池獲得某種神奇的醫治方式。然而，他的希望一次次被失望擊倒，直到他遇見使他痊癒的耶穌。出人意外地，整個醫治事件並未在病者得痊癒之後就畫上句號。耶穌反而進一步指出這個人長年患病的原因。原來，犯罪是這個人的根本病因（五14）。可見，耶穌賜予這位病者的生命，不單針對他肉體的殘障，並且挑戰了他屬靈的光景。耶穌為這位病者所帶來的新生命，包含了肉體及屬靈的層面，影響了他的全人全身。最後，第三個呈現生命主題的特徵，出現在耶穌敍述祂如何能夠為人提供永生的講論中，而三十八年病者的痊癒成為了耶穌講論的最佳證據（五20、24）。

在長篇的生命討論之後，經文終於出現耶穌對於「光」的提及。首先，在五章35節中，耶穌以施洗約翰為光的來源。其次，祂由光的來源，轉至祂較施洗約翰有更大見證的陳述。這段經文令人好奇（五32～36），雖然微妙，但卻極易讓讀者察覺耶穌的用意。因為如果約翰有光源的作用，是因為他是一個好見證人，那麼有更大見證的耶穌，自然成為了光的更大來源。耶穌的見證與祂所作的事有關（五36b），就如同前段經文的醫治故事。由醫治的故事及其他諸多的類似事件，耶穌更深為世人展現了光的意義，並以此證明祂就是神的兒子。

因此，在醫好三十八年之病者的故事中，耶穌以光的角色見證自己的身分，並指向了差祂來到世上的父神。祂對於三十八年之病者的生命復原，也使祂成為了生命的來源。耶穌所賜予的生命，不僅限於肉體的層面，還包含屬靈的層面。因此，這生命並非短暫的過場，而是永恆的存在。耶穌對於三十八年之病者不要再犯罪的警告，使他成為永生可以從現在就開始的最佳範例。當他願意順服耶穌這位生命之光的呼召時，立即享有永生的祝福。

4.「光與生命」及新摩西

約翰將兩個奇妙的故事連結於第六章。這兩個故事也出現在馬太及馬可福音中（太十四13～33；可六32～51）。不同的福音書，各自由相異的角度進入故事的敍述。馬太的故事較注重對於門徒彼得的刻畫。他因自己的懷疑而幾乎沉入海中的生動畫面，是這段經文的特色。路加福音則在給五千人吃飽的神蹟之後，略去了耶穌履海的神蹟記載。約翰的故事根本沒有門徒彼得的在場，只將故事的焦點完全放置在耶穌的身上。為使約翰福音的重要主題有一貫性，約翰特別注意這兩個故事的描述筆法，以帶出耶穌為「光與生命」的強調。首先，約翰對於給五千人吃飽的場景，有不同的描述。在約翰的筆下，似乎有更多的人物參與了給五千人吃飽的神蹟。更重要的是，約翰藉六章14節清楚帶出，眾人對於耶穌行使神蹟之後的結論。雖然馬太及馬可皆曾宣告耶穌為先知的身份，但這些宣告都沒有出現在餵飽五千人的神蹟敘事中。相反地，約翰極為簡潔地記下了眾人的反應。在六章14節中，眾人明說：「這真是那要到世間來的先知。」他們心目中的先知，顯然就是申命記的那位先知（申十八15～22）。申命記十八章所指的先知，是一位與摩西同樣偉大的先知。在耶穌餵飽他們之後，眾人看見摩西的偉大顯現在耶穌的神蹟之中。那麼，耶穌豈不就是新摩西嗎？

耶穌在講論中的回答，顯然有矛盾之處。一方面，耶穌談論嗎哪與摩西的關連。另一方面，耶穌告訴眾人衪不僅提供嗎哪，衪本身就是嗎哪。為使摩西的主題更加明確，約翰繼續了耶穌履海的敘事。在耶穌履海的神蹟中，我們回想到摩西只是跨過分隔的紅海，但耶穌卻行走在海面上。無怪乎，耶穌是生命之糧的講論，緊連地出現在耶穌履海的故事之後。約翰對於故事的結構安排，是為了帶出他在講論中所要教導的真理。這段講論的真理教導，顯然與生命的討論有密切的關連。大部分的讀者都將講論中的真理應用在給五千人吃飽的神蹟之上，顯然忽略了耶穌履海的神蹟所當得的注意力。這種忽略似乎犧牲了約翰複雜精細的藝術巧筆。因此，在我們更深入討論這段講論如何啟發讀者擷取這兩個故事的精意之前，讓我們先來看看約翰對於耶穌履海故事的情節設計。

如同前述，約翰筆下的耶穌履海故事，與符類福音的平行經文有不同的架構。而使約翰福音與眾不同的，就是約翰描述故事的獨特方式。首先，他帶出了事件發生在晚上的時間提示（六16）。然後，他好像多餘地在六章17節中繼續帶出「天已經黑了」的強調。如果僅是為了記錄事件發生的時間，任何一節經文的時間記錄，都能達到描述的目的。在其他的福音書中，作者僅以夜晚的「四更天」帶出時間的敍述。到底約翰對於晚上的強調有何用意？如同尼哥底母的故事，約翰重複了一章5節的「黑暗」一字，以刻畫尼哥底母的黑暗。在此處，約翰也以「天已經黑了」一詞，描述一種處於黑暗的狀態，因為約翰在下文中明說「耶穌還沒有來到他們那裏」（六17b）。顯然，約翰對於「還沒有」的使用，顯出了他絕妙的寫作才華，因為雖是簡單的幾個字，卻挑起了預期耶穌出現的張力。或許他們應該努力划槳，以便快速地橫過湖面，使耶穌早點加入他們。但是沒有耶穌的同在，湖面更顯波瀾。惟有當門徒歡喜接耶穌上船之後，船立時就到了他們所要去的地方（六21）。耶穌履海的神蹟，在眾人的見證下，更顯奇妙。原來，站在海那邊的眾人，知道那裏只有一隻小船，並沒有別的船，又知道耶穌沒有同祂的門徒上船，但耶穌竟然不見了（六22）。或許出於好奇，眾人更想要見這位神祕的耶穌。在前一個夜晚，眾人生活在黑暗之中，而耶穌所行使的神蹟也向他們隱藏。約翰對於字彙的一致性使用，讓我們明白耶穌履海的記錄，並非僅是普通的神蹟故事。更確切地說，約翰乃是藉著耶穌履海的神蹟，指出當光照進黑暗時，它為門徒帶來的極大成功，然而對於缺乏了解的眾人，他們始終沒有領悟光的意義。因此，在耶穌履海的神蹟中，耶穌完美地顯現了祂為光的角色。無知的眾人繼續在要求耶穌行神蹟的舉動中，表現了他們露骨的蒙昧（六30）。的確，黑暗始終無法了解耶穌所代表的真光。

直至目前為止，約翰使用耶穌履海的故事，帶出耶穌為光及眾人活在黑暗之中的景況。在此之後，約翰慢慢地將光的主題轉換到生命的主題之上，以便再次地為講論及給五千人吃飽這第一個故事，帶出關連。在講論中，我們發現了一句像謎一般的難解經文。到底「你們若不吃人子的肉，不喝人子的血，就沒有生命在你們裏面」（六53）代表甚麼意義？更令人好奇的是，許多人甚至在不想費力了解耶穌話語的情況下，選擇不再跟從耶穌。就是在耶穌的門徒中，也有一位名叫猶大的賊。對眾人而言，或許耶穌的教導不夠清楚，但其中一項真理，不但明確並且肯定。那就是，耶穌以光的身分，照亮了划槳於黑暗中的世人。凡願意跟隨祂到底的人，必得永恆的生命。只是與光交會並不夠，真正接受光的人，必然在跟隨耶穌的行動上堅持到底。

5.「光與生命」：在醫好生來瞎眼者的故事中

在「成為羔羊的牧人：耶穌出人意外的角色」一文中，醫好生來瞎眼者的故事極為自然地與好牧人講論連結一起，彼此以「神蹟／記號及講論」的關係互相呼應。在此，我們將發現「光與生命」的概念，如何與醫好生來瞎眼者的故事互有關連。約翰福音九章中的耶穌，清楚地以「趁著白日，我們必須作那差我來者的工，黑夜將到，就沒有人能作工了」，指出自己為光的身分（九4）。由門徒詢問耶穌的問題，我們看見了這個故事的情節，與醫好三十八年病者的故事情節，具有清楚的主題一致性（五14，九2～3）。在三十八年病者痊癒之後，耶穌叫他不要再犯罪，在此，門徒似乎也以同樣的觀念，來思想這位瞎眼者生來瞎眼的根本原因。為何約翰以門徒的問題，連結兩個毫不相關的敘事呢？一個極明顯的原因，就是耶穌需要顯示祂身為光的角色實際上與祂的工作有緊密的關連。另一個明顯的原因，就是這兩個故事中的病者，都同樣被一生的殘障所纏擾，同是被社會疏離的人。第二個原因，使得耶穌這位生命的賜予者，更加顯明了好牧人講論中那位好牧人的特性。

除了在故事的開頭，耶穌強調必須趁著白日還有光(耶穌)時努力作工之外，故事中還有一些其他的線索，可以幫助我們看見耶穌是光的身分。在這個故事中，瞎眼的主題到處呈現。一開始，約翰描述這個人從出生以來就是瞎眼的景況(九1)。當然，約翰如何獲得這個資料並不重要。或許，這個瞎子以在西羅亞池旁邊討飯而為眾人所知。又或許，這個瞎子曾經在約翰面前作過他得痊癒的見證。無論如何，瞎子的父母論及他生來就是瞎眼的見證，卻不容任何人懷疑。不過，觀察瞎眼這個主題的最佳方式，乃是不要將焦點逕先貫注在瞎眼這事上。相反地，我們應該將焦距集中在這個人「生來」就瞎眼的重點之上。「生來」是約翰福音三章所用字彙的迴響，因為約翰以同樣的字描述一種新「生」(三3～4)，而經由新生所帶出的，就是永恆的生命。約翰福音三章開頭，就顯出了「光與黑暗」的主題。尼哥底母天生就可以看見，但他的生命卻停留在瞎眼的階段，極需惟獨耶穌才能賜予的永生。進一步觀察，我們發現尼哥底母看不見耶穌能夠提供永生的事實，因為他處在「黑暗」的光景中。可見，尼哥底母是一個在屬靈上瞎眼的人。恰與尼哥底母相反，這位瞎子生來瞎眼，但他很快地即將重獲視力。當他視力復原的那一剎那，他與光有了接觸。除了他肉眼視力的恢復之外，他靈裏看見的得著更是重要。與尼哥底母不同的生來瞎眼者，具有一種敏銳的洞察力，而這顆敏感的心使他相信耶穌是神的兒子（九36～38）。因此，連接這兩個好似無關之敘事的線索，就是世人須要光才能看見。

在「生／生來」及「生命」的概念之外，我們還發現醫好生來瞎眼者的故事，呼應了尼哥底母故事中的其他重點。約翰福音三章中的尼哥底母，被約翰描述為法利賽人（三1）。在醫好生來瞎眼者的故事中，約翰亦記載了法利賽人為耶穌主要對抗者的角色（九13～34）。雖然尼哥底母並不是耶穌的敵人，但他與法利賽人同樣具有屬靈瞎眼的病症。如同耶穌在三章，以「以色列人的先生」諷刺尼哥底母一樣，約翰在醫好生來瞎眼者的故事中，也以法利賽人所有的大量宗教知識，譏嘲他們所有的等量屬靈眼瞎（三10；另參九34）。在雙關語字面意義及象徵意義的反諷之下，約翰指控了這羣有良好視力的法利賽人，全然處於屬靈眼瞎的光景（九39～41）。或許說得好聽一點，耶穌批評他們好似一羣遇見光，又有能力看見的人，但實際上他們卻是一羣瞎子。也許，如同在耶穌履海故事中的門徒一樣，他們遇見了光，但只是有光並不足以讓人看見。更重要的是，一個人必須積極主動地跟隨那「光」，才能夠獲得生命。法利賽人雖然與光交會，但他們的生命卻沒有光的絲毫存留。

約翰以「生來」一詞，開始醫好生來瞎眼的故事，但他迅速地以「光與生命」的主題交織於故事之中。在「生來是瞎眼」的陳述中，約翰簡潔地摘要了「光與生命」的重要性。約翰既然以生命的觀念作為故事描述的開始，他極其自然地以好牧人講論對於生命的討論，作為故事的結局，使整個故事成為圓滿的經文段落。他的寫作方式一點也不令人驚訝。事實上，這種內容的安排不但自然，並且合理。在針對法利賽人的好牧人講論中，耶穌談及以色列的賊，這些賊可能就是指著法利賽人或以色列的其他敵人而言。賊無非要偷竊、殺害或毀壞（十10）。另一羣象徵不忠心管家的雇工，亦須對輕忽羊羣的照管，付上部分的責任。這羣邪惡之人，成為耶穌這位好牧人的對照。好牧人不但為羊帶來生命，祂更捨棄自己的生命，以使羊羣能夠獲得更豐盛的生命（十14～18，10）。

由上述的討論，我們清楚地看見約翰刻意將「光與生命」的觀念合而為一，以建構故事的寫作意味。他明顯地談論光與生命，但在情節的佈置中，卻含蓄地使用屬於光或生命的字彙，闡明他的信息。由醫好生來瞎眼者的故事，約翰讓我們看見了，完全處於屬靈黑暗中的以色列領袖。在生來瞎眼者的重獲肉眼及屬靈的視力之後，他們立即對光的化身（就是耶穌），掀起了一場對抗的戰爭。使瞎眼得醫治的神蹟，帶出了神藉耶穌工作的屬靈真理。神差遣光進入世界，以使神的工作得以完成（九4）。而神的作為，必須藉著這光才能顯出（九3～4）。當光真實地照亮了黑暗時，選擇跟隨耶穌的人，將獲得耶穌所賜予的生命。

6.「光與生命」：在主叫拉撒路復活的故事中

雖與生來瞎眼者得醫治的故事類似，但拉撒路的復活顯然是更深層的醫治故事。藉著叫拉撒路復活的神蹟，耶穌彰顯了史無前例的神奇能力。在耶穌受難及復活這個最大神蹟之前，拉撒路是最後一個偉大的神蹟。約翰福音十一章的拉撒路，不僅患病，並且死亡。約翰巧妙地藉著某些猶太人對此事的反應，帶出了這個故事與瞎眼得醫治故事之間的關連。這些猶太人認為耶穌既然開了瞎子的眼睛，豈不能叫拉撒路不死嗎（十一37）？整個叫拉撒路復活的故事，在這些猶太人對耶穌之評論的基礎下，展現了更大的情節變化。另外，在大致的結構上，我們也看見了這兩個故事在情節上的關連。就像天生瞎眼者得醫治的故事一樣，拉撒路的肉身復活指向了更重要的屬靈真理。如同天生瞎眼者得醫治的故事，在主叫拉撒路復活之前，耶穌也有一段有關白日與黑夜的談論（九3～4；參十一9～10）。我們也發現極大的不信之心，出現在這兩個敍事中。惟一不同的是，發生在主叫拉撒路復活之前的不信之心，竟然發生在天生瞎眼者得醫治之後。在他的作品中，約翰純熟地使用不同的字彙解明光與生命的觀念，並在他的敍事中將兩者融合為一。

天生瞎眼者得醫治的故事，部分說明耶穌有關「白日與黑夜」的討論，而約翰也在拉撒路的復活敍事中帶出這個主題的再現。在約翰福音十一章9至10節中，耶穌提到一個人處在黑暗中的光景。當耶穌抵達伯大尼時，拉撒路已在墳墓裏四天了（十一17）。一般來說，當時的墳墓在埋葬死者之後，都以石頭嚴密封住（十一38～39）。在這段經文中，約翰不斷重複「墳墓」一詞，帶出了一個清晰的信息。原來，死去的拉撒路在沒有任何生命氣息的情況下，處在一個完全黑暗的墳墓中。如此，在表象（imagery）的描繪之下，「光與生命」或「黑暗與死亡」成為這個故事的相關主題。

大部分的故事描繪了拉撒路由黑暗進入光明，及由死亡得釋放而進入生命的歷程。藉著這個故事，耶穌教導了有關「光與生命」的真理。如前所述，耶穌在故事的開頭就論到光。在與馬大的對話中，也談論了生命（十一24）。耶穌與馬大的對話，為耶穌的「我是」宣告，設下了前舖。馬大對於耶穌的回答極重要，因為它反映了當時對末世的信仰觀念（十一24）。她堅定地相信，在末日拉撒路必然復活。

在「復活在我，生命也在我，信我的人，雖然死了，也必復活，活著信我的人，必永遠不死」的宣告中，耶穌尖銳地回應了馬大的末世觀（十一25～26）。誠然，許多人像馬大一樣，預期末日的復活。耶穌卻在現在就為他們引進了最美的盼望。耶穌就是馬大等候許久的那一位。當耶穌來到世上時，末日的祝福已經隨著祂臨到世人。如此說來，耶穌所代表的生命，有極強的末世涵義。當耶穌展現生命的時候，耶穌讓世人知道祂已經為末世揭開了序幕。末日並非馬大所想像的單一日子。相反，當世人願意相信耶穌為祂的跟隨者死在十字架上時，末日已經實現了。無數之人所盼望的末日生命，已在耶穌來到世上的時刻闖入世界。

拉撒路的故事，並沒有停止在拉撒路走出墳墓的那一刻。反而令人驚訝地，一路進展到宗教領袖企圖殺害耶穌的計謀上（十一45～57）。這實在是一段極為反諷的敍事，因為才將生命賜予拉撒路的耶穌，竟然要被人取走祂自己的生命。更不可思議的是，當受難時刻臨近時，耶穌將以祂無法避免的死亡，賜予祂的跟隨者永生，以完成祂來到世上的使命。如此，耶穌以拉撒路的復活，帶入並加速了祂自己的死亡，以至真實的生命能夠臨到耶穌跟隨者身上。從故事的開頭到末了，耶穌對自己的生命始終有完全的掌控。

7.「光與生命」在上下文的角色

以上研究顯明，約翰以「光與生命」的主題貫穿全書的情節線索。在某些例子中，「光與生命」的主題極為明顯。但在另些情況中，則巧妙地運用屬於「光與生命」或「黑暗與死亡」的同類字彙或事件，更徹底地支持他的論點。在表達實體的字彙範疇中，約翰使用極廣泛並多變的字詞，連結光與黑暗或生命與死亡的觀念。約翰對於故事的獨特描述，也使他的福音書不同於符類福音。他的故事往往成為耶穌真理教導的象徵。他以實體的故事，反映了耶穌非實體的真理教導。故事中的人物，也在各自扮演的角色上，分別指向耶穌及祂的教導。

既然第一個釋經角度與前言及結語有關，讓我們來看看約翰在前言及結語中，如何講論光與生命的觀念，並觀察其他故事如何受這兩個觀念影響或相連。在一章3節中，約翰談到耶穌在創造事工上的角色。隨即，他跳入了「生命在祂裏頭」的陳述（一4）。如此，因著耶穌在創造之工中賜予生命的角色，約翰使「生命在祂裏頭」的陳述，成為描述耶穌的合理結論。耶穌身為生命的使命，為祂在地上的事工，帶出了創造的能力。在尼哥底母的故事中，耶穌首先以生命賜予者的身分，揭曉了祂將為世人帶來永生的奧祕計劃。在餵飽五千人的故事中，耶穌為所有飢餓的人提供了生命。如果耶穌在創造時能夠使無變有，那麼祂必然也能以五餅二魚滿足五千人的需要。對於三十八年之病者，耶穌對他的醫治，不但使他肉體痊癒，也使他得到了屬靈更新的機會。接著，耶穌以完全的生命，取代了生來瞎眼者在出生時所承受的不完全生命。最後，耶穌將生命賜予死人拉撒路，並再次地證明了祂是那位掌權的創造主。惟獨祂有能力控制生命與死亡。

在生命的討論之後，約翰進一步在前言中闡明，在耶穌裏頭的生命是人的光（一4 b）。如此說來，耶穌的生命有一個重要的功能，就是耶穌的生命將照亮這個黑暗的世界。耶穌的生命以獨特的方式照在黑暗裏。[62] 所有與耶穌為光有關的故事，都顯出了耶穌照亮世界的使命。在面對尼哥底母及撒瑪利亞婦人時，耶穌為他們介紹了與他們各人傳統極為不同的觀點。耶穌不僅是一個反傳統的人，祂實際上代表了一個與傳統分離的角色。在醫治三十八年病者的故事中，耶穌極富創意性地賜予他生命，照亮了這個人的生命世界。這個人對於如何得痊癒有自己的一套想法，可能基於當時流傳的神話或傳統。但耶穌僅僅以祂話語的命令，就使這位長年患病的人完全得痊癒。在餵飽五千人的故事中，耶穌不僅是摩西等眾先知中的一位。進一步，耶穌超越了摩西，因為祂能以極少量的食物，創造出供應五千人食用的巨大分量。耶穌的神蹟啟示了祂超越摩西的真理。對於天生瞎眼的醫治，耶穌照亮了一個從未經歷光的黑暗人生。更重要的是，這個人以他屬靈的視力，認識了耶穌的身分。因此，他接受了一個嶄新的生命。與猶太的宗教領袖完全相反，耶穌為世人提供了一個全新的方式，並且使用不完全的瞎眼者來完成祂那完美的旨意。最後，拉撒路的復活為耶穌的計劃帶來了高潮，因為藉著這個神蹟，耶穌昭示了父神差派祂來到世上照亮世界的使命。在這五個故事中，有三個故事出現了黑暗的強勢。黑暗的勢力藉著宗教領袖的偽裝，公然向耶穌發出挑戰並與之對抗。然而，不論黑暗勢力如何強橫，耶穌總是掌握掌控能力。至終，耶穌以加略山的十字架擊敗了黑暗的勢力，達到完全的勝利。

第一個釋經角度也包含了結語的觀察。約翰福音的結語激勵了讀者的信心。在光與黑暗的角度之下，約翰的故事應該照亮讀者的心靈世界，因為耶穌在每個故事中都表現了「光與生命」的身分。尤有甚者，在每個故事中，約翰為讀者呈現兩種不同人物的典型。相信耶穌的人，與生命之光有交集，並且因此得永生。不相信的人雖然遇見耶穌這位生命之光，卻與祂公然對抗，而走向死亡的結局。兩種不同的人物典型，為讀者及世人發出了福音的邀請。約翰挑戰每一個人，以接受由耶穌而來的光，選擇生命的道路。

第二個釋經角度與「神蹟／記號與講論」的二元結構有關。二章的第一個神蹟／記號，與隨之而來的尼哥底母及撒瑪利亞婦人故事，因著記號與講論的關係，成為一個二元結構的單元（三1～四43）。在第一個神蹟敘事中，沒有太多有關「光與生命」的暗示。在約翰福音的早期階段，只有二章的一處經文暗示了耶穌的死亡（二4）。因此，如果「光與生命」的觀念在某種程度上與第一個神蹟有關，那麼耶穌的死亡及復活，就是為信徒帶來「光與生命」的關鍵。耶穌的捨命犧牲成為「光與生命」的基礎。第二個包含「光與生命」的故事，出現在五章的醫治敘事中。這個敘事明顯與講論有極密切的關連。這組二元結構的議題，與結語的議題極相似，都是有關信心的討論。第三個針對「光與生命」討論的故事，出現在給五千人吃飽及耶穌履海的故事中。顯然，生命之糧的講論與這兩個故事成為一組二元結構的單元。這組二元結構的單元，與上組二元結構的單元，有一種有趣的關連性。而使這兩組單元有關係的關鍵，在於討論摩西的經文（五45～47）。我們發現在給五千人吃飽及耶穌履海的故事中，摩西的主題更明顯。耶穌好像怕祂的聽眾無法了解祂的意思，因此祂在六章32節以下，再次提到摩西。至此，眾人應當明白耶穌是光並賜予生命，因此祂超越摩西的真理教導。針對天生瞎眼者的第四個故事，在八章中強烈地符合了耶穌對於光的教導。繼之而來的好牧人講論，則為天生瞎眼者及拉撒路的故事提供了一個美好的轉折點。好牧人講論不但分隔了天生瞎眼者的故事及拉撒路的故事，更為天生瞎眼者故事中的法利賽人提供了問題的部分答案。因此，好牧人講論為蒙受永生啟示的人與拒絕耶穌的人，畫下了一條永遠無法交集的分界線。第五個為約翰福音帶來高潮的故事，清楚地將拉撒路與好牧人的講論連結一起。在好牧人的講論中，拉撒路是那位聆聽好牧人聲音的羊。好牧人的聲音給與羊兒生命。好牧人的聲音帶領拉撒路由黑暗進入光明。如此，拉撒路不僅是歷史上的一個重要人物，更是承蒙光照而成為耶穌跟隨者的最佳象徵。

現在應是一個好機會，將所有二元結構單元串連一起，使耶穌為「光與生命」的畫像更顯完全。由第一個神蹟記號開始，我們看見耶穌的犧牲成為「光與生命」的基礎。第二與第三個神蹟則與信心有關。醫好三十八年之病者的事件，談及一個人在肉體及屬靈上的轉變。當這個人聽從了耶穌的話並開始走路時，我們已經瞥見了些許的信心暗示。但是信心並不是在此的討論焦點，因為故事的重心著眼於一個人在遇見光之後的改變。然後，給五千人吃飽及耶穌履海的故事帶出了耶穌超越摩西的真理。在這種寫作編排下，約翰再次肯定，世人必須相信代表「光與生命」這位耶穌的原因。再來，天生瞎眼者的故事讓我們看見接受或拒絕光的後果。對約翰來說，只是有相信耶穌的理由還不夠。約翰要他的讀者數算接受耶穌的「光與生命」，將為讀者帶來的代價及益處。最後，拉撒路故事的高潮，決定性地指向最開始的基礎論點。那是耶穌必須受死並復活。總結來說，這些二元結構巧妙地編織了約翰的重要信息。約翰首先為耶穌是「光與生命」的身分提供基礎。然後，在這基礎上，約翰提供了接受的方式，即信心。經由信心，人的生命將得到全然轉變。為甚麼信徒必須相信，轉變的生命必然會為他們帶來益處？因為耶穌超越先知中的先知摩西。然而，這並不意味生命的轉變，不須付上任何代價，但是益處的得著卻遠超過代價的付出。彷彿讀者會錯失約翰的信息，約翰借用拉撒路的故事，再次重申耶穌必須受死及復活的終極使命。這一切都與耶穌為「光與生命」的主題，緊緊交織一起。

第三個釋經角度與故事的情節有關。約翰以強調或省略某些主題的筆法，選擇「光與生命」不同的突顯方式。舉例來說，約翰雖以黑暗為尼哥底母的故事背景，但他卻不沉浸在這個特性上。他選擇遠離黑暗的討論，而加長耶穌對於生命的講論。約翰也使用相同的手法，處理醫好三十八年之病者的故事。他將大部分的篇幅留給耶穌對生命的談論。得醫治的病者在故事中扮演極輕微的角色。這位病者對於整個故事的貢獻，僅限於耶穌視罪為其病因所帶出的重要神學教導。藉著罪的揭露，約翰對照了生命與罪帶來的死亡。約翰聰明地運用罪的觀念，掩飾死亡的討論，因此容許他帶出肉體並非死亡惟一原因的自由。顯然，約翰如果直接連結給五千人吃飽的故事與生命之糧的講論，讀者就不用費神探索兩者的關連。然而，他將耶穌履海的故事插在兩者之間。雖然短短的履海故事好似站錯了地方，但它倒是緩慢了讀者的閱讀腳步，使讀者有機會細細思想它與下面講論之間的關連性。在整個生命之糧的講論中，約翰到處佈下了摩西的暗示，使讀者無法逃避約翰的信息。約翰的論點在講論終於帶出生命是由耶穌而來的真相時，顯得更清楚。耶穌履海的故事有另一個重要的功能。它以極輕微的方式帶出了光與黑暗的觀念，而使光與黑暗的主題線索，持續出現在這個故事中。在一路上，約翰不斷地撒下種子。因此當敍事終於來到天生瞎眼者的故事時，黑暗、眼瞎及光的意義，馬上清晰明瞭。天生瞎眼者故事中的對話，特別令人驚心，因為猶太人好似站在贏得這場鬥爭的上風中。事實上，約翰給與他們極大的空間表達對立的觀點，及至最後，耶穌以漫長的好牧人講論闡明立場時，才靜默了在場的猶太人。在約翰的筆下，好牧人講論好像法官的一把槌子，帶出了耶穌對於這羣宗教領袖的判決宣告。審判已經結束，而耶穌也得到最後的勝利。拉撒路的故事亦等分地帶出了「光與生命」的主題。約翰對於墳墓及死亡的強調及重複，顯出了他對於光的關切。然而，不同人物對於耶穌當如何行的建議，為故事帶出張力。「到底耶穌要怎麼辦？」的問題仍然存在，當耶穌叫拉撒路從死裏復活時，耶穌為眾人的問題提出了高潮性的答案。拉撒路的故事是「光與生命」融合的極致。整體來說，約翰筆下的宗教領袖呈負面的形像，或許尼哥底母是惟一例外。[63] 在「光與生命」的觀點之下，約翰可能認為當時的宗教領袖疏忽了為以色列人提供光的職責。在他們的慘敗之下，以色列人失去了光的引導及生命的享受。不幸地，當時的宗教領袖將以色列人帶入黑暗及痛苦中。耶穌是以色列人重獲光明與生命的惟一盼望。

這個結論將我們帶進了與社會歷史背景有關的第四個釋經角度。「光與生命」的故事扎實地為我們介紹了猶太教的社會歷史背景。「光」的觀念早已存在於猶太教的信仰中。舉例來說，光之子與黑暗之子之間的戰爭，顯然出現在死海古卷的多處文卷(例如1 QS 3：13～4：26；1 QH 1．15ff.)。猶太教並不是「光與生命」的提供者。如果約翰福音寫於公元七十年之後，那麼約翰的故事清楚地符合當時會堂的情況。約翰的論點，似乎反對當時會堂的制度。當聖殿被毀之後，它再也無法為以色列人提供生命或光的需要，因此，會堂取代了聖殿。然而，當時會堂的表現卻未必見得好過聖殿。因此，約翰誠實地表達了他對聖殿及會堂的負面看法。如此說來，由背景的了解，我們更能體會約翰描述當時猶太教為以色列人提供死亡及黑暗的悲慘景象。這個殘酷的事實，在生來瞎眼者的故事中更活現。當耶穌將這位活在肉眼黑暗中的瞎眼者，由黑暗帶入光明時，他卻反被趕出會堂之外(九22、34)。如果會堂代表了當時的「光與生命」，那麼這個人怎麼會被丟入黑暗及屬靈的疏離呢？諷刺地，當耶穌接受這個人時，這個人反被帶入了「光與生命」之中。此時此刻，黑暗之子好像快要贏得戰爭，但約翰卻保證凡屬光之子耶穌的信徒，必然會得到好牧人的引導與照顧。無疑，好牧人講論讓我們稍稍瞥見了耶穌為跟隨者所預備的上好福分。

8. 省思與今日應用

在後現代社會中，「多元論」是一個關鍵的思想。教會的宣教及傳福音策略，在妥協的強烈試探之下，面臨極大挑戰。約翰當時的社會也有多元特色，他同樣面臨今日信徒遭遇的問題。然而，約翰沒有對環境的壓力讓步。他勇敢挺身，向世人發出耶穌是「光與生命」的宣告。約翰對當時世代的信息，就是其他的方法最多只能提供人不完全甚或錯誤的生命引導。至於能為世人帶來救恩的「光與生命」，並不在於這些方法。論到救恩，這些方法絕對不在世人的選擇之內。在新的千年紀元開始之際，教會必須站穩立場，並要求信徒對耶穌獨特的身分有更深廣的了解。耶穌與眾不同。多元論是耶穌獨特性的敵人，因此教會必須盡力抵擋它的侵入。當教會失去耶穌獨特性的關注時，教會將跌入黑暗及死亡的深淵中。當然，教會必須不斷調整傳揚福音的方式，但同時也必須以耶穌的獨特性為中心信息，因為惟有耶穌能為世人帶來生命。

既然世界的體系充滿了黑暗與死亡，約翰福音的耶穌嚴肅地向今日的教會發出挑戰。祂要教會小心地活在這個世界中。每位信徒不但應該謹慎生活，還須時常反省世界體系可能對自己的不良影響。基督徒常易跌入物質、全球經濟的自主文化或道德價值觀的陷阱中。然而，這些事情的發生一點也不驚奇。某些價值觀明顯屬於約翰所劃分的「世界」。它們與光所堅持的一切信念直接對抗。當基督徒變得與世界毫無不同時，基督徒失去了對世界的影響力。不論他們所傳揚的信息為何，他們再也沒有能力扭轉乾坤，改變社會不公義的現象，因為基督徒已經喪失了原有的獨特性。基督的獨特性必須顯示於基督的信仰中。正如基督一樣，教會必須領導世界，由黑暗及死亡進入光明與生命。同時，教會也應該以恩典和真理取代暴力，克服世界價值觀對世人的影響。

在教會之內，約翰福音亦向今日信徒提出銳利的挑戰。當約翰討論猶太教時，他指出猶太教不認耶穌是主的錯誤。嚴守安息日的傳統，以及對窮困、瘸腿或瞎眼者的疏離，使猶太教盲目而無法看見有真正「光與生命」的耶穌。[64] 坦白地說，今日許多教會也因同樣理由，逐漸邁向死亡之路。傳統主義擊打了更新的機會。更糟的是，傳統主義使教會變成沒有基督的宗教羣體。我們必須注意，傳統主義與傳統並不相同。兩千年來，教會有許多佳美的傳統。然而，當教會沉滯在傳統中，而無法改革或更新舊日的作法時，傳統主義就現出原形。外表上，他們仍然宣稱耶穌是主，但實際上，不論是在羣體或個人，我們都看不見他們認為耶穌是主的迹象。某些常見的文化習俗，常與基督徒的價值觀發生直接衝突。因此教會在習俗的採納上，也應謹慎小心。有些教會以堅守過去的榮耀及傳統維護自己的權勢，以人手創立了巨大的宗教體系。他們的制度，與由信徒組成的基督身體截然不同。前者死氣沉沉，後者卻充滿生命的活力。上述問題，並不見得只發生在小教會中。有些既具歷史性又人數眾多的教會，仍然死氣沉沉。不論大小，這種教會同樣缺乏耶穌的真光與生命。傳統主義扼殺信仰，而與耶穌的個人關係則為人帶來「光與生命」。約翰的信息不但適切當時讀者，對於今日信徒仍具深遠的意義。

註釋：

1 為了文章簡明及閱讀方便，我以「約翰」為「敍事者」的同義字。Ed. L. Miller, "The Johannine Origin of the Johannine Logos," *JBL* 112 (1993), pp. 451～452。在此書中，作者指出「道」字除了描述耶穌為神聖之道的功能以外，亦有大量其它涵義。他至少指出了二十種以上的不同用法。

2 參 B. Witherington III, *John掇 Wisdom* (Louisville: WJKP, 1995)。

3 Bock, pp. 411～412.

4 欲對歷史背景有一簡明卻有益的了解，參 G. R. O'Day, *The Gospel of John* (NIB, IX; Nashville: Abingdon, 1995), pp. 518～519；鍾志邦：《約翰福音》，頁68～90。鍾志邦提出中國哲學之「道」與「話語／道」之相似點，這種觀察極有意思。以哲學的角度來説，這種觀察值得思考，但是這種觀察也帶出了另外的問題。因為，當討論愈遠離第一世紀的猶太文化時，釋經者愈難將「道」的意義與約翰福音的其它經文連貫在一起。遑論以道家的思想來貫連「道」在約翰福音中的意義。我們應該謹慎約翰遜(D. H. Johnson)的提醒，他認為：「語言上的相似用法，未必代表概念上的相似涵義。許多時候，相似的用字常讓我們誤以為兩位作者在討論相同的概念。」當兩個相似的用字牽涉的文化及年代背景極為不同時，約翰遜的提醒就更真實了。參 Johnson,

"Logos," *DJG*, p. 483。鍾志邦對於用字所提出的看法，牽涉了完全不同的作者、年代及文化。中國的道家文化及第一世紀的基督教思想，在文化及語言的使用方式上鮮少有相似的地方。這兩個文化及語言的發展既不相互倚賴，彼此也無甚關連。參遠志明：《老子 vs. 聖經——跨越時空的迎候》(台北：基督教宇宙光傳播中心，1998)，此書的分析未將約翰使用「道」一字之用意列入考慮。

5 參下列以關係層面解釋人物的理論著作，兩位作者對此方面的觀察，極有助益貢獻：B. Hochman, *Character in Literature* (Ithaca: Cornell University Press, 1985), pp. 39ff.; E. M. Forster, *Aspects of the Novel* (New York: Penguin, 1962), pp. 54～81。

6 參 Francis J. Moloney, *Belief in the Word* (Minneapolis: Fortress, 1993), p. 30。

7 事實上，這種理解正好合乎潘霍華(Dietrich Bonhoeffer)的神學思考。在 *Christology* 一書的引言中，他將耶穌視為「道之反面」(Anti-Logos)。他認為人對於「道」有一種屬人智慧的了解，因此導致約翰使用「道」為對比(antithesis)的用字。有關討論，參 David Ford, Mike Higton (eds.), *Jesus* (Oxford: Oxford University Press, 2002), p. 488。

8 如欲對「敍事評鑑法」(Narrative Criticism)有一簡明精確的了解，參 P. Merenlahti 及 R. Hakola, "Reconceiving Narrative Criticism," *Characterization in the Gospels: Reconceiving Narrative Criticism* (eds. D. Rhoads, K. Syreeni, JSNTSup 184; Sheffield: Sheffield Academic Press, 1999), pp. 13～48。

9 在本文的討論中，我選擇不考慮耶路撒冷潔淨聖殿是否屬於耶穌早期事工之重要問題。本文以約翰敍事文體的表現方式為研究進路，因此歷史層面的思考不包括在本文觀察之內容。

10 參 E. P. Sanders, *Judaism: Practice and Belief 63 BCE to 66 CE* (Philadelphia: Trinity International Press, 1992), pp. 86～89; I. Wunn, *Die Religionen in vorgeschichtlicher Zeit* (Die Religionen der Menschheit, 2; Stuttgart: Kohlhammer, 2005)。

11 A. Pilgaard, "The Qumran Scrolls and John's Gospel," *New Readings in John: Literary and Theological Perspective* (eds. J. Nissen, S. Pedersen; JSNTSup 187; Sheffield: Sheffield Academic Press, 1999), pp. 136～137.

12 O'Day, *John*, p. 551 也觀察到尼哥底母的靜默。

13 約翰只強調撒瑪利亞婦人的種族身分，卻不提她的名字。撒瑪利亞婦人的無名，在與約翰福音其他具名的婦女人物對照之下，更顯特殊的涵義。相同的看法，參 C. M. Conway, *Men and Women in the Fourth Gospel* (SBLDS 167; Atlanta: SBL, 1999), p. 109。

14 事實上，撒瑪利亞婦人是約翰福音眾多婦女人物中的一位重要見證人。參 T. K. Seim, "Roles of Women in the Gospel of John," *Aspects on the Johannine Literature*, pp. 56～73。

15 如欲更了解具名及不具名在敘事文體中的意義，參 T. Docherty, *Reading (Absent) Character: Towards a Theory of Characterization in Fiction* (Oxford: Clarendon, 1983), pp. 43～86。

16 Conway, p. 125 指出在41節經文中，有27節沒有耶穌在場的觀察。

17 「經文中的不在場」(textual absense) 是敘事者表達信息的修辭技巧。此種「不在場」，與經文中歷史性質的真實不在場 (real absence) 不同。如欲多了解這概念，參 J. D. Crossan, "It is Written: A Structural Analysis of John 6," *Semeia* 26 (1983), p. 7。

18 在約翰福音中，耶穌第一次的醫治神蹟出現在五章1至15節。安息日在此段經文中出現，乃是因為當時的基督徒不知道如何處理安息日的問題。約翰使用耶穌的故事帶出安息日的目的，在約翰的筆下，耶穌藉著安息日顯出神子的權能。極為特別地，安息日、割禮及飲食律法等三者，是猶太教的明顯特徵。參 Herold Weiss, "Sabbath in the Fourth Gospel," *JBL* 110 (1991), pp. 314, 321。他認為耶穌藉著安息日治病的神蹟，為世人帶來了末世的實現 (realized eschatology)。我無法完全同意韋斯 (H. Weiss) 的看法。基本上，他認為耶穌不是犯了安息日誡命的一部分，而是犯了整條安息日的誡命，因為當人犯了誡命中的任何一部分，他就是犯了整條誡命。因此，韋斯認為「如何守安息日」是當時基督徒爭辯的焦點。

19 在此，也可將猶大視為盜賊的代表，因為猶大在拘捕耶穌的行動中，成為假以色列的領袖 (約十二6，十三28，十八3)。

20 在福音書的研究中，許多釋經者將約翰福音十三章視為獨立的經文處理，並且爭論此段經文中的晚餐，是否符類福音的最後晚餐。但這並非作者約翰關心的問題。事實上，約翰把十三章連於後面的耶穌受難敘事。如果我們一定要作出定論，對約翰的信仰羣體來說，這段經文中的晚餐就是最後的晚餐。這定論是否真實，或是否符類福音的最後晚餐，並非約翰的重點。約翰以共同的主題及情節線索，將十三章耶穌為門徒洗腳之舉動與後面耶穌受難的事件連成一氣。

21 有關使徒未來事工的經文，參以社會科學角度探討使徒行傳第一章的研究：N. P. Estrada, *From Followers to Leaders: The Apostles in the Ritual of Status Transformation in Acts 1-2* (JSNTSup, 255; London: T&T Clark, 2004)。

22 對這方面的平衡討論，參 O'Day, *John*, pp. 649～650。我必須指出約翰對此方面的討論，僅限於他自己信仰羣體的範圍之內，與今日反猶太人之罪行無關。

23 參 R. E. Brown, "The Scrolls and the New Testament," J. L. Price, "Light from Qumran upon Some Aspects of Johannine Theology," J. H. Charlesworth, "A Critical Comparison of the Dualism in 1 QS 3: 13-4: 26 and the 'Dualism' Contained in the Gospel of John," *John and the Dead Sea Scrolls* (eds. Charlesworth et al; New York: Crossroads, 1991), pp. 7～37, 76～106。

24 關於人物代表之一般性研究，參 P. Merenlahti, "Characters in the Making: Individuality and Ideology in the Gospels" in *Characterization in the Gospels*, pp. 51～52。

25 事實上，卡特 (W. Carter) 指出前言中四個相關的主題，這些主題在第三章中再次重現：(1) 耶穌這「道」的起源及使命 (三2)；(2) 耶穌為啟示者的角色 (三13～14)；(3) 對耶穌的回應 (三16、18～20)；及 (4) 耶穌這「道」與其他人物的關係 (三10～21)。Carter, "The Prologue and John's Gospel: Function, Symbol, and the Definitive Word," *JSNT* 39 (1990): p. 37; A. Japers, *The Shining Garment of the Text* (JSNTSup. 165; Sheffield: Sheffield Academic Press, 1998), p. 165。傑珀斯 (A. Japers) 指出，許多主張男女平等的釋經者將前言視為「修辭的神話」，他們認為約翰使用神話來説服讀者。這種解讀方式忽略約翰福音有些經文，本身就是「道」之一部份的事實。這些經文有描述道之事功的目的。經文以「道」為中心。由某種層面來看，對於從未見過耶穌的讀者而言，「道」是耶穌的具體化身。直至目前，約翰的寫作模式讓我們看見「道成肉身」的模型，顯然是約翰福音的特色之一。尤其是前言的部份，約翰並未使用「神話」的術語，強調道與人之間的距離。道成肉身的耶穌，就是約翰福音所述的「道」之具體化身。

26 重複出現的「聽」及「跟從」兩字，希臘文分別為 ἀκούω 及 ἀκολουθέω。

27 Carson, *John*, p. 154.

28 馬有藻：《約翰福音注釋：真理的腳蹤》(香港：宣道出版社，1992)，頁141。馬有藻認為十章三節a的「看門的」是指施洗約翰。雖然這個看法是有可能，但是「看門的」在第十章的比喻中並未扮演重要角色，而與施洗約翰產生任何關連。進一步說，在這場耶穌與法利賽人對立的衝突中，作者約翰並未提及任何有關施洗約翰的事工。第一章與第十章有關施洗約翰的紀錄，也沒有任何字彙上的關連。如此說來，馬有藻的建議雖然值得一思，卻缺乏支持證據。因此，我同意鍾志邦認為這種猜測純屬浪費時間之看法。參鍾志邦：《約翰福音》，頁545。

29 歷史學家對於這是否逾越節的晚餐，多有辯論。約翰並沒有明指這是逾越節的晚餐，只是讓讀者知道，這次的晚餐發生在預備慶祝逾越節的那個星期之中。參 N. T. Wright, *Jesus and the Victory of God* (Minneapolis: Fortress, 1996), p. 555。該書作者正確地焦注在象徵的意義之上，卻錯誤地將其視為逾越節的晚餐。這次晚餐可能發生在逾越節預備週的任何一個晚上。這看法絕對不會偏離約翰在十三章1節對時間的記錄。畢竟，約翰沒有明說，到底這次晚餐在逾越節來臨多久之前舉行。賴特 (N. T. Wright) 容許約翰使用另一種日曆算法，這也是一種面對這個似乎難以解決之問題的可行方法。

30 相同的看法，參孫寶玲：《約翰福音文學註釋》，頁135。「捨」一字在第十章出現四次，表現了「好」牧人的特性 (十11、 15、17、18)。「捨」字的重複強調，更清楚地帶出了耶穌為門徒所作的犧牲。換句話說，他以牧人的身分，示範了「好」的真義。門徒也必須跟隨耶穌，活出「好」的生命。參 James L. Resseguie, *The Strange Gospel: Narrative Design and Point of View in John* (Leiden: Brill, 2001), p. 66。

31 Carson, *John*, p. 256.

32 耶穌以行動顯出「好」牧人的特性，並以此囑咐門徒必須在彼此關顧中顯出他們的「好」。

33 Loren L. Johns, Douglas B. Miller, "The Signs as Witness in the Fourth Gospel: Reexamining the Evidence," *CBQ* 56 (1994), pp. 519～535 有相同的看法。

34 孫寶玲：《約翰福音文學註釋》，頁165。相同的看法，參 O'Day, *John*, p. 861。

35 正如 John Paul Heil, "Jesus as the Unique High Priest in the Gospel of John," *CBQ* 57 (1995), pp. 729～745。

36 創世記作者對於「伯特利」(Bethel) 及「巴別」(Babel) 兩字的雙關語巧妙運用，極為明顯。

37 Köstenberger, *John*, p. 86，書中認為這暗示了一個更大異象的顯現，那較先祖雅各所見的異象更偉大。

38 O'Day, *John*, p. 533. 然而，她以但以理書七章13節之人子與約翰福音中之人子交互引用的看法，卻仍值得思考。

39 在雅各的故事中，雅各以敬拜回應神在夢中向他的顯現 (創二十八16～19)。這與耶穌以聖殿比喻己身有平行之處，值得我們注意。正如雅各認出他所枕之處乃是神的殿，如今耶穌成為神的殿，因此祂也值得世人敬拜。天梯的暗喻既豐富又深奧。

40 David A. deSilva, *Honor, Patronage, Kinship and Purity: Unlocking New Testament Culture* (Downers Grove: IVP, 2000), p. 284，書中注意到經文具潔淨禮的層面，但並未立即觀察出，其與耶穌對於潔淨禮之看法的關連。

41 N. T. Wright, *The Resurrection of the Son of God* (Minneapolis: Fortress, 2003), p. 441.

42 O'Day, *John*, p. 538.

43 Carson, *John*, p. 172.

44 O'Day, *John*, p. 538.

45 Alan K. Kerr, *The Temple of Jesus' Body* (JSNTSup, 220, London: Sheffield Academic Press, 2002), p. 167.

46 Brown, *John*, p. 101 針對以上的論述，我並不同意布特曼的「化除神話方法」(demythological method)，因為這種方法可能直接否認確實發生之神蹟的存在。我們不應該僅將神蹟故事視為針對異教的辯論，仍然需要嚴肅地面對神蹟事件的歷史性。布特曼對約翰福音的歷史性極為輕看，他認為約翰福音不含任何引證，支持耶穌是曾經在歷史上出現過的歷史性人物。參 Bultmann, *Jesus and the Word* (trans. L. P. Smith, E. M. Lantero; New York: Charles Scribner's Sons, 1958)。

47 O'Day, *John*, p. 567.

48 Carson, *John*, p. 222.

49 正如 deSilva, *Honor*, p. 292。

50 近代學者頗關心安息日的主題，他們認為安息日主題的出現，與猶太人之間的律法爭辯有關。由律法的層面來說，安息日是律法或猶太傳統的象徵。這種看法早見於下列研究，參 J. Harvey, "Le 'Rîb-Pattern' réquisitoire prophétique sur la rupture de l'alliance," *Bib* 43 (1962), pp. 172～196; Lincoln, *Truth on Trial* 及 Martin Asiedu-Peprah, *Johannine Sabbath Conflicts as Juridical Controversy* (WUNT 2. Reihe, 132; Tübingen: Mohr Siebeck, 2001)。Asiedu-Peprah 認為在約翰福音中，作者約翰因著安息日與舊約見證之間的關係，而將雅崴(耶和華)視為審判者(pp. 11～13)。他建議將所有安息日的故事視為一個單元，並著重其律法層面加以研究。

51 孫寶玲：《約翰福音文學註釋》，頁56。

52 O'Day, *John*, p. 550.

53 Tom Thatcher, *The Riddles of Jesus in John: A Study in Tradition and Folklore* (SBLMS, 53; Atlanta: SBL, 2000), pp. 178～183, 236～238. 撒切爾(T. Thatcher)指出二章19節有關聖殿之說有謎語的性質。他對於謎語文體的研究，為釋經者提供了另一種閱讀約翰福音的方式。在當時旁觀者毫不知情的情況下，耶穌向祂的門徒預示了祂將來的受死。在公元70年之後，約翰進一步為不再有聖殿敬拜，並且散居各地的猶太人提供了不少的安慰。雖然聖殿已被完全毀壞，但現在耶穌是他們的「聖殿」，耶穌成為了人與神之間的中保。可見，二章19節之説的確是一個多重層面的謎語。

54 Brown, *John*, p. 402.

55 O'Day, *John*, p. 701. 奧戴認為馬利亞對耶穌的膏抹，預示了耶穌為門徒洗腳的行動。然而，我較贊同在約翰福音更大的「潔淨」上下文中，來觀察馬利亞的行動。

56 欲參考較佳的福音書對觀，參 O'Day, *John*, pp. 704～705。

57 有關猶太人及撒瑪利亞人之對立，在這位撒瑪利亞婦人的話語中表現極為清楚。

58 馬有藻：《約翰福音註釋》，頁45。馬有藻認為，希臘文的「住」(σκηνόω, dwelling) 與希伯來文的「榮耀」(Shekinah) 發音相似，因此他誤以希伯來文為希臘文「住」的字源。這種説法新奇，卻不正確。僅因兩個語言中的「住」字有語音上的關連，就認為希臘文的用法來自希伯來文之推論，實在缺乏任何有效證據。另外，希伯來文展現神聖榮耀的「榮耀」(Shekinah) 一字，根本從未出現在舊約中。無疑，「榮耀」一字在約翰將其與聖經的神聖榮耀相連之後，才被較廣泛使用。聖經的神聖榮耀隱含地帶出了神與以色列人相遇的地方，因而與會幕產生了關連。既然約翰時代的舊約聖經，不太可能支持馬有藻的解釋，我們必須由別處尋找約翰的靈感來源，就是耶穌的受難。欲尋找更正確資訊的讀者，參 "Shekinah," *Encyclopedia Judaica,* s.v.。

59 Carson, *John*, p. 164.

60 Brown, *John*, p. 90.

61 讀者可能注意到，作者約翰在四章19節中，使用「看出」(θεωρέω) 對照「見」(εἶδος)，帶出撒瑪利亞婦人對他人的鼓勵。

62 約翰以一個定冠詞加在「光」及「生命」兩字之前，顯明耶穌的光與生命在世人中的獨特性。祂並不是許多生命中的一個生命，也不是眾光之中的一種光。進一步説，祂的生命實在極為獨特，以至能照亮一個非常黑暗的世界。

63 我説「或許」，因為在另文有關尼哥底母的討論中，我發現約翰並未為尼哥底母帶出最積極的形象。

64 如果我們採用韋斯的進路，以傳統或安息日來看實現末世論 (realized eschatology)，那麼，所有傳統都應更能表明或事奉復活主基督。這也是約翰筆下這些傳統故事的命題。任何時候，當傳統無法表明基督，或引人來到基督面前時，傳統就必須被創新所取代。參 Weiss, "*Sabbath*," pp. 320～321。雖然約翰時代的猶太教並非完全統一，但安息日卻像一條清楚的線絡，連貫了不同的猶太教，成為其共有的獨特記號。

第三章

跟隨耶穌腳蹤的門徒

彼得：從失敗的跟隨到得勝的領導

1. 引言

在約翰福音的門徒中，彼得扮演了一個非常重要的角色。若由人物刻畫的角度看，彼得不但是極有意思的人物，他更有多方面的特性。在約翰筆下的彼得，既是領導者，也是失敗者。約翰刻意讓彼得出現在耶穌事工開始及結束的重要時刻，而這兩個歷史時刻正是約翰福音的中心樞紐。因此，彼得成為約翰福音中一位令人不得不注意的特殊人物。約翰的寫作用意讓我們看見，耶穌事工開始及完成的時刻，是我們了解彼得這位門徒的根據與關鍵。本文將由彼得與耶穌並其他門徒之間的關係，觀察彼得跟隨耶穌的歷程，及其為今日信徒所帶出的貼切教導。

2. 由跟隨者成為領導者的彼得

根據約翰福音，彼得並非第一個遇見耶穌的門徒。經由安得烈的引介，彼得認識了耶穌。然而，約翰對安得烈的有趣描述，顯露了彼得在約翰福音中的重要性。由一章40節，我們看見約翰以安得烈與彼得的關係，帶出安得烈的身分。他是「西門彼得的兄弟」。在此，我們發現約翰似乎相當喜愛以多重意義的名字來介紹人物。西門彼得是一個典型例子。「西門」是希臘文，但同時可以直譯為希伯來文的「西緬」(Simeon)。[1] 雖然安得烈是耶穌及彼得之間的介紹者，但在約翰福音的讀者前，他的名聲卻在強調彼得的筆法之下黯然失色。約翰福音的讀者對於安得烈的認識，僅限於他與西門彼得的兄弟關係。彼得因而成為福音書讀者了解其他門徒的根據。在其他三本符類福音的相較之下，也可以發現西門彼得所有的這種特殊名望(太四18，十2；可一14，三16；路六14)。雖然有共同點，約翰福音卻仍有與其他福音書極為不同之另一描述。那就是，不論彼得有何種特殊的身分，約翰福音中的彼得首先是以一個跟隨者的角色開始門徒生涯。在下文的討論中，我們將發現「彼得是一個跟隨者」的確是遍佈約翰福音的一個顯著主題。

在耶穌初遇門徒時，安得烈立刻將這位重要的彼得帶到耶穌面前。耶穌對彼得所說的話，更讓我們意識到彼得在耶穌心中的特殊地位。只有約翰福音記錄了耶穌稱西門為磯法。當保羅論及彼得在早期教會中的權威時，他慣用磯法為彼得的名字(加一18，二9、11；林前三22，九5)。在初遇時，耶穌賦與彼得的這個名字成了一個代表權威的來源。耶穌使用這個多重意義的名字稱呼彼得，的確準確地勾畫了彼得後來在約翰信仰羣體中的身份及地位。更重要的是，約翰在讓讀者清楚了解彼得的權威來源時，也為讀者闡明了彼得權威的真實性。彼得之所以有權威，不單由於安得烈將他介紹給耶穌，也因他與耶穌之間的特殊關係。如此說來，在約翰福音的開始，約翰為彼得所描繪的肖像，與符類福音作者筆下那位人人皆知的彼得，還是有巧妙細微的差別。

顯然，彼得在約翰福音中的另一角色，就是典型的領導者。在第一次提及「十二個門徒」時（六67），約翰清楚地肯定了彼得領導者的角色。上下的經文幫助我們了解，約翰在此提及這十二門徒的寫作用意。由六章68節，我們看見彼得一人獨自回答了耶穌在67節的問題。但經文明顯指出，耶穌是針對十二門徒發出問題。可見，彼得站在十二門徒的立場上，為他們回答了耶穌的問題。耶穌在70節中回應彼得的回答，並且繼續向十二門徒說話。在這段經文的對話中，我們看見不論在約翰或耶穌的心中，彼得所說的都代表了十二門徒的心聲。彼得到底為十二門徒傳達了甚麼心聲呢？由彼得的口中，十二門徒「甘心跟從耶穌」的心意，清楚地展現在經文中。或許，正如耶穌對十二門徒中有一個是魔鬼的預言一樣，我們應該說彼得是代表了十一門徒，說出他們甘心追隨主。所以，彼得並不是一個單獨行動的門徒，因為當他代表其他門徒發表意見時，他對其他門徒情感及思想的體會，實在透徹深刻。彼得常倚靠他對其他門徒的了解而帶出獨立的行動，更擴展了我們對行動派彼得的認識與觀察。

隨著與其他門徒的關係，彼得的獨立性在約翰福音的進展中逐步浮現。直至十三章9節，彼得堅定地道出了他個人跟隨耶穌的渴望。雖然彼得對耶穌為門徒洗腳的象徵意義缺乏全然的了解，但他的話語卻毫無保留地顯出了真誠。耶穌與彼得在這段經文中的對話，有些許詼諧的意味。首先，彼得了解洗腳在社會禮儀中的卑賤意義（十三6、8a）。其次，當耶穌停留在洗腳的社會性象徵意義時，彼得卻反過來以字面的意義詮釋耶穌為門徒洗腳的行動（十三8b）。最後，彼得對耶穌的回應，顯現出他願意完全屬於耶穌的心志。

當彼得表達了他對耶穌全人的委身後，隨後的經文立刻顯出他對事情的強烈好奇心（十三24）。這節重要的經文深刻地表達了彼得成為領導者之典範的涵義。在耶穌說出有人將出賣祂的預言之後，門徒頓時陷入五里霧中。雖然耶穌僅說：「你們中間有一個人要賣我了」（十三21），但這句話的震撼力卻非比尋常。因為在霎時間，十二門徒皆成為出賣耶穌的可疑對象。只有在懸疑焦急的等待中，門徒終將了解誰是真正的背叛者。在此關鍵時刻，彼得以一句重要的問話，排除了兩位門徒成為背叛者的可能。十三章24節帶出了約翰對彼得自我評價的看法。彼得的問話，暗示了彼得自信心的強度。彼得極高之自信心，使他自動地將自己由可疑者的名單上剔除。當他催促「耶穌所愛的門徒」詢問耶穌時，他也將「耶穌所愛的門徒」成為背叛者的可能性完全推翻。約翰對彼得這番行動的描述，使彼得的肖像更趨圓滿。彼得對其他的門徒並非一無所知，在某程度上，他對他們的了解頗為深入。雖然彼得不知道誰是真正的背叛者，但他知道有那些人絕對不會出賣耶穌。或許彼得不如自己想像地那樣了解自己，他對「耶穌所愛的門徒」之信賴卻十分正確。不論彼得是否配為門徒的領袖，彼得的問題卻為自己畫出了一幅領導者的畫像。

十三章36節之後，進一步地描繪彼得身為領導者的角色。在約翰福音的最後晚餐中，彼得的聲音掌控了整段的經文敘事。彼得在每個重要時刻所發出的關切，不但代表了門徒的共同看法，更成為作者在敘事中所要強調的焦點。彼得的每個問題，都是故事發展的關鍵。他在十三章24節的第一個問題，成為耶穌受難開始的引爆點。而他在十三章36節中的第二個問題，更為耶穌被出賣之後的受苦展開序幕。耶穌即將走上十字架的道路。在彼得兩個問題的牽引之下，故事的情節變得更明朗。約翰筆下的彼得，顯然是耶穌門徒中最具線索的一位，因為沒有其他一位門徒像彼得一樣，向耶穌發出同一深義的問題。「耶穌所愛的門徒」之所以詢問耶穌，是由於彼得的慫恿。因此，根據約翰的了解，彼得領導者的風格與角色，與他善於刺激或促使他人行動的特質有關。彼得不見得有一切答案，但他卻知如何提出正確的問題。諷刺的是，彼得的兩個問題在後來的情節發展中，毫不留情地顯出彼得在領導者角色上的失敗。十八章10節應驗了耶穌將被出賣的預言。在耶穌被捕的關頭，彼得奮力一擊，將大祭司的僕人砍了一刀，削掉了他的右耳。或許有些人認為，彼得之所以削掉馬勒古的右耳，是因為馬勒古及時閃過彼得對其頭或頸的致命一刀。布朗指出，有些學者極富創意地認為彼得必定是一個左手枴。[2] 其他學者則慣性地認為右耳較左耳更具價值。[3] 最有可能的是，當彼得憤恨地從左邊的刀鞘拔出刀來並反手一揮時，他失手沒有擊中馬勒古的頸部要害。無論如何，在客西馬尼園的彼得已經盡了最大力量，為了保護耶穌，對自己的性命毫無顧慮。在有關耶穌被捕及受審的敍述中，馬太及馬可都毫無隱瞞地描繪了門徒的四散（太二十六56；可十四50～51）。約翰福音卻有不同的重點。約翰以反諷的筆法，詮釋了彼得的行動。表面看來，彼得好似勇敢護衛耶穌，實際上他卻幾乎成為耶穌計劃實現的障礙。他對耶穌被捕行動的抗拒，極有可能使耶穌在最後晚餐中對他兩個問題的回答無法實現。在耶穌必須受死犧牲，完成神旨意的計劃之前，彼得有敏銳洞見、勇氣、甚至行動的領袖特質，顯得相當渺小。除了逃離耶穌之外，他還能做甚麼？相信在彼得的心目中，他自以為已經為護衛耶穌而全力付上代價了。

3. 軟弱跌倒的彼得

在約翰的心中有一特別又溫暖之處，專為彼得保留。雖然彼得在福音書有關耶穌受審的敘事中，都有失敗的不良表現，但約翰對彼得故事的處理，卻散發出令人溫暖的色彩與熱力。顯然，約翰喜歡彼得這位門徒。下文將對在耶穌受審中的彼得仔細觀察。相信在經文檢視的過程中，我們可以了解，不曲解歷史事實的約翰，如何將彼得的人情味活畫出來。

耶穌被捕及受審的三部曲，是約翰寫作的重要策略之一。在受難的敘事中，約翰極其巧妙地以三部分的描述交織彼得及耶穌的對照，鮮活地帶出彼得真實的人性。在這三部分的結構中，約翰以耶穌的被捕為起始。首先，在十八章5至8節中，約翰用了三次「我就是」，表現了耶穌臨敵不亂的鎮靜與勇氣。此時的彼得除了拔刀擊打耶穌的敵人之外，沒有更多表現。繼客西馬尼園的被捕之後，耶穌被帶到亞那面前。當彼得首次否認他是耶穌的門徒時，耶穌正勇敢地回答亞那有關祂的教訓的盤問。此後，彼得第二次及第三次否認主耶穌。最後，在彼拉多面前的受審，耶穌作出更勇敢的宣稱。與符類福音作者相反，約翰以獨特的寫作方式，將彼得的三次不認主分別屬於不同部分的結構。約翰讓第一次的不認主獨立存在，而第二及第三次的不認主則同屬另一部分的結構。在經文敘事中，約翰創意地描述彼得的三個行動。對約翰來說，彼得的第一次行動並非不認主的表現。彼得的首次行動是削掉大祭司僕人耳朵的衝動。彼得的第二次行動則是對主的首次否認。彼得對主第二及第三次的否認，成為了彼得的第三個行動。在本質上，當耶穌被捕時，彼得與耶穌同樣有勇敢的表現。但在這次勇敢的表現之後，彼得的勇氣盡喪，而耶穌卻始終如一。

如同前述，約翰並未記錄彼得由客西馬尼園逃離耶穌的情景。相反地，約翰詳盡寫下彼得及「那門徒」跟隨耶穌至大祭司之處。當彼得到達入口時，「那門徒」卻進入了大祭司的院子。這點觀察有助我們了解，看門的使女認為彼得是耶穌門徒之看法，與「那門徒」的見證脱離不了關係。雖然在這段敘事中，彼得佔了較多説話的角色，但很快地，讀者將發現「那門徒」顯然是比彼得更有見證的耶穌跟隨者。

彼得進入大祭司的院子之後，面臨了三個問題的挑戰。第一個問題實際上已經為彼得輕易否認主的回答，留下了極大空間（十八17）。使女的問題暗示了否定的答案。她為彼得鋪了一條逃脱之路，而彼得也抓住機會，以「我不是」否定了使女的宣稱。在第一次否認主之後所插入的描述，是詮釋經文的鑰匙。在描述彼得第一次不認主之後，約翰使用了「這時」（meanwhile，約十八19）一詞，帶出耶穌在大祭司面前的受審，實際上與彼得第一次不認主同時發生。[4] 宗教領袖盤問耶穌的問題，與使女質問彼得的問題極不相同。由18及19節，我們看見大祭司以耶穌的門徒和祂的教訓盤問。為避免討論門徒細節的耶穌，以自身的教訓回答祭司的問題（十八20）。第一部分的對照描述，讓我們看見彼得的身分與耶穌有密不可分的關連，而耶穌的身分卻與門徒無關而獨立存在。事實上，在避免門徒受牽連的考慮下，耶穌的身分與祂自己的教訓緊緊相連。這段經文中的兩組答案，由於依據不同的身分前提而有所差異。在答案的交織中，耶穌成功得勝，而彼得則陷在失敗的軟弱中。

為何耶穌在被捕及受審中，仍然能夠得勝？因為祂對自己的身分有正確的認識。反觀彼得只因對自己身分缺乏體認，而導致三次不認主的慘痛結果。

在另一部分的描述中，我們看見彼得第二及第三次的不認主。當彼得站在大祭司院子中烤火時，再次地面臨類似問題的挑戰（十八25）。十八章25節指出，有一個人向彼得質問。路加福音也有「有一個人」與彼得對話的記錄（路二十二58～59）。馬太及馬可福音則詳細記錄「使女」及「旁邊站著的人」詢問彼得的情況（太二十六71、73；可十四69～70）。綜觀四本福音書的描述，我們可以想像一個由使女開始的質問，在大祭司的院子中蔓延惡化，使得孤身的彼得陷入痛苦的困境中。約翰並不強調詢問者的身分，他在試圖協調其他福音書記錄之下，為當時的情景留下一幅生動的畫面。約翰福音的記錄，讓我們能夠感受彼得面臨問題重述的痛苦，並體會他當時所受的巨大壓力。十八章25節與十八章17節的問題極為相似。可見，彼得第一次否認主的答案，並未使詢問者滿意。彼得的答案，不但沒有轉移詢問者的注意力，反而招來更多人的懷疑。當右耳被砍之馬勒古的親戚認出彼得，並回溯客西馬尼園之情景時，彼得所承受的壓力達到高峯。至高的壓力使彼得的勇氣全然喪失，以致滄然敗跌。然而，約翰並未以控告或定罪的筆法，描繪在壓力之下的彼得。相反地，他的記載深具同情，使得今日讀者能夠與他一同體諒彼得當時的掙扎與痛苦。至此，整個敘事的對照清楚地展現在我們面前。耶穌三次肯定的「我就是」（ἐγώ εἰμί ，約十八5～8），與彼得三次軟弱的「我不是」（οὐκ ἐιμί，約十八17、25～27），顯出完全相反的對照。約翰在十八章27節中，巧妙漏記彼得最後一次的「我不是」(οὐκ εἰμί)，更寫實了彼得微不足道的身分及其毫無分量的說話。為使彼得獲得公正的評價，約翰以經文的記錄，證實猶太人對耶穌跟隨者性命的真正威脅(十二10，十八19)。可見，彼得的懼怕並非毫無根據。在耶穌及彼得同時受審的平行觀察中，耶穌屹立不搖，而彼得全然跌倒。與彼得相較，耶穌的受審顯然更為艱難。另一個明顯的對照，就是耶穌「捨己」與彼得「救己」的心態表現。十八章8至9節為讀者呈現了一位急欲保護門徒的耶穌。在被捕中，耶穌以具體的行動證明祂就是那位真實的好牧人(參約六39，十28～29)。在三次不認主中，彼得顯示了他不適合成為門徒之牧人的軟弱。彼得並不像約翰福音中之宗教領袖那般惡劣，但他與曾說願意為主捨命的他相距甚遠(九章，十三37)。

為了進一步描述彼得是位失敗的領導者，約翰加入了一段靠近耶穌墳墓前的賽跑小曲。我們看見彼得及「那門徒」再次同時出現於二十章3至4節中。基納(C. S. Keener)從社會修辭的角度，將這小段經文稱為「比較的修辭綜合論證」(rhetorical poly argument by comparison)。[5] 在這段經文中，彼得與「那門徒」比賽跑向耶穌的墳墓。從其他福音書的復活敘事，我們沒有發現彼得出現在墳墓旁的明顯記錄。路加福音的復活敘事也讓我們看見，彼得要等到耶穌向十一個使徒顯現時才出現。然而，這些記錄的稍微差距，並不構成困擾今日讀者的理由。畢竟，耶穌也未在此段經文中的墳墓旁向彼得顯現。雖然，「那門徒」跑得比彼得更快的描述，彷彿只針對兩位門徒賽跑的速度，但我們相信這句簡單的話語有更深的意義。在經文中，約翰對彼得所想的保持緘默，卻對「那門徒」看見空墳就信了的表現詳加記錄。二十章9節有所註解，不免令讀者困惑。

然而，讀者不要被英文〈新國際譯本〉(NIV) 的附加翻譯所困擾。此節經文有兩個可能的詮釋。首先，「那門徒」並不明白聖經說耶穌必須從死裏復活的意義，但他卻因記得耶穌對自身復活的教導，而相信空墳代表祂的復活。其實，耶穌早在約翰福音二章的潔淨聖殿行動中，為門徒帶出以聖殿比喻己身的教導。[6] 莫理斯 (L. Morris) 對這節經文的觀察極為正確，他認為「那門徒」對於復活的相信，發生在明白聖經意義之前。[7] 其次，在「那門徒」的例外之下，二十章9節對於整個空墳的敍事作了總結評論。事實上，「那門徒」是「那／另一」門徒，他與彼得或抹大拉馬利亞這羣門徒不一樣。有否可能二十章9節包含「那門徒」，而二十章8節則僅記錄他相信的事實？顯然，答案極可能是否定的。因為，二十章9節可以被解釋為他們在看見空墳之前，並不明白聖經的意思。希臘文的聖經以「因為」(γὰρ) 為經文之始，帶出了這節經文解釋整個空墳事件的目的。換言之，空墳的存在有助他們了解以前所不明白的聖經意思。因此，「那門徒」的了解層次，顯然比較彼得及抹大拉的馬利亞超前不少。當「那門徒」看見、明白，他就相信了。空墳前的彼得，對復活的了解仍然不完全。在對彼得沉默的寫作筆法下，約翰暗示性地帶出「那門徒」超越之信心，及彼得對復活之殘缺了解的強烈對照。身為領導者的彼得，不但在賽跑上輸給「那門徒」，更在屬靈的知識上落後。不管我們怎樣解釋二十章9節，彼得在此處的次等表現，成為彰顯「那門徒」優良特質的陪襯，卻是不可否認的。

4. 成為牧人的彼得

在約翰福音最後一章中，約翰以彼得為中心人物，為福音書帶來高潮性的結束。基納認為約翰與馬太及馬可一樣，皆以差遣門徒的故事作為結束。約翰福音二十一章特別針對彼得個人之差遣，可以說是約翰獨特寫作風格下的差遣故事。[8] 或許，約翰在跟隨符類福音的傳統之下，嘗試為類似的差遣故事帶出新的變化。在空墳旁的彼得，一方面好像一個為突顯「那門徒」之信心的邊沿人物，另一方面又像一個勾畫馬利亞憂傷之情的次要人物。在二十一章中，西門彼得再次帶領門徒去打魚。學者對此次捕魚之行有許多不同的解釋。有些學者嘗試以約翰福音二十一章的捕魚之行，對照路加福音門徒被召後的第一次捕魚之行（路五4～7）。基於符類福音的了解，我們相信路加福音的捕魚之行發生在門徒初次被召之後（太四18～22；可一16～20）。因此，兩者間之對照的確能為讀者帶出一些有益的觀察。但有些學者為耶穌復活後的捕魚之行，帶出許多相當負面的詮釋及涵義。不同書卷之間的經文串連，未必次次有助經文的討論。真正能夠幫助聖經讀者的，乃是約翰在二十一章的故事情節。

沿著情節的發展，我們發現這次的捕魚之行為下文耶穌與彼得之間的重要對話，打下扎實的基礎。在整個捕魚之行的敘事中，彼得的行動是約翰筆下的焦點。在捕魚之前或之中，一片寧靜似乎瀰漫在黑夜的海面上。除了「耶穌所愛的門徒」認出在岸邊的耶穌，而發出「是主」那響亮的聲音外，我們只聽到西門彼得邀約其他門徒打魚的聲音（二十一7）。由整個敘事，我們清楚看見彼得走進漁船和跳離漁船的行動。彼得走入漁船，因為他找不到主耶穌。然而，當他聽見耶穌就在岸邊時，他立即離開漁船游向耶穌。雖然，在以後經文中，我們看見耶穌三次以「你愛我嗎？」詢問彼得，但我們相信彼得離開漁船游向耶穌的行動，已經為約翰帶來彼得深愛耶穌的肯定。

在與彼得的個人對話中，耶穌的問題專注在「愛」的討論之上。在前面的兩個問題中，耶穌以希臘文的「愛」(ἀγαπᾷς，二十一15、16) 詢問彼得是否愛祂。在最後一個問題中，耶穌用另外一個代表「愛」的字 (φιλεῖς，二十一17)，挑戰彼得對祂的愛。許多學者討論這兩個不同的「愛」字對經文的特殊涵義。不幸地，在字義方面的討論，錯誤的觀察竟然多於正確的詮釋。

我們可以由兩個不同的角度來探討對「愛」字的理解。如果耶穌以亞蘭語與彼得對話，那麼對不同「愛」字的字義研究，就沒有任何意義，因為在亞蘭語中，我們無法觀察這兩個「愛」字的不同。所以，彼得絕對不會因為耶穌使用兩個不同的「愛」字而受到傷害。根據經文，彼得之所以受到傷害，乃是因為耶穌連續三次以類似的問題詢問他 (二十一17b)。可見，約翰之所以使用兩個不同的「愛」字，乃為表達寫作文體的變化風格。如此說來，了解不同「愛」字的第一個方式，只由約翰的寫作風格進入即可。

第二個了解不同「愛」字的方式，可以由約翰以不同文體帶出不同問題內容的角度來觀察。實際上，約翰以一個親眼見證對話的身分，使用希臘文的「愛」字，表達耶穌與彼得對話的心意。這個判斷十分合理，極可能是當時約翰的用意。如果我們以第二個理解方式為論點，那麼讀者仍須觀察這兩個「愛」字之間的差異，並由其中了解各字的不同意義。到底，這兩個至今仍令人困惑的「愛」字，差別何在？

許多早期的靈修性解經書，將前兩個問題中的「愛」字解釋為神聖之愛。因此使人誤以為，耶穌要求彼得對祂表現「某種更高層次之愛」，或所謂的「聖愛」。當耶穌第三次問彼得時，祂卻以有「友情」特質的「愛」字，要求彼得回應。這種對字義的重大誤解，使得信徒至今仍然無法明白這段經文的真正涵義。

由客觀的字義研究，我們發現耶穌的第一個「愛」字，與愛的神聖本質無關。在新約時代，這一個不帶宗教意味的「愛」字，無論在聖經之內或外，皆普遍地為人所使用。事實上，在當時極為流行的〈七十士譯本〉中，第一個「愛」字是形容暗嫩對妹妹他瑪的亂倫慾愛。暗嫩對他瑪的亂倫，至終引致一連串的謀殺（參 LXX 撒下十三1）。暗嫩對他瑪的愛，既不崇高也不神聖。那麼，〈七十士譯本〉這極端的例子與約翰福音二十一章的問題，有何共同之處呢？兩者之間的共同處，不在於愛的特質，乃在於愛的行動。愛所產生的行動，成為理解愛之道德品質的基礎。暗嫩的慾愛產生了強姦的罪行，這種不名譽的「愛」毫無道德可言。反觀，彼得對耶穌的「愛」，使他忘記剛剛獲取的巨大魚量，卻在頃刻之間跳入海中，快速游向岸邊去見主。彼得的行動讓我們看見，他對主的愛勝過剛剛捕獲的滿船漁兒。顯然，彼得對耶穌的愛有崇高的道德品質。

既然如此，前兩個問題中那種帶出行動的愛，與第三個問題中的愛，又何不同呢？第三個問題中的「愛」字，的確著重關係或友情。無疑，彼得的行動表現了他對耶穌的愛遠勝世上的一切事物。然而，彼得過去的失敗紀錄，顯露了他與耶穌之間關係破裂的問題。為了使彼得與耶穌之間的關係能夠重新恢復，彼得必須首先承認他對耶穌的愛有關係層面的特質。在彼得的例子上，我們清楚看見耶穌對於關係及行動的平等重視。彼得絕對不是一個缺乏行動的人。根據約翰對彼得的描繪，我們知道彼得缺乏與耶穌心意的真正相連。恰與「耶穌所愛的門徒」相反，彼得總是以行動為先，來表達他對耶穌的愛。快速的行動是彼得愛耶穌的方式。但是，耶穌要求彼得改變愛的方式。耶穌不要彼得使用自己的方式，而要他以滿足耶穌的心意，來表達他對耶穌的愛。進一步，耶穌以「你愛我比這些更深嗎？」（二十一15），挑戰彼得在尋求耶穌的心意上，獻上更深的委身。沒有人會懷疑彼得對耶穌的愛，但愛主的程度卻有區別。

耶穌對彼得將來必定愛主的預言，是約翰福音二十一章最激勵人心的一段描述。在不久的未來，彼得將以牧養教會的牧人身分，證明他對主那分忠堅的愛。耶穌在第十章好牧人的講論中，強調了好牧人的捨命犧牲。好牧人為他的羊羣捨命。在耶穌受難的敍事中，彼得雖然嘗試扮演領導者的角色，卻在三次不認主中慘遭痛苦失敗。惟有當耶穌復活之後，彼得再次獲得重新站立的機會。他最終成為照管神之羊羣的牧人。在福音書的結尾，約翰以二十一章的三個問題，回應了彼得三次不認主的行動。親見復活主之後的彼得再也不會跌倒，因為他不但與耶穌重新恢復關係，更從耶穌的身上獲得復活的大能。在堅立彼得的過程中，耶穌不只看到過去的彼得，祂也看到將來的彼得。有一天，這兩位不同的彼得將合而為一，成為神國的祝福。[9]

5. 彼得在上下文的角色

由上述的討論，我們發現彼得可能是約翰福音中最重要的具名人物。彼得開啟了約翰福音許多極關鍵的問答對話。有趣的是，當約翰描述耶穌基督事工的開始及結束時，彼得都是在場人物。彼得在這些經文中的出現，讓我們看見他與前言及結語的緊密關係。這也是我們在福音的上下文中，分析彼得角色的最佳起點。

在第一個釋經角度之下，前言與結語隱含有彼得的故事情節。在前言裏，耶穌是真光，而施洗約翰是真光的見證人（一6～9）。在耶穌呼召第一批門徒的敍事中，施洗約翰將自己的門徒指向耶穌的行動，再次使他成為耶穌的見證人（一36）。當施洗約翰的門徒跟隨耶穌後，耶穌成為他們生命中的真光。耶穌以「約翰的兒子西門」稱呼彼得，又賦與他「磯法」這個新名字。耶穌對彼得的特別啟示，使彼得較他人得到更多的光照。我們極難明確了解，耶穌賦與彼得新名字的意義為何。或許耶穌在初召彼得時，即知彼得將成為早期教會的領袖，因此賦與新名以確定其權威之來源（林前三22，九5；加二9、11）。彼得與他的兄弟安得烈，成為跟隨耶穌真光的典型。他們離開施洗約翰而跟隨耶穌的行動，象徵了新時代的產生。

在結語中的彼得，顯然成為福音書結尾的最重要主角。在這段動人心絃的敍事中，彼得的領導者角色由耶穌的恢復與堅立重新肯定。在結語強調信心的層面上，約翰以彼得的重被堅立，教導在教會中與神及人恢復關係的可能性，因而增強了軟弱者的信心。只有因彼得對耶穌話語之持續相信，堅立恢復的過程才得以完全。可見，對耶穌話語之堅信是促成關係恢復的首要條件。這重要原則不容任何信仰羣體忽視。

第二個釋經角度的二元結構，讓我們看見位居約翰福音開始及末了的彼得。當前言與結語強調耶穌這位「道」時，彼得緊接出現在第二個層次的寫作範圍中。福音書的結構對彼得的地位有強烈的肯定。當耶穌在約翰福音的先前部分賦與彼得新名時，祂已遙見這位失敗的彼得終將被堅立恢復。在耶穌至高的計劃中，彼得有一個非常特殊的地位。沒有任何事情可以改變耶穌的計劃，甚至彼得三次不認主，都不能成為耶穌計劃實現的攔阻。因此，在以彼得為主的第二個寫作層次結構中，帶出了耶穌對門徒永恆信實的真理。

在敘事的寫作中，約翰為彼得留了一席特別之位。由第三個敘事的釋經角度，我們發現彼得在約翰福音的各個角落，扮演了不同的角色。彼得活潑好動，我們很難將他定點在幾處地方。由約翰福音全書，我們注意到四個與彼得有關的敘事重點。第一，彼得活潑好動的個性，使他成為一個獨立性極強的人物。即使在安得烈領他去見耶穌時，他都取代了安得烈而成為中心人物。彼得與安得烈這種關係，持續不變地出現在約翰福音中。在餵飽五千人的敘事中，拿出小男孩五餅二魚的安得烈，再次地被稱為西門彼得的兄弟。第二，彼得的意見或心聲，常常是約翰在敘事中的主要論點。以彼得催促「耶穌所愛的門徒」詢問耶穌背叛者的例子來說（十三24），約翰並非單純描述最後晚餐的情景；他刻意提出此問題，乃為帶出與耶穌受難復活有關的教導。有關背叛者的問題極重要，因為耶穌需要一位背叛者來完成祂的使命。更重要的是，約翰必須表達耶穌的全知，以確保門徒信心的堅定。如果約翰沒有在最後的細節中，展現耶穌對自己被出賣的完全掌控，那麼耶穌的受死是被擊倒或得勝的懷疑，將永遠徘徊在門徒心中。主是真葡萄樹的寓言，為耶穌的掌權帶出了進一步的肯定。這一連串重要事件的發生，都與彼得提出的問題有關。彼得的第三個角色，與耶穌有密切關連。在約翰的筆下，彼得成為表達耶穌信實的陪襯者。彼得三次不認主，是約翰為要帶出耶穌三重得勝的寫作結構。彼得在人言壓力之下的謊言，更突顯了耶穌不屈於受審考驗的得勝。彼得在敘事中所扮演的第四個角色，與他被恢復與堅立有關。在彼得被恢復的敘事中，他成為示範一章14節之「恩典與真理」

的佳例。在這過程中，我們看見了恩典與真理的交會。耶穌以豐富的恩典，確保彼得與自己關係的恢復，也因此激勵彼得，能在未來作更偉大之事。

釋經的第四個角度，與約翰信仰羣體當時的社會境況有關。公元70年後的基督徒在信仰上面臨了更大的壓力。這種難以承受的艱難環境，常常迫使信徒離棄信仰。由教會歷史的文件，我們可以看見許多關於離棄信仰者能否重回教會的辯論。彼得的故事在給予悔過者肯定及恩典的答案中，確實扮演了極重要的角色。另一個與經文有密切關係的論題，涉及彼得是否配成為深切影響早期教會的領導者？以〈多馬福音〉為例的許多偽經，都與彼得競逐權威的地位。在約翰的筆下，彼得從始至終都一致地以領導者的角色，出現在全書中。約翰對彼得的描繪，確定了彼得是建立早期教會的領導者之一。彼得並非建立教會的惟一權威，但他絕對是奠立教會基礎的領導者。對約翰來說，彼得與安得烈、腓力、「耶穌所愛的門徒」及「那門徒」一樣，同享建立教會的尊榮。他們與彼得相互關連，也與彼得同享由耶穌而來的信仰權威。可見，使徒為教會立下的根基，非憑一人，乃靠門徒的團隊同工而成。個人與復活主基督的關係，更是連繫團隊同工的主要動力。

6. 省思與今日應用

對約翰的信仰羣體來說，約翰對於彼得的記錄，不斷提醒他們持守一種平衡的使徒領袖觀。雖然約翰從極體諒的角度來描繪彼得，他還是誠實表達彼得的人性。彼得的權威，在信仰羣體的塑造與冶煉之下愈加成熟。首先，他因著安得烈的引介，而蒙受了耶穌所賦與的權威。雖然符類福音的作者把安得烈視為次要的人物，但在約翰的筆下，安得烈在塑造彼得的角色上卻頗具分量。當信仰羣體經由這些與塑造彼得有分的人物觀看彼得時，他們將對彼得的權威地位有另一番了解。畢竟，正如安得烈或「那門徒」的許多人，都為彼得現今的地位付上不少心力。約翰的終極目標是要讀者了解耶穌是彼得的領袖權威的惟一來源。彼得的屬靈地位是團隊力量的成果。因此，彼得必須被尊敬，卻不能被敬拜。

彼得的故事，適用於歷世歷代的教會。今日仍然有許多教會以超凡的領導者為號召。當信徒忘記了信仰惟一的權威是來自耶穌時，就會不自覺地陷入敬拜偶像的危機中，甚至沉淪到領袖與信徒一起跌倒的慘況。正如早期教會的使徒根基是由使徒的團隊建立一樣，今日的教會也須以團隊的事奉為主。沒有任何領袖魅力可以取代團隊領導及彼此負責的重要性。

彼得並非在一夕之間成為領導者。在成為領導者之前，彼得首先是耶穌的跟隨者。彼得成為領導者的歷程，是每位信徒的功課。許多現代的領袖有與天俱來的領袖才能與恩賜。然而，彼得讓我們看見，所有的領袖都必須先成為一個良好的跟隨者。許多領袖因為過於專注獨立性與控制權，而忽略了與同工彼此負責，以及接受上司引導的重要性。他們忘記了耶穌基督才是他們終極的領導者。顯然，任何人都可以簡化地辯稱，這些領導者只須以耶穌基督為他們的引導者。但當我們仔細觀察經文時，我們發現彼得也常向「耶穌所愛的門徒」尋求指引及答案。如果一個領導者無法順服可以眼見的上司，他又如何成為無法看見之基督的跟隨者？

另一個值得觀察的重點，與彼得的領袖特質有關。不論好壞，彼得既響亮又富影響力的聲音總是出現在所有對話中。彼得的意圖顯然單一。他是有力領袖的典型。然而，在與耶穌受審的比較時，彼得愴然敗落。在彼得的失敗中，我們看見他人性的真實面。不論一個領導者有多大的魅力或才能，失敗總在所難免。世上沒有一個領袖是完全的。現今的教會常對他們的領袖有不切實際的期盼與要求。彼得讓我們看見，即使是最好的領袖都有跌倒的可能性。下文針對耶穌恩典的討論，將幫助我們對領導者有更透徹的了解。

除了跟隨者與領導者的身分以外，彼得也是基督恩典的完全接受者。跌倒的領袖是否能夠重新成為教會的領導者，至今仍是一個熱烈的論題。對於這個敏感問題的深入討論，並非本文的首要目標。事實上，問題的解決常因不同的個案而有不同的答案。在恢復與堅立的過程中，耶穌確定彼得必會專注在重要的事情之上。經過適當的恢復與悔改程序之後，彼得的例子似乎讓我們看見失敗的領袖仍然能夠重拾領導者的角色。由教會的歷史，我們知道彼得確實記取教訓，成為耶穌基督的真實見證人。彼得的故事成為教會必須以恩典對待跌倒領袖的實例。許多信徒之所以無法接受曾經跌倒的領袖再度成為領導者，乃是因為他們過去十分崇拜領袖，以至領袖在他們心目中再也不是一般的凡人。當超人的領導者跌倒時，他們的失望如雪崩般臨到，其沉重之感使他們無法負荷。有時候，這種不健全的心態，也因領導者的假冒為善及矯揉造作而成。這類領導者陶醉在羣眾對他們不真實的傾慕中，並盲目地依據非人所能及的標準而活。這種領導者必有空洞虛假的領導力，而教會也成為一個偽善的聚會場所。終究，跟隨者是領導者手下的產品。在這類領導者猖狂的帶領下，教會不再是真實基督跟隨者的敬拜場所，反而成為一羣名符其實的法利賽人聚會之處。惡性循環永遠不會停止。信徒必須從彼得的故事，學習耶穌對於領導者的真義，如此教會才能產生一個健康的領導環境。由耶穌對彼得的恢復與堅立，我們看見神為某一特殊之目的而設立的領導者，也只不過是常人而已。約翰對領導者真實又富同情的描述，再次讓我們看見神對祂自己教會的心態教導。彼得在往後的日子中，為主大用。當教會願意以不失敬重，但更具真實的眼光觀看領導者時，教會將在各樣的事工上，經歷神更豐盛的恩典。如此，教會就成為一個人心得醫治的地方，因為信徒不但可以分享彼此的軟弱，更可以在基督裏重新尋回更大的生命潛能。今日的教會不能再負面地專看人的現況，必須重新學習耶穌當日對待彼得的態度。當教會願意效法神，欣賞人可貴的潛能時，教會的信徒或領袖，就可以活出真誠相待彼此扶持的生命。基督的恩典永遠是信徒以恩慈相待的最佳提醒。

最後一個與今日信徒相關的重要功課，就是耶穌在末了對彼得的差遣。彼得是極易分心的人，他對別人的使命及未來的遭遇都有極大興趣。耶穌囑咐彼得切勿為他人擔憂，應將注意力集中在自己的事工上。當我們發現教會中有人優秀或無能時，教會的事奉往往令我們沮喪。藉著彼得，約翰教導我們沒有任何事比耶穌託付我們的使命更重要。每個信徒必須付全力，為耶穌所量給各人的使命範圍盡上全責。當信徒對自己的使命專心時，異象就顯得清楚。當教會面臨不同理想及個性相互衝突時，各人專注自己使命的教導更顯重要。相信初期的教會，也與今日的教會一樣複雜。如果每個時代的教會信徒，都能夠以基督託付各人的使命為焦點，那麼教會可以在錯綜複雜的動態中繼續向前邁進。

耶穌所愛的門徒：一位無名英雄的腳蹤

1. 引言

綜觀多本聖經註釋，我們發現有些學者將「耶穌所愛的門徒」之身分，局限於二十一章24節的經文討論。另一些學者由於約翰對於某些人物的特殊描述，而將這些人與「耶穌所愛的門徒」視為同一。拉撒路是一個常見例子（十一3、5、36）。[10] 更有一些學者將「耶穌所愛的門徒」視為約翰福音中的「那門徒」。[11] 事實上，我們很難為「耶穌所愛的門徒」下一個肯定的身分結論，因為大部分說法純屬猜測。雖然，推論「耶穌所愛的門徒」之身分可能為讀者帶來某些益處，但經文本身並未對此問題提出答案。在不否認「耶穌所愛的門徒」可能是經文中其他任何一位人物的前提之下，本文的研究將以經文為根據，分別探討「耶穌所愛的門徒」在約翰福音中的角色，以及其信息涵義。無疑，「耶穌所愛的門徒」有可能是約翰，亦可能是拉撒路，甚或最可能是「那門徒」。[12] 不論如何，這些討論屬歷史鑑定的研究範圍，並非本文的重點。本文較重文學的結構及寫作筆法，故此，把研究的重點放在約翰如何運用文學的技巧，藉「耶穌所愛的門徒」這位人物，為讀者帶出永恆的真理。在約翰的筆下，「耶穌所愛的門徒」是一位多元化的人物。雖然約翰對他的描述不算多，但有關的每一節經文都值得我們仔細研究。下文的討論將讓我們看見「耶穌所愛的門徒」，在福音書中所扮演的不同角色。

2. 搭橋者的任務

正如「那門徒」，「耶穌所愛的門徒」在受難的敘事中，具有蘊涵深義的重要角色。但與「那門徒」不同的是，「耶穌所愛的門徒」並非一言不發的安靜人物。雖然他只是輕言細語，但字字句句卻清晰有力並發人深省。在「那門徒」的後續討論中，我們將看見作者將「那門徒」及「耶穌所愛的門徒」兩人併合為一。約翰直到最後，才揭曉兩人身分的寫作筆法，有其重要原因。而這些原因的觀察，將在後文出現。

約翰在十三章23節中，記載了「耶穌所愛的門徒」與他人之對話。在上文中，耶穌剛剛說出將有與祂同吃飯的人要用腳踢祂的預言。這一羣驚訝又納悶的門徒，陷於不知如何繼續對話的僵局。由約翰對「你們中間」的重複提及，我們知道「耶穌所愛的門徒」是十二門徒中的一位（十三21、23）。約翰在接續耶穌預言後的經文中，詳細地描繪了彼得慫恿「耶穌所愛的門徒」更深入與耶穌討論問題的情景。由這個鮮活的描述中，可以肯定兩件事實。第一，當耶穌說：「你們中間有一個人要賣我了」時（十三21），眾門徒都認為「耶穌所愛的門徒」最不可能是這個惡毒角色。第二，彼得認為「耶穌所愛的門徒」與耶穌有極深厚之關係，因此能獲得內幕消息。如果莫理斯對於「耶穌所愛的門徒」在晚餐時坐上位之討論相當合理，[13] 那麼彼得對「耶穌所愛的門徒」之看法就非常正確了。上述這兩件獨特事實的觀察，讓我們看見，甚至在眾門徒的眼中，「耶穌所愛的門徒」與耶穌之間的確有一種相當特別的關係。在「耶穌所愛的門徒」不可能成為叛徒的肯定下，其他門徒必定將「耶穌所愛的門徒」視為門徒的完美榜樣。尤有甚者，他們還可能認為耶穌之所以偏愛這位門徒，乃是因為那使他成為門徒典範的至善品格。他真是門徒的典型嗎？或他亦是眾門徒其他方面的榜樣？十九章26節將有助我們思考這些問題。討論至此，我們至少發現「耶穌所愛的門徒」在約翰福音中，有兩種鮮明角色。首先，「耶穌所愛的門徒」雖為無名人物，但他的品格卻高尚無缺。或許，他在信徒的羣體中已經相當有名，因此不須再多提他的名字。可見，他的生命本身就有見證的能力。其次，他被認為與耶穌有特殊的關係。但這非說耶穌因此偏愛他。在約翰的筆下，這位「耶穌所愛的門徒」從未流露自覺被耶穌特別鍾愛或對待的表現。「耶穌所愛的門徒」得此稱呼，乃是約翰基於十二門徒之觀點而賦與的。這種看法，使我們得以觀察「耶穌所愛的門徒」在第十三章敍事經文中的另一特別角色。

「耶穌所愛的門徒」不僅扮演了一個有完美品格的重要角色，他也成為促進耶穌更深入討論即將被人出賣之事件的動力。在彼得的催促之下，「耶穌所愛的門徒」對耶穌的詢問，為耶穌帶出了顯示誰是真正背叛者的機會。在敍事的建構中，「耶穌所愛的門徒」握有引導對話進入更深層次的鑰匙。但是，雖然「耶穌所愛的門徒」與耶穌有如此良好之關係，他亦無法了解耶穌當時所說的話，到底具有甚麼涵義。經文清晰地記載：「同席的人，沒有一個知道是為甚麼對他說這話。」(十三28) 在此，我們看見「耶穌所愛的門徒」與其他的門徒一樣無知。可見，「耶穌所愛的門徒」也只不過是十二門徒中的一位。「耶穌所愛的門徒」對耶穌所提出的問題，倒是可以幫助我們回想一下，耶穌對於即將發生的每一個事件，具有完全掌控的至高主權(十17～18，十八36)。對於約翰來說，「耶穌所愛的門徒」雖特別卻也平凡。「耶穌所愛的門徒」之所以特別，乃是因為他促進了耶穌對自己即將被賣的講論。所以，因為約翰敘事的安排及寫法，「耶穌所愛的門徒」顯得特別又突出。但同時，「耶穌所愛的門徒」亦極為平凡。如同其他的門徒一樣，「耶穌所愛的門徒」對於耶穌即將受死代贖的完整計劃毫無線索。在此方面，「耶穌所愛的門徒」與十二門徒並無任何的相異之處。

3. 成為一家之主

十九章26節在描述「耶穌所愛的門徒」之角色中，有極為深廣的涵義。基於寫作結構的分析，布朗正確地帶出這節經文居受難敘事之高點的觀察。布朗之結構圖表如下：[14]

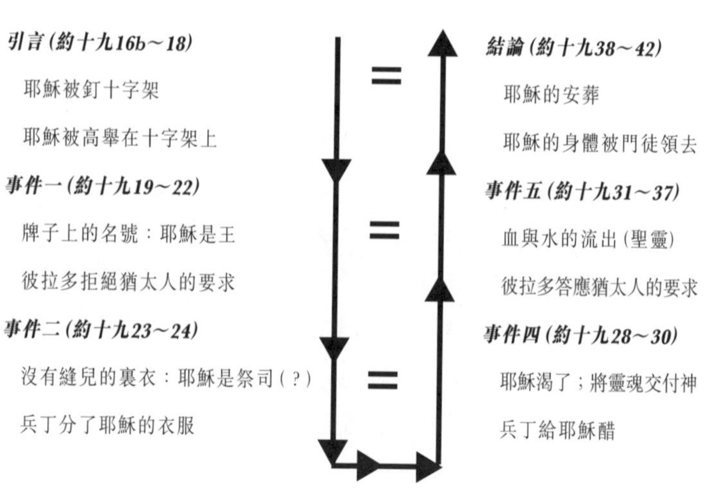

由十九章26節，我們可以肯定眾門徒認為「耶穌所愛的門徒」為耶穌所偏愛的看法。然而，如果我們仔細研究受難敘事的經文，將發現「耶穌所愛的門徒」是惟一留在耶穌受難現場的男性門徒。顯然，其他的男性門徒無法承受耶穌在十字架上受苦的悲慘現實。沒有一本符類福音有男性門徒在耶穌受難現場的紀錄。惟有約翰福音，記下「耶穌所愛的門徒」站在十字架下的感人情景。約翰特別提及這位門徒之性別並非偶然，乃具特殊之用意，因為在當時獨有年紀最大的男性可以成為一家之主。因此，當耶穌在十字架上將母親交給這位「耶穌所愛的門徒」時，他成為了馬利亞的兒子。由此處對性別的強調，我們可以發現許多關於耶穌最後處理母親之方式的不同觀察。

身為十字架現場的惟一男性，只有「耶穌所愛的門徒」能為耶穌的母親馬利亞提供社會性的保護。不論耶穌的父親英年早逝或安享晚年，在約瑟從未出現於約翰福音的敘事安排下，我們可以合理地推論耶穌是祂家庭中的一家之主(paterfamilias)。舉例來說，在迦拿的婚筵上，當耶穌的母親前來告知酒的需要時，耶穌已儼然是一位能夠提供酒之需要的一家之主。當耶穌這位一家之主即將離世時，祂的母親馬利亞也將失去所需的法律保護。令人好奇的是，在迦拿婚筵及十字架受難這兩段經文中，耶穌同樣以「女人」稱呼自己的母親。耶穌對母親生疏的稱呼，顯然別具意義。他們在迦拿婚筵中所顯示的關係改變，在耶穌受難的時刻完全具體實現。因為一個全新的家庭已經形成了。既然「耶穌所愛的門徒」是十字架現場惟一的男性，耶穌將新家庭的權柄及責任賦與這位跟隨耶穌至死的門徒。在社會層面的意義上，「耶穌所愛的門徒」接受了耶穌所託付的權威，而成為耶穌一家之主之角色的替代者。

到底約翰記錄這段感人情景的用意何在呢？顯然有人喜歡將這段經文視為耶穌對祂母親孝心的表現。然而，耶穌的孝心並非約翰福音中的重要主題。況且，未對耶穌的孝心加以強調，並不就表示耶穌反對孝順的行為，或是祂因為某種未知的原因而忽略了自己的母親。另一些人則將新的家庭視為新屬靈家庭的成立。例如，基納建議新的屬靈家庭，有肉身關係已被屬靈關係取代的特性。[15] 如果我們依據基納的看法，在一般性及權威性的層面上，我們可以獲得「耶穌所愛的門徒」成為耶穌接班人的結論。除此兩種看法之外，尚有許多了解「耶穌所愛的門徒」之角色的可能性。

第一個可能性，乃是約翰欲肯定「耶穌所愛的門徒」在其信仰羣體中之角色的用意。如果「耶穌所愛的門徒」承繼了耶穌在地上照顧母親的責任，那麼約翰的信仰羣體也必須因為此種獨一的關係，而確認「耶穌所愛的門徒」之特殊角色。他的使徒地位也因此被肯定。

第二個可能性，與約翰欲強調跟隨耶穌之獎賞及責任有關。如果因「耶穌所愛的門徒」是眾門徒中，惟一留在十字架下的耶穌跟隨者，而使耶穌將這一家之主的無上榮耀賜給他，那麼「耶穌所愛的門徒」就成為忠誠跟隨耶穌之信徒的典範了。凡忠誠跟隨耶穌者，其美德必為耶穌所報答。如果眾門徒認為耶穌與「耶穌所愛的門徒」有特別的關係，約翰在此讓我們看見了這個特別關係存在的原因。明顯地，耶穌對「耶穌所愛的門徒」有特別之心，並非私心偏愛的表現。「耶穌所愛的門徒」對於耶穌所表現的那分赤膽忠心，才是使他與耶穌有特殊關係之主因。回報必定隨著忠誠而來。「耶穌所愛的門徒」特被鍾愛，乃是因為他對主的忠誠使他在耶穌的跟隨上，較其他的門徒走得更遠亦更久。

第三個可能性，在於約翰對照彼得及「耶穌所愛的門徒」之寫作目的。當彼得在高談跟隨耶穌到底時，「耶穌所愛的門徒」安靜一旁。但至終是這位「耶穌所愛的門徒」，實現了彼得的狂言（十三37）。當「耶穌所愛的門徒」跟隨耶穌的腳蹤行至十字架下時，他已經毫無保留地為耶穌獻上了自己的性命。

4. 一顆敏感的心

二十一章7節是顯示「耶穌所愛的門徒」説話的第二處經文。這節經文的故事背景，乃是彼得被耶穌堅立之前的捕魚之行。「耶穌所愛的門徒」是與彼得前往捕魚之門徒羣中的一位。有些現代的聖經學者試圖以負面的角度，將此捕魚之行加以屬靈詮釋。他們認為既然耶穌已經復活，這羣門徒不應再前往捕魚。他們理當到處宣揚耶穌復活的大好信息。這種看法完全錯失了經文的重點。在經文中，我們無法察覺任何負面的批評，可見約翰對於門徒的捕魚之行毫無定罪之意。約翰只是平鋪直敍地將捕魚的神蹟描述出來，以為耶穌與彼得的和好譜下前奏。在這段經文中，我們再次看見「耶穌所愛的門徒」之重要性。

與他在十三章之最後晚餐所扮演的角色一樣，「耶穌所愛的門徒」再次成為引導彼得行動的搭橋者。如果我們將十三章及二十一章的經文對照，我們將發現在約翰的筆下，「耶穌所愛的門徒」總是與彼得相伴出現。在二十一章中，約翰特別強調了「耶穌所愛的門徒」的屬靈敏感力。當他説：「是主！」時，彼得馬上縱入海裏，游向耶穌所在的岸邊。在此之前，「耶穌所愛的門徒」與其他的門徒一樣，未能辨識站在岸上的耶穌。姑且不論可能是因當時的聲音或距離，使他們無法看明耶穌，他們的確沒有一人看出站在岸邊的就是他們的主。雖然他們只在駛向岸邊並靠近耶穌的時候才恍然大悟，但「耶穌所愛的門徒」在魚網滿載之時，卻立即認出耶穌的身分。當然，這些漁夫能夠滿載而歸，也是因為他們遵行了耶穌的命令。

在此段經文中，約翰筆下這位「耶穌所愛的門徒」，有一種特殊的敏感力。約翰福音教導了我們「順服必然有益」的屬靈功課。以迦拿的婚筵為例，當順服的用人將石缸的水拿去給管筵席的品嚐時，水就變成了酒（二8～9）。當畢士大池旁邊那位生病三十八年的患者，願意順服耶穌的指示，拿著褥子起來行走時，他就立刻得到痊癒（五8）。另外，生來瞎眼的也僅是按照耶穌的命令，前往西羅亞池洗去抹在眼上的唾沫和泥就得醫治（九7）。同樣，當門徒順服耶穌的話語將網撒在另一邊時，滿網的漁兒竟然使他們幾乎無法拉上漁船。就在此令人訝異的時刻，「耶穌所愛的門徒」認出了耶穌。促使「耶穌所愛的門徒」認出耶穌的並非外貌的辨認，乃是他對耶穌行事為人之熟稔及敏感所致。再次，我們看見「耶穌所愛的門徒」之所以如此蒙愛，與他對耶穌那份獨特的敏感力有密切關係。

5. 長存的倖免者

每當耶穌生命危急之際，「耶穌所愛的門徒」似乎總是在祂的身旁。在二十一章20節中，約翰提醒了讀者這位「耶穌所愛的門徒」，就是在晚飯的時候，靠著耶穌胸膛詢問賣主之人的那門徒。他的問題關鍵性地帶出了耶穌對背叛者的顯明及有關未來的啟示。但在二十一章的經文中，這位「耶穌所愛的門徒」有稍微不同的角色。在十三章中，彼得藉著「耶穌所愛的門徒」，欲得知背叛者的身分。在二十一章中，彼得不僅想要知道自己的未來，他對「耶穌所愛的門徒」之未來，亦存極強烈之好奇心。

由二十一章18至19節，我們得知耶穌僅僅顯明彼得的未來。祂並未提及任何有關「耶穌所愛的門徒」之未來。許多學者在詮釋二十一章24節時，常常忽略了上文的考慮(二十一22～23)。如同耶穌之預言，彼得將以殉道的方式榮耀神，而這位「耶穌所愛的門徒」卻有不同的命運。至少在寫作約翰福音時，「耶穌所愛的門徒」仍舊活在約翰的信仰羣體中。那麼，關於「耶穌所愛的門徒」及其不可或缺之存在必要，到底為我們帶出了甚麼信息？

第一，耶穌親口的話語，讓我們看見耶穌必定再來的確實性(二十22)。耶穌將「耶穌所愛的門徒」之命運與祂的再來相連，引起了極多的誤解，因而產生關於「耶穌所愛的門徒」永遠不死的外典流傳。其實，「耶穌所愛的門徒」之存在的首要信息，乃是耶穌必定再來的真理。由此可見，「耶穌所愛的門徒」在信仰羣體中，是另外一種的見證人。彼得以殉道為耶穌作見證，而「耶穌所愛的門徒」則以在世的生命為主發光。

第二，「耶穌所愛的門徒」之存在，反映了他的信仰羣體對末世的看法。原本，約翰的信仰羣體可能期待耶穌的再來，實現在「耶穌所愛的門徒」有生之年。然而，藉著約翰福音的寫作，信徒收到了耶穌可能不會在短期之內再來的信息。因此，當時的信仰羣體認為「耶穌所愛的門徒」可能在每個人消逝之後，仍能存活許久。「耶穌所愛的門徒」之存在，反映了信仰羣體在耶穌即刻再來及延遲再來之間的內心掙扎。雖然二十一章23節有糾正性質，仍然使人願意接受耶穌即刻再來的可能性，但耶穌延遲再來的觀點也不再被人全然排斥。「耶穌所愛的門徒」對於處在兩種末世觀之張力中的信徒，無疑是一個顯然的提醒。他的存在，使人想到耶穌隨時再來的可能性，因為耶穌的確曾說：「我若要他等到我來的時候，與你何干。」(二十一23）。「耶穌所愛的門徒」之存在亦不斷提醒眾人，他的未來完全是一個未知數。就是在約翰福音寫成時，仍然無人敢確定「耶穌所愛的門徒」之未來實係為何。獨有他之過去，讓人肯定他至今依舊遠離死亡的網羅。耶穌再來的確據，為面臨未來無常變化的信徒，提供了難以置信的穩定力量。

最後，在二十一章中這位「耶穌所愛的門徒」讓我們看見信徒的生命，全然屬於神的掌管。一方面耶穌容讓彼得殉道，另一方面耶穌也定意「耶穌所愛的門徒」活出一個長久為主作見證的生命。很多時候，讀者喜歡根據二十一章24節，推論「耶穌所愛的門徒」是約翰。然而，這節經文好似僅針對「耶穌所愛的門徒」，將有關耶穌的見證傳遞給「我們」的事實作了說明。因此，「耶穌所愛的門徒」未必是歷史上的這位約翰。另一個可能性，就是約翰與「耶穌所愛的門徒」同屬一個信仰羣體，而約翰與其他的信徒一同地為這位特殊的門徒，寫下了這獨一無二的記載。[16] 在精心的編輯之下，約翰福音對歷世歷代的讀者，帶出了獨特的神學信息及道德倫理規範。由此看來，「耶穌所愛的門徒」的確活出了見證人的生命。與彼得相異的是，神容許他在約翰福音寫作時仍然存活，以至於他能將耶穌的生命寫實記錄，忠實地傳承給下一代的信徒。當時信仰羣體中的第一代基督徒也為「耶穌所愛的門徒」所寫下紀錄的正確性提出了保證。精簡地，「我們也知道他的見證是真的」(二十一24b)

這節經文，為約翰福音全書的真實性帶出有力確據。

在本文結束之前，我們值得花點時間，為「那門徒」及「耶穌所愛的門徒」這兩位人物作比較。單就人物而論，他們象徵了兩種不同型態的人。「那門徒」在約翰的敘事中，是「另外」一位人物。他在眾門徒間超然獨特，顯示了何為完美及卓越。「耶穌所愛的門徒」在故事中，則具較特殊的角色。他集非凡的敏感力、靈性、責任及見證於一身。除了與「那門徒」一樣，同是堅強信心的可靠見證人外，「耶穌所愛的門徒」還包含一些「那門徒」顯然沒有的特質。如此說來，「那門徒」及「耶穌所愛的門徒」不但同為非凡人物，而且皆是值得令人學習。我們實在沒有足夠理由，主張或否定「那門徒」及「耶穌所愛的門徒」可能是同一人的看法。誠然，「那門徒」因超凡的信心而成為可靠的見證人，讓我們再度肯定信心與見證之間的重要關係。「耶穌所愛的門徒」之信心，則表現在敏銳、屬靈、責任及見證等方面。「耶穌所愛的門徒」之見證所以真實，不僅因為它的準確性，更因為這位門徒自身在信仰羣體中，所有的道德好名聲。他以知識及生命同時地為耶穌作了美好的見證。

6.「耶穌所愛的門徒」在上下文的角色

如同往例，釋經的四個角度將讓我們對「耶穌所愛的門徒」有更廣泛的了解。第一，雖然前言與「耶穌所愛的門徒」無甚關連，但結語卻有許多與「耶穌所愛的門徒」有關之事。約翰在結語部分，再次集中在信心的討論之上。無疑，「耶穌所愛的門徒」是耶穌忠誠跟隨者的最佳典範。甚至到了十字架下，他仍無拋棄耶穌的心意。這位忠心的門徒因此成為相信耶穌的生命見證人（二十31）。「耶穌所愛的門徒」之一生及他對耶穌的見證，已經成為廣大基督徒羣體的啟發與鼓舞。

第二，在福音書中，除了「耶穌所愛的門徒」與彼得有相互對照之處，我們並未發現他出現在任何二元寫作結構中。「耶穌所愛的門徒」與彼得總是一同出現在約翰的敘事中。惟在十字架下，眾門徒皆棄，獨有「耶穌所愛的門徒」依然堅立在耶穌之前。十字架前的一幕，將他之在場及彼得之不在，鮮明地刻印在讀者的腦海中。這幕發人深省的情景，至今仍散發無比的震撼力！「耶穌所愛的門徒」與彼得之間的對照，顯出了兩種型態的信徒。彼得屬於「行動英雄」派，而「耶穌所愛的門徒」則是默默支撐整個信仰羣體的基礎。如此看法，無損彼得在信仰羣體中之重要性。只是，兩者對照下，「耶穌所愛的門徒」向我們呈現了另一種雖安靜卻有力的屬靈成熟面。

第三，約翰的敘事技巧，讓我們看見了「耶穌所愛的門徒」說話的重要性。雖然在故事中，他的話語不多，但字字簡明並一針見血。他的問題成為促使耶穌為自己未來作出更多啟示的鑰匙。雖然他真實的話語極為簡潔，卻並不意味這位歷史人物不善說話。事實上，他可能非常能講話。畢竟，他似乎為他的信仰羣體，敘述出福音書所有的故事(二十一24)。約翰刻意抑制他的聲音，以使他的生命成為敘事中的突出強調。他的角色與拉撒路的極為相似，同屬安靜的生命見證人。

第四個社會歷史釋經角度，讓我們看見「耶穌所愛的門徒」非憑藉炫耀的人格，獲取他在信仰羣體中的重要地位。相反地，他至高的品格自動地吸引信仰羣體聆聽他的信息，並將其記錄為流傳千古的福音書。由早期的教會歷史，我們看見彼得在信仰羣體中佔有顯著地位。約翰福音嘗試在尊榮地位的平衡中，使「耶穌所愛的門徒」在其信仰羣體中，得到當得的肯定。在顯示「耶穌所愛的門徒」好似在某些方面優於彼得的筆法下，約翰絕對無意降低彼得在教會裏的地位。事實上，約翰只是嘗試賦與「耶穌所愛的門徒」一個公正的地位。他不但與其他偉大的使徒並列，成為耶穌傳承正統的承繼者，更成為門徒道德倫理之模範。

7. 省思與今日應用

「耶穌所愛的門徒」之生命，為今日信徒提供了許多學習榜樣。在上述討論中，「耶穌所愛的門徒」好似福音書中的次要人物。如果我們僅是按照福音書的寫作結構，而未特意地注目在約翰人物刻畫的研究上，我們將使「耶穌所愛的門徒」成為局限於討論作者時的邊緣人物。雖然「耶穌所愛的門徒」在福音書中出現的次數不多，但他卻為如何作主門徒的教導，提供了極多貢獻。

首先，反映在「耶穌所愛的門徒」之生命中的至高品格，成了門徒的典範。至高的品格，是「耶穌所愛的門徒」為信徒帶來的第一個寶貴教導。在十二門徒中，沒有任何人懷疑他可能是耶穌的背叛者。由約翰的暗示，我們知道在最後的晚餐中，慫恿「耶穌所愛的門徒」詢問耶穌的彼得，亦非嫌疑人物。然而，他們二人並非可疑人物之原因大不相同。彼得是一位炫耀卻真誠的耶穌跟隨者，而「耶穌所愛的門徒」與耶穌有一份特別的關係。他的生命表現必定無可指責，以至於沒有人懷疑過他。即使與他極為親近的人，都可以證實他是一位值得尊敬的門徒。「耶穌所愛的門徒」以生命為我們帶出的教導，讓我們體會了品格不可或缺的重要性。在約翰文筆的刻畫之下，「耶穌所愛的門徒」完美無瑕。反觀今日的世界，平庸的基督徒到處可見。「耶穌所愛的門徒」之生命，成為今日信徒的響亮提醒。我們是否願意活出一種人人信服又稱許的生命？一種連最親近我們的友人，都無話可說的崇高生命？

「耶穌所愛的門徒」為我們帶出的第二個教導，與忠誠有關。「耶穌所愛的門徒」對主耶穌的忠誠超凡驚人。他不但與耶穌有良好關係，更是步步跟隨耶穌到受苦的十字架前。他忠誠的行動，適切地反映了內心強烈的信心。一個願意跟隨耶穌到此地步的人，必然堅定地相信耶穌的掌權與保守。他堅信沒有神的許可，無一惡事會臨到他，因此他能毫無畏懼地跟隨那即將受苦的主。約翰在福音書的結尾，對「耶穌所愛的門徒」之描述，再次讓我們看見這位門徒對神掌權之理念不但堅持而且依然滿懷希望。無論境遇如何，一顆恆常信靠神的心，就是忠誠的表現。從古至今，世界的多處對基督徒的逼迫仍未稍減。但無數的信徒跟隨「耶穌所愛的門徒」之榜樣，雖在逼迫與患難中，卻對神的公義與主權依舊堅持。在飽享宗教自由的西方世界，信徒擁有的安適環境反成了忠誠心志的攔阻。常見信徒為自己製造了不少無法活出信仰生命的藉口。「耶穌所愛的門徒」之生命，再次地提醒今日信徒，世上無任何藉口可以容讓人們逃避信心問題。

「耶穌所愛的門徒」也帶出了與責任有關的第三個寶貴教導。責任跟隨忠誠而來，兩者密不可分。耶穌之所以將自己的母親交託給「耶穌所愛的門徒」，乃因他是惟一在十字架下的男性門徒。他對耶穌的忠誠，帶來了責任的賦與。忠誠與責任永不分開。試觀今日信徒，許多人渴望的乃是成為基督徒可為他們帶來之美名。他們忘卻了忠誠與責任才是信仰的真諦。「耶穌所愛的門徒」在跟隨耶穌的腳蹤上，遠遠地超前了其他的門徒。無怪乎，耶穌將基督徒信仰羣體中最重要的責任交付他。堅忍到底的人，必定贏得主基督的獎賞。

行動是「耶穌所愛的門徒」帶出的第四個生命教導。「觀其行，勝於聽其言。」這句古諺最適用於「耶穌所愛的門徒」身上。如果彼得是一位說話者，那麼「耶穌所愛的門徒」就是一位行動家。雖然彼得口出高言，願意至死跟隨主耶穌，卻是「耶穌所愛的門徒」這位行動家將彼得的心願徹底實現在生命中。「只說不做」的古語，不幸成為悔恨交集之彼得的生命寫照。在約翰福音中，有一些人說了許多話，卻也有一些人付出了相當的行動。「耶穌所愛的門徒」就是這羣行動家中之一位。今日社會特別看重口語溝通及說服能力的文化，在不自覺中取代了人們對真實行動的價值衡量。因此導致教會中，說話者多行動者少的不正常現象。這種可悲的景象，恰是「耶穌所愛的門徒」為我們帶出之生命教導的極端反面。

「耶穌所愛的門徒」繼續帶出與注意力有關的第五個生命教導。「耶穌所愛的門徒」對於耶穌行事方式及愛人之情專心關注，因此他成為在漁船上，第一位認出不可思議之復活主的人。許多基督徒毫不留意神在他們每日生活中的奇妙作為。令人感歎的是，他們竟連神的話語也疏於注意。如果他們繼續地對神滿滿的祝福視而不見，他們的生命勢必永遠無法圓滿。「耶穌所愛的門徒」鼓勵了現代的信徒，有一顆活出完全生命的心志。真實的信仰絕不建基於某次特殊的屬靈高峯，或一些次等的屬靈經歷之上。基督裏的信仰是信徒經年累月而成的屬靈經歷。信徒全人、全身與全時的生命，應當成為篇篇述說神作為與經歷神恩典的動人詩章。當人願意對神的作為稍加注意時，人對自己的生命將有嶄新的眼光。一個願意日日在自己的生命中經歷神的信徒，將發現他們對主耶穌基督的認識不斷成長，並且日趨成熟。

最後，「耶穌所愛的門徒」也帶出了有關領袖特質的教導。由約翰的寫作筆法，我們可以推論約翰有刻意尊崇「耶穌所愛的門徒」之用意。在彼得這位有超凡魅力的領袖對照之下，「耶穌所愛的門徒」之生命行為成了歷代信徒的模範。他少言寡語。也可能因為如此，「耶穌所愛的門徒」在信仰的羣體中，並未佔有他所配得的地位。約翰福音為他在信仰羣體中的重要性，提出了最有力的辯護。當日，「耶穌所愛的門徒」之遭遇，至今仍然出現在眾多教會中。一再地，在教會中某些言詞鋒利並性格出眾的信徒，總是支配使喚甚至隨意踐踏一些真實卻安靜的僕人。在領導地位的竄升中，教會的政客總是勝過了真實的基督跟隨者。在這冷酷的現實中，「耶穌所愛的門徒」仍不放棄提醒今日的讀者，勿忘特別關注那一羣雖然寡言，卻傾全力服事神的忠誠信徒。這羣真實的信仰者可能不善於表達自己的意見，但他們的服事及生命無疑成為耶穌跟隨者的最佳見證。這羣人才應當是教會新興的領袖，因為只有他們才能逆轉教會重話語輕行動的偏差傾向。今日的教會必須言行並重！今日的信徒更應認清教會中的說話者及行動者，同是神的僕人並耶穌基督的生命見證人。[17]

拉撒路：一個悄然無聲的見證人

1. 引言

拉撒路的復活是約翰福音中的第七個神蹟／記號，也是所有神蹟／記號的最高潮點，無論在引人注意的戲劇性效果或神蹟的規模上，都遠超其他六個而居冠。在約翰福音中，獨有耶穌自己的復活，較拉撒路的復活神蹟更具衝擊力。[18] 拉撒路除了是約翰筆下的第七個神蹟之外，他也是約翰福音敍事部分的一個獨特人物。他之所以在約翰福音中顯為獨特，乃是因為沒有其他的福音書提及他，並在他身上發生的神蹟。他當然不是路加福音第十六章比喻中那位以討飯為生的可憐拉撒路。畢竟，他有自己的房屋，並有足夠的財力為耶穌擺設筵席。本文將多層面地探討拉撒路這位獨特人物的生命，期盼今日之信徒，能夠由這位無聲的生命見證人身上，學習活出滿有復活能力及堅定不移的信仰生命。

2. 悄然無聲的羊

第一個使拉撒路顯得獨特的特徵，乃是約翰未曾寫下他任何的對話記錄。在福音書記錄其他人物諸多對話的比較之下，拉撒路的安靜實在引人好奇。拉撒路完全的安靜無聲，貫串整本約翰福音。

在約翰的藝術巧筆之下，雖然拉撒路未發一言，但他的默然卻有力地突顯了他生命的許多特別之處，其中一項與好牧人講論有密切關連。在約翰福音十章2至4節，耶穌淋漓盡致地描述好牧人與羊羣的關係。祂說：「從門進去的，才是羊的牧人。看門的就給他開門，羊也聽他的聲音。」祂繼續說：「既放出自己的羊來，就在前頭走，羊也跟著他，因為認得他的聲音。」這些經文顯出約翰對於好牧人之呼聲及羊之反應的強調。

當耶穌來到伯大尼，大聲呼叫說：「拉撒路出來！」時，躺在墳墓裏已經四天的拉撒路就出來了。拉撒路對於耶穌呼聲的反應，讓我們清楚地看見了羊的確認得好牧人的聲音，不但遵行好牧人的指示並且跟著他走。拉撒路是好牧人講論中的那隻羊。他成了其他聽從耶穌聲音之羊的預表。在耶穌的神蹟中，拉撒路領受並展現了生命。或許有些人覺得此種釋經法頗為特殊，並且偏向寓意式解經，但下文的討論，將讓我們看見拉撒路的確有預言性人物的角色。

3. 預言性的人物

在約翰的筆下，拉撒路不只是一隻羊，他還是預示許多真理的預言性人物。首先，拉撒路預表了所有接受耶穌所賜生命的人。耶穌在約翰福音十章16節說：「我另外有羊，不是這圈裏的。我必須領他們來，他們也要聽我的聲音，並且要合成一羣，歸一個牧人了。」如果拉撒路的生命闡釋了好牧人的講論，那麼拉撒路也成為未來教會的一個實例。猶如好牧人的聲音為羊帶來了生命，耶穌的聲音亦為拉撒路帶來了生命。然而，拉撒路必先領受生命，才能對耶穌的聲音有所回應。因此，凡有生命的，必定能對好牧人的聲音作出回應。耶穌所賜予的生命，使拉撒路有能力順服耶穌。同樣道理，那些願意跟隨耶穌的人之所以有能力與主相隨，乃是因為他們已經先從好牧人領受了生命。好牧人必須為羊捨命的預言，為我們引進了約翰欲藉拉撒路所述的第二項真理。

拉撒路不但如同一個路標一樣，指向了現在及將來的基督跟隨者，他的生命亦指向了耶穌基督的受死。[19] 在拉撒路未復活之前，耶穌作出了「復活在我，生命也在我，信我的人，雖然死了，也必復活」這個有名的宣告。拉撒路是必要復活之信徒的預表。[20] 然而，在這個意義重疊交織的宣告中，耶穌不僅讚賞拉撒路是一個相信祂的人，更刻意指向祂自己的受死及復活。耶穌復活的事實，證明了祂就是生命。耶穌叫拉撒路復活的事件，使耶穌面對更大的危機，因為許多再也無法忍受耶穌威脅的猶太人同謀決意要除掉耶穌。這段拉撒路復活的描述，除去人們對耶穌復活的重重懷疑。因為，如果一個人有能力使死人復活，那麼祂對生命絕對有掌控力。顯然，這段經文的目的，不但為了預告耶穌的復活，更要證明耶穌本身即有復活的莫大能力。那麼，約翰討論復活的目的何在？這個問題的答案，將帶領我們進入約翰藉著拉撒路欲表達的第三項真理。

在好牧人講論中，耶穌不斷重複好牧人將為羊捨命的預言。耶穌同時也談到好牧人雖將命捨去，卻有權柄取回來（十18）。當耶穌談到好牧人有權柄將自己的命取回時，祂乃是針對自己即將由死裏復活的事實而言。可見，耶穌的復活將證明好牧人的犧牲代死，非僅一般的殉道而已，乃是好牧人為拯救羣羊並使羣羊合一的有效方式。復活證明了耶穌的犧牲，其大能大力何等真實。十字架上的耶穌並非受害者，祂乃是一位完全的勝利者。[21] 拉撒路的死裏復活，顯出了耶穌勝過死亡的能力，是耶穌得勝的開始。當耶穌叫拉撒路從死裏復活時，祂不但更靠近了十字架上的苦刑，也更接近以死亡拯救羊羣的最終勝利時刻。拉撒路的復活平行地帶我們進入耶穌復活的討論，但是兩者之間的復活是否完全一樣呢？當我們思考兩者的差異時，就進入了拉撒路與耶穌的對照討論。

4. 與耶穌的對照

我們應該已經注意到，約翰刻意將生命的主題散佈在好牧人的講論之中。然而，約翰沒有停止在主題的陳述上，繼續以拉撒路為例證，帶出對這生命更多層面的探討。上文的討論著重在拉撒路及耶穌之間復活的平行討論，現在我們將集中在兩者之間復活的對照比較。

拉撒路的復活事件，有下列幾項特點。第一，對整個事件的缺乏了解（十一17～37）。第二，墳墓前有一塊石頭（十一38）。第三，必須有人將石頭挪開（十一41）。第四，拉撒路必須被呼叫出來。第五，必須有人幫助拉撒路解開裹屍布（十一44）。耶穌的復活事件在開始時，亦充滿了人的誤會（二十9）。除此之外，耶穌的復活與拉撒路的復活再也沒有相同之處。雖然在馬太福音中，耶穌墳墓的石頭是由一個主的使者所挪開，但在約翰福音中，墳墓石頭如何被移開確是一個疑案。當七日的第一日清早，天還黑的時候，抹大拉的馬利亞來到墳墓那裏，看見石頭已從墳墓挪開了（二十1）。莫理斯認為拉撒路的墳墓，可能是石頭在前的垂直形墳墓，或石頭在上的水平形墳墓。[22] 如果耶穌必須呼叫拉撒路，顯出拉撒路走出墳墓的戲劇性效果，那麼拉撒路的墳墓應該是屬於垂直形的墳墓。對拉撒路而言，墳墓的石頭不是一個問題，因為在他走出來之前，已經有人將石頭挪開了。但對耶穌而言，墳墓的石頭就是一個令人費解的問題。到底是誰移開了石頭？我們惟一肯定的，就是約翰並未對這個問題提出答案。沒有人呼叫耶穌走出墳墓，但耶穌的屍體不見，而且墳墓已成空。沒有人為耶穌解開裹屍布，但約翰在二十章6至7節中如此記載：「彼得就看見細麻布還放在那裏，又看見耶穌的裹頭巾，沒有和細麻布放在一處，是另在一處捲著。」這兩節經文的靈活描述，讓我們看見耶穌直接由裹屍布脫殼而出的復活情景。但是，耶穌的復活超越任何人為的幫助，更是約翰的強調。事實上，為了區分拉撒路及耶穌這兩種不同的復活，約翰使用不同的希臘文字詞，描述包裹他們的裹屍布及裹頭巾。當然，約翰有可能使用不同的字，描述不同的布質，但更可能，約翰刻意以這種文學筆法，為耶穌的復活帶出震撼人心的力量。

討論至此，讓我們思考一下，拉撒路的復活事件記錄在約翰福音中的意義為何？拉撒路的復活事件之所以獨特地出現在約翰福音中，乃是要以對比的方式，帶出耶穌更大的復活神蹟。約翰好似在向世人宣告：「如果你覺得讓死人得以復活，是一件了不起的神蹟，那麼請你等著看耶穌的復活吧！」拉撒路的生命受限於他周遭的境況。他死了，因為他的疾病無法等待耶穌的來到（十一21）。他需要好牧人，引領他走出墳墓。整個叫拉撒路復活的過程，都在好牧人完全的掌控中。耶穌甚至先行叫人把墳墓的石頭挪開。另一方面，我們看見耶穌對自己的境況，亦有完全的控制權。甚至祂的受審，都沒有脫出祂掌控的範圍。祂使拉撒路復活的神蹟，也在深思熟慮的計劃下，帶領自己進入受死的榮耀時刻。耶穌不需要倚靠任何人，為祂把墳墓的石頭挪開。或許有些讀者誤以為挪開的石頭，是為要讓耶穌走出墳墓。其實，沒有一位福音書的作者確知耶穌從死裏復活的詳情與正確時刻。耶穌與拉撒路不同，祂並不需要人領祂走出墳墓。墳墓的石頭之所以挪開，乃是為了要顯示空墳的事實。對於約翰，「到底是誰挪開了石頭？」並不是重要的問題。「墳墓已空了！」才是約翰的首要關切。雖然拉撒路及耶穌的墳墓都空了，但耶穌的復活顯然有更大的神祕性及戲劇性，因而也展現了耶穌獨有的超越性。

5. 以生命為見證

雖然拉撒路是約翰福音中最安靜的人物，卻難免成為引起眾人爭論的對象。在耶穌叫拉撒路復活的事件之後，拉撒路與耶穌在伯大尼同坐席。在馬大忙碌的侍候中，馬利亞以極貴的真哪噠香膏抹耶穌的腳，預言了耶穌受難的即將來臨。在忙碌的人羣中，拉撒路一言不發地坐在筵席。拉撒路既無言又無特別的行為表現，為何約翰還要提到他的存在呢？十一章45節及十二章9至11節讓我們看見了約翰將拉撒路包含於此段筵席記載的目的。原來，拉撒路是耶穌作為及事工的見證人。

在十二章中，約翰筆下的馬大、馬利亞或拉撒路都安靜無聲，獨有被約翰形容為「賊」的猶大，倒是對馬利亞的美行意見頗多。其實，甚至到此地步，尚無人真正了解猶大角色的嚴重性（十二6，十三27～30）。他可能是個賊，但無人敢相信他竟然惡意圖謀殺害耶穌。或許有人，還真正地相信猶大對窮人有悲天憫人的惻隱之心。在眾人的迷糊中，獨有約翰清楚知道猶大的確是個賊。在這段經文中，猶大說得最多但做得最少。反觀，安靜無聲的馬大、馬利亞及拉撒路，卻各以獨特的方式服事耶穌。耶穌對馬利亞行動的評論，帶出了極具讚賞的心意。約翰對筵席的記錄，也顯明地稱許了拉撒路的生命見證及馬大的忙碌伺候。因為拉撒路在筵席的出現，好些人信了耶穌（十二9）。在筵席中的拉撒路，雖安靜無聲，卻以生命帶出比千言萬語更有力的見證。可見，不同的人各以不同的方式來服事耶穌。馬大及馬利亞以行動伺候耶穌，而拉撒路則以他的出現見證耶穌。在約翰福音中出現的拉撒路，雖然沉默無聲，但並不表示真正的拉撒路是個啞巴。約翰如此地呈現拉撒路，乃為帶出信徒生命時常可以成為耶穌見證的教導。當耶穌的作為在一個人的生命中清晰可見時，這個生命就成為耶穌的有力見證。

基納將這個故事結束得極為巧妙：「這段敘事充滿了反諷的重複。耶穌來到猶太，冒自己生命之危險將生命賜予拉撒路。如今，拉撒路的新生命卻為祂帶來自己性命的失喪。耶穌的行動為門徒立下了學習的典範。凡跟隨耶穌的人，都須預備自己以死相隨，因為這個世界恨惡他們並想除掉他們。但信心將使可能殉道的新生命更加堅強。拉撒路的生命見證之意義，成為日後耶穌跟隨者信心之激勵。」[23]

6. 祂所愛的門徒

拉撒路的生命不但彰顯了一個見證人應有的樣式，更讓人看見作主門徒的真實涵義。有人因為約翰在十一章36節中陳述了耶穌對拉撒路那份懇切的愛，而誤認為拉撒路是耶穌「所愛的那門徒」。[24] 但是當我們再仔細地看一下經文時，我們發現原來這句陳述乃是來自猶太人的口中。[25] 在約翰的敘事中，猶太人是一羣不可靠而且對真理不甚了解的份子。當然猶太人對於耶穌愛拉撒路的觀察亦有幾分真實，但這絕不代表拉撒路就是耶穌所愛的那位無名門徒。事實上，耶穌所愛的那門徒，在約翰的敘事中倒是有説話的角色（十三25）。如果拉撒路與耶穌所愛的那門徒真是同一人，那麼約翰可以直稱他為拉撒路，又何必煞費心思地以神祕的「所愛的那門徒」來稱呼他呢？

耶穌對拉撒路的愛是不容置疑的，因為伴隨耶穌同在的拉撒路，顯然與耶穌有極深密的關係。耶穌對拉撒路的愛，讓我們看見除了耶穌「所愛的那門徒」之外，尚有其他許多人同為耶穌所鍾愛的重要事實。猶太人這句陳述，也介紹性地為耶穌在隨後的講論，帶出「耶穌愛門徒」的主題（十五9）。誠然，拉撒路就是耶穌所愛眾門徒中的一位。

在親嘗耶穌之愛的同時，門徒亦有喪失生命的危險。拉撒路是耶穌見證人既蒙福卻冒險之生命的完美實例。約翰福音十二章10節描述猶太人欲殺拉撒路的惡心。無辜的拉撒路，只因成為耶穌事工的正面幫助，就招來宗教當局的殺機。拉撒路生命見證之力量巨大無比，使得宗教領袖的權勢搖搖欲墜。耶穌在祂的講論中，預言拉撒路所面臨的衝突，也將是門徒未來必須面對的挑戰。耶穌也告知門徒未來遇見逼迫的強烈可能性（十五18ff.）。拉撒路充滿見證及受逼迫的生命，正是耶穌在臨別講論中，預言耶穌跟隨者之生命寫照。因此，讓我們看見約翰以拉撒路的故事為橋樑，將讀者轉折帶入耶穌臨別講論的寫作用意。

7. 拉撒路在上下文的角色

為要了解上下文中的拉撒路，釋經者必須考慮四個重要的釋經角度。由第一個角度，我們知道前言與結語，都直接地論到拉撒路的故事。拉撒路的復活與生命之間的關係明確且肯定，讓人無可懷疑。生命的問題，也在耶穌是光及生命的文章中廣泛地討論過。在這裏，值得注意的重點是耶穌所持有的生命，能夠使祂的跟隨者成為神的兒女（一12～13）。在拉撒路的故事中，耶穌猶如一家之主，為家人的生命福祉負起責任。這是涵義深重的發現，因為耶穌成為一家之主的角色，展現了一個新屬靈家庭的開始。與天生瞎眼者的故事不一樣，約翰在拉撒路的故事中並未針對拉撒路父母的反應作出描述。可能拉撒路的父母已經過世，或是約翰有意壓制他們的聲音，以強調耶穌的角色。

結語的信心討論，也直接觸及拉撒路的故事。信心、懷疑及誤解，交織地呈現在拉撒路的故事中。當然，我們不應責怪這些人的誤解，因為歷史上從未有人死了四天後，還能重新復活。然而，耶穌對信心的不斷提及，讓我們不得不懷疑，誤解是否因不信所導致？無論如何，對於能夠閱讀約翰福音的讀者，拉撒路的事件已經記錄清楚地呈現在眼前。他們沒有任何藉口，可以誤解拉撒路的死裏復活。在這故事中的每一位人物，都極有可能已為當時的信徒羣體所熟知，因此約翰不必在故事情節之外，再對他們多加描述。

第二個釋經角度指出與拉撒路有關的二元寫作結構。然而，拉撒路的故事較簡潔俐落的二元結構更為複雜。它穿梭在好牧人講論及耶穌臨別講論之間，連貫了生命、信心、見證，甚至逼迫等主題。在許多方面，拉撒路的故事有總結約翰福音的效果。在所有的神蹟／記號中，它也適當地成為了高潮點。

第三個釋經角度與約翰的敍事手法有關。在約翰的巧筆之下，拉撒路在整個故事中悄然無聲。然而在現實中，拉撒路卻是耶穌生命的反映。拉撒路的生命像一片澄澈的玻璃，讓人清楚瞥見耶穌的事工。無疑，拉撒路的生命扮演了一個見證人的角色。他不需要談論任何有關耶穌的事工，因為他本身就是耶穌工作的成果。當別人以好奇的眼光看他，或因他的復活而信耶穌時，敍事中的他依然靜靜坐在一旁。在約翰的故事中，包含敍事者的每一位都談論拉撒路，獨有拉撒路安靜無言。

最後一個釋經角度，與敍事的社會及歷史背景有關。在約翰的時代，猶太教及基督教之間的敵意已經達到高點。拉撒路的故事再次成為彼此爭論的中心。首先，拉撒路的復活迫使猶太教徒再次思考死人復活的神學問題。其次，拉撒路的復活也挑戰猶太教的信徒，面臨接受或拒絕耶穌的生命抉擇。由此可見，拉撒路的故事，不僅為有關復活的不同神學理論畫出界線，它更如利器一樣，劈開了全心跟隨耶穌及全然拒絕耶穌的兩個羣體。拉撒路的故事堅持所有人都必須對耶穌作出回應。

8. 省思與今日應用

成為耶穌基督的見證人，可說是拉撒路生命中最重要的一個角色。基於上文的討論，可能有人會誤以為拉撒路從未提過他與基督之間的經歷。反觀天生瞎眼者，在獲得醫治之後，就公開宣揚耶穌在他身上所行的神蹟。這種不適當的比較，暗暗地損毀了敍事者以聲音之強調及抑制的寫作手法，表達信息的用意。若與馬利亞及馬大相較，拉撒路顯然屬於「生命勝於話語」型的見證人。

為基督作見證，可以由兩方面來表達。一為話語的傳揚，另一為生命的表現。在福音書中，約翰鼓勵兩者的並用。然而，拉撒路的角色，顯然帶出約翰對於以生命見證基督的肯定。拉撒路的存在彰顯了神的工作。由約翰未加介紹拉撒路個人背景的寫作方式，我們可以知道拉撒路必然是約翰信仰羣體中，極為活躍並為人詳知的人物。

在今日的信仰圈中，許多基督徒只會喋喋不休地使用基督徒的術語向人見證基督。這種見證的方式不但常招慘敗，更有可能因為誤會而惹來不當的逼迫。另一方面，這種見證的方式亦可能使人對福音的內容完全錯認。約翰福音的拉撒路鼓勵讀者在以話語見證基督之前，先以神在他們生命中的工作，衝擊未信者的心靈深處。

拉撒路的生命帶出的另一個重要學習，與作主門徒的代價有關。拉撒路是耶穌無比之愛的接受者。在這愛的祝福之下，拉撒路也同時承受了成為基督跟隨者的危險。約翰藉著拉撒路提醒他的讀者，基督徒的生命並非僅是祝福的享受。正如拉撒路，雖然信仰的危險未必會完全應驗於信徒的生命中，但它卻是時時潛在而不可否認的事實。真正的門徒必須要清楚跟隨主的代價。約翰強調對於代價的了解，他真不愧是一位注重實際的現實主義者。

在拉撒路的諸多角色中，與耶穌復活有關的層面當屬首要。拉撒路的復活是耶穌復活的前導。拉撒路的復活雖短暫，卻指向了耶穌即將展現的復活，也預示了耶穌跟隨者將來的復活。因此，在基督裏所有豐盛祝福的經歷，只是那將要來到之福分的預嘗。由古至今，不論在約翰的時代或是現今的世代，彼此相競的各類宗教從不短少。但沒有一個宗教能夠讓它的信仰者神蹟地由死裏復活，更遑論救世主本身從死亡中的復活。世上惟有耶穌基督不但叫死人復活，自己也成就了死裏復活的榮耀神蹟。無數的見證人親睹祂的空墳，也為空墳的信仰獻上了自己的生命。拉撒路的生命的巨大衝擊力，至今仍然未減絲毫。他照樣銳利地向世人發出接受或拒絕耶穌的挑戰！

「那門徒」：一個眾所皆知的無名者

1. 引言

像謎般的那門徒，是約翰刻畫的人物中，極引人興趣的一個研究對象。一般釋經學者的討論，多數集中在「那門徒」的身分問題。他們欲發現，「那門徒」是否作者約翰本人？他們關心「那門徒」是否耶穌所愛的那門徒？以比斯利－默理（G. R. Beasley-Murray）為例，他承襲基督教的傳統，認為「那門徒」

就是耶穌所愛的那位門徒。[26] 卡森也對「那門徒」的身分仔細研究。在最不可能的關連下，查爾斯沃思（G. H. Charlesworth）甚至以出賣耶穌的猶大為那門徒的可能候選人。本文嘗試以不同的進路，觀察「那門徒」在約翰福音的角色。本文不是以「那門徒」身分的推測為思考的重心，而將「那門徒」視為一個獨立人物。為何採取此進路？因為人物刻畫僅是約翰傳遞信息的媒介。當然這並不意味著約翰福音中的人物全是約翰捏造的。更正確地說，約翰對人物的技巧描繪，超越了他們僅為歷史人物的範疇。在約翰的筆下，這些人物被轉變為有神學及道德意義的媒介。藉著這些人物，約翰表達了他的信息。

「那門徒」在受難的敍事中，扮演一個極重要的角色。當他陪西門彼得，進入大祭司的院子時，他的重要性已經顯露出來（十八15～16）。彼得在此刻，踏入他將三次不認主的地方。在整個敍事中，彼得接二連三地說出否認主的話語，而「那門徒」卻一聲不發，引領彼得進入大祭司的院子。顯然，「那門徒」認識大祭司。他與大祭司的關係，使他能夠跟隨耶穌進入院內（十八15）。在「那門徒」與看門的使女說話之後，彼得就被領入大祭司的院子。經文並未描述「那門徒」與使女說話的內容，但這使女猜測彼得是耶穌的門徒，卻是明顯的事實。這位使女是否察覺彼得因與「那門徒」的關係而顯不安，因此判斷彼得是耶穌的門徒？換句話說，「那門徒」是否是使女所見的第一個耶穌跟隨者？卡森在此的推測，十分可信。由使女對初入院中的彼得，馬上提出嚇人的質問，可知使女知道「那門徒」是耶穌的跟隨者（十八17）。事實上，中文〈和合本〉聖經，將使女的問話翻譯的極為恰當。「你不也是這人的門徒嗎」的「也」（also）一字，沒有出現在英文 NIV 譯本中。但「也」字的存在卻有力地暗示了，開門的使女知道至少另一位門徒是耶穌的跟隨者。因此，「那門徒」成為「也」是耶穌跟隨者的最佳候選人。由經文的觀察，看不出「那門徒」處於生命危險。可見彼得也未面臨即刻有生命危險的威脅。當耶穌為逼迫的主要對象時，「那門徒」及彼得是生命無慮的見證人。彼得三次不認主的聲音，響亮地訴說了他的失敗跌倒。而「那門徒」的沉默，則微妙地帶出他的忠誠堅定。

2. 情節探索

空墳已經成為所有基督徒的信仰根基。與探望空墳有分的「那門徒」，在見證空墳的角色上被忽略已久。但他角色的重要性，卻明顯在約翰編排這段復活敍事經文的結構中清楚可見。約翰福音二十章1至29節情節結構審慎分明。下列的主題，清晰地出現在敍事的情節中：耶穌的出現與隱藏，入口的開與關，時間的指示，門徒負面的情感經歷，耶穌的問安，及耶穌的最後教導。這些主題重複三次地，出現在三段連續的經文中。

故事的第一段經文是約翰福音二十章1至18節。充滿疑惑與悲傷的抹大拉馬利亞，是第一段經文的中心人物。她情感的豐富表現，不但證實了空墳的事實，並且為耶穌的自我顯現啟開序幕。在第一段經文的結尾，耶穌親口發出最後的吩咐，要她成為耶穌復活的見證人。

故事的第二段經文是約翰福音二十章19至23節。這段經文的焦點人物，是一羣被層層懼怕所包圍的門徒。當耶穌受審時，大祭司以耶穌的門徒和祂的教訓盤問祂（十八19），難怪這羣門徒如此懼怕猶太人。他們的懼怕實在合理。但當耶穌出現時，祂所帶來的重複問安，卻驅除了門徒的害怕。耶穌反覆的問安，將一般的問候轉為信心的確據（二十19、21）。在第二段經文的結尾，耶穌給與他們的最後教導，讓他們知道，將來聖靈的承受，會使他們成就意想不到的大事。

故事的第三段經文是約翰福音二十章24至29節。被懷疑所困的多馬，是此段經文的重心人物。「過了八日」的時間解釋，讓福音書的聽者回想起，復活的耶穌在一週前向門徒的顯現（二十26）。在第三段經文出現的耶穌，以同樣的問安語再次問候門徒。可見耶穌以對待門徒的方式，同樣對待了多馬。耶穌不僅向多馬顯現，並道出多馬在先前所說過的話語（二十25、27）。在此段經文中，耶穌以祂復活的顯現及祂特別彰顯的全知，解除了多馬的懷疑。最後，「那沒有看見就信的，有福了」，是耶穌留給門徒最寶貴的信心教導。

由上述討論可以概略地畫出情節的次序：「入口的描述」，「對復活的誤解」，「復活主的顯現」，「對復活誤解的消除」，及「主耶穌最後的命令」。仔細研讀經文的讀者，將會發現兩項明顯的事實。首先是復活敘事的描述，有奇特的公式化大綱。這項事實已在前面的討論中清楚展示。更令人訝異的是，一些不屬於公式化大綱的經文，卻合宜地出現在故事中。第二是主題「入口開或關」的重複出現，顯得特別。但由下文的探討，解決第二個發現的答案，將為第一個發現提供滿意的解釋。

公式化的大綱，以時間的說明及中心人物的出現，清楚地畫分了復活敘事中的三段故事。在這三段故事中，只有抹大拉的馬利亞及多馬的名字被記錄下來。兩個有名有姓的人物，自然引起福音書聽者比較兩者的興趣。這樣，第一段及第三段故事值得更密切對照。除了第一段是馬利亞的故事，及第三段是多馬的故事之外，約翰在兩段故事中加入不同的資料，使兩段故事在不同的表現上更莫測及引人。在第一段故事中，抹大拉的馬利亞好像是介紹耶穌兩位門徒入場的引導人物。然而，故事的結尾清楚顯示，馬利亞才是真正的焦點人物。在第三段故事中，約翰在描述耶穌顯現之前，先以多馬不信的宣告為故事的開始。因不見復活主親自顯現而導致之懷疑，解釋了耶穌對多馬說話的內容（二十27）。以下的討論，讓我們清楚看見這幾段故事在彼此的互動中，如何為整段復活敘事作出極大貢獻。

約翰對三處入口開或關的描寫，達到反諷技巧的極致，也為故事帶出激動人心的效果。在第一段故事中，石頭被挪開的墳墓，帶出了耶穌屍體不在的事實。在第二段及第三段的故事中，房門的緊閉表現了門徒對猶太人的懼怕。房門雖緊閉，耶穌卻出人意料地站在門徒及多馬當中，向他們顯現。在入口開與關的描述中，約翰為聽者及讀者帶出了一個思考的問題。耶穌的顯現或隱藏，到底何者對復活敘事的描述較重要？這個問題將由下文的研究得到解答。

到底多馬與空墳這兩個故事有何關連？藉著兩個故事間的平行比較，我們可以尋找到關連的線索。在多馬的故事中，耶穌先是隱藏的，然後才出現在門徒及多馬中間。空墳的故事，也以隱藏的耶穌為開始，再以耶穌向馬利亞的顯現帶出結束。兩個故事間的平行之處停止在此，餘下的是兩者之間的對照。對照的重點，不在經文人物對耶穌顯現的表現，乃在他們對隱藏的耶穌之反應。約翰對「那門徒」及多馬的旁白，將這兩個人物放在極強烈的對比中。當多馬的信心以親眼見耶穌為憑據時，站在空墳旁的「那門徒」看見就信了。「那門徒」以信心為標誌，而多馬則被懷疑所淹沒。這個觀察的重要發現，也為我們引進了下個段落的討論。

誠然，有關多馬故事的情節設計，我們還有最後一個問題仍然懸疑無答案。或者，約翰刻意將此問題留待福音書的聽者自己回答。當多馬大聲地宣告他的不信及懷疑時，耶穌是否真的不在場？因為八日之後，當耶穌站在他們當中時，祂重複了多馬所說的每一個字。在此情況下，聽者極難排除隱藏的耶穌當時在場的可能性。多馬的故事彷彿顯出，復活主可以違抗所有的自然律，出現在不同的地方。耶穌是否以隨己意的顯現及隱藏，與門徒玩捉迷藏的遊戲？以多馬的故事為例，耶穌的顯現及祂隨即的說話，震驚了在場的每一位門徒。我們無法確知，多馬是否真正地伸出手來，觸摸耶穌手上的釘痕或肋旁槍扎的痕迹？但當多馬對耶穌說：「我的主，我的神」時，他已經全然地相信復活的主耶穌。

3. 人物刻畫

復活敘事的人物刻畫，與其情節結構一樣層次分明。約翰藉文筆的描述，以及耶穌的評論，對敘事中的每一個人物作出了評判。第一位意義深重的人物是抹大拉的馬利亞。與多馬相異的是，馬利亞的身分由她所居住的地名表現出來。約翰沒有為她作詳細的介紹，表示她是當時為人所熟悉的人物。因此，我們可以推測抹大拉的馬利亞在當時的信仰羣體中，是一位眾所皆知又值得信靠的見證人。[27] 另一方面，由約翰對多馬的詳細描述，可知他並非當時信仰羣體中的顯著人物。在約翰的筆下，多馬以滑稽有趣的特性，出現在整本約翰福音中。有時他的話語帶著諷刺性的幽默（十一16），有時他又發出無知的言論(十四5)。在復活顯現的敘事中，多馬不加思考地拋出他對耶穌復活的懷疑。

早在霍斯金斯(E. Hoskyns)之時，許多聖經學者已注意到「那門徒」為復活顯現敘事之高潮的重要觀察。[28] 在馬利亞及多馬的對照之下，「那門徒」的確顯出他在經文中的重要地位。在約翰福音中將他刻畫為最了解耶穌之人物，但在復活顯現的敘事中，他卻有最高之信心及洞察力。正如抹大拉的馬利亞，作者未對「那門徒」作任何背景資料的描述，而僅以「那門徒」與耶穌之關係，表現「那門徒」之身分。當耶穌與門徒在逾越節前共進晚餐時，耶穌所愛的「那門徒」側身挨近耶穌的懷裏。連彼得都須經他，詢問誰是將會出賣耶穌的那一位。在十字架之下，「那門徒」是站立在耶穌身旁的惟一男性跟隨者(十九26～27)。如果「看見的那人」(十九35)就是「那門徒」，則「那門徒」就像馬利亞，在當時也是一位可靠的見證人。與抹大拉的馬利亞一樣，他的身分完全建立在他為耶穌所作的見證之上。

那麼，「那門徒」在復活顯現的敘事中，到底有何重要性？「你因看見了我纔信；那沒有看見就信的有福了」(二十29)，耶穌這段話親自為「那門徒」的重要角色提供了有力的暗示。原來，耶穌所指「那沒有看見就信的」，乃是針對「那門徒」而說(二十8)。[29] 在約翰復活敘事的所有見證人中，「那門徒」不屬任何一組人，他自成一格。除「那門徒」以外，其他被挑選為焦點的人物，皆有名字。在第一個復活敘事的經文中簡短地出現之後，「那門徒」在其他兩處耶穌向門徒們顯現的敘事經文中未再被提及。[30] 當復活敘事中的見證人以直接的言談主導敘事的進展時，約翰卻以第三人稱描述「那門徒」。約翰筆下的「那門徒」，在心智上對耶穌的相信及了解，顯然超越了其他見證人（二十9）。在第一批探視耶穌墳墓的門徒中，惟有他對空墳有正確的理解。雖在整段復活敘事的經文中，「那門徒」靜默無聲，他的榜樣及見證卻鏗鏗有聲地使他自己變為經文中的信息。

在現代讀者熱切探討耶穌復活的性質時，約翰似乎對耶穌不再與門徒同在的事實更表關切。[31]「又看見耶穌的裹頭巾沒有和細麻布放在一處，是另在一處捲著」（二十7）描述了包裹耶穌屍體的布，在空墳中所放的位置。[32] 由拉撒路的復活敘事中，讀者發現復活的拉撒路需要旁人幫他解開裹手腳的布及包臉的手巾，因為他的復活是耶穌主動賜予生命的結果。然而，耶穌的裹頭巾及細麻布的位置，卻隱含帶出耶穌直接由裹屍布中脫殼而出的復活方式。[33] 由此可見，耶穌對自己的復活具有完全的自主權。這恰恰證實了耶穌在叫拉撒路復活之後，對自己乃是復活及生命的宣告（ἐγώ εἰμί ἡ ἀνάσιασις καὶ ἡ ζωή）（十一25）。[34] 耶穌完全掌控自身復活的自主權，是耶穌本質的極致表現。復活日清晨的空墳，帶出了耶穌最大的神蹟／記號。如此超乎尋常的發現，引發了「那門徒」的信心，卻為馬利亞帶來無盡的困惑及悲傷。自然地，聽者在此時對敘事所帶出之超自然涵義必然覺得訝異。更重要的是，聽者必須了解「那門徒」為何眼見空墳，又尚未明白聖經意義（二十8～9），[35] 卻仍能有信心之原因。除了聖經預言耶穌必要從死裏復活的應驗之外，信心的本質是約翰最首要之關切。直等到約翰福音接近末了時，作者才告訴我們「那門徒」就是「耶穌所愛的門徒」（二十2、3、8）。約翰的寫作安排好像在告訴我們，為甚麼「那門徒」如此蒙主愛的原因。耶穌愛他，因為他的信心成為信徒的典範。他對於空墳的相信，正是信心本質的完美寫照。

4.「那門徒」在上下文的角色

基於上文的討論，我們可以定論在空墳的敘事中，約翰完全集中於墳墓本身。由多馬的記載，我們發現耶穌沒有親身顯現，並不代表耶穌不在場。實際上，當多馬道出他的懷疑之語時，耶穌極有可能就在他身旁。如此說來，耶穌的隱藏與耶穌的顯現，有同樣分量的意義。重要的是，聽者如何回應耶穌不再親身顯現的事實！對聽者來說，約翰筆下這位深知耶穌心意並熟詳耶穌教導，而且毫無缺點的「那門徒」，就是他們的見證及榜樣。真實的看見，非來自肉眼的目睹，乃來自內心的洞察。真實的信心更不僅是智識上的認知。[36] 正如「那門徒」，聽者也未曾親眼見復活主。但是否能與空墳前的「那門徒」[37] 作出同樣的信心抉擇，是聽者應該反覆思想的問題。在約翰福音所有人物中，「那門徒」是聽者惟一的仿效對象，因為他為耶穌的跟隨者設下了信仰的標準。

敘事情節的研究，為經文帶出許多的涵義。首先，前述的討論肯定了許多學者對二十章30至31節的看法。這些學者認為這段經文並不是復活敘事的結論，而是全書的結論。[38] 其次，二十章29節不但為多馬的故事下了結論，並且像指標一樣，引導聽者回到復活敘事的開始。如此看來，第29節以耶穌親口說出的話語，為復活敘事畫下句點。最後，雖然有關「那門徒」的資料不多，但傳記性資料的缺乏，並不否定「那門徒」的重要性。在約翰的故事中，「那門徒」的角色遠比「那門徒」是誰的問題來得重要。因為「那門徒」帶出了信心的典範，成為信徒學習的榜樣。

由釋經四個角度，我們又有何得呢？第一，結尾帶出了信心的必要性。「那門徒」雖靜默，卻以行動表現信心。無論他在何處，彼得總是與他一同出現。彼得話語多過行動的表現，恰與以行動表明一切的「那門徒」，成為兩種極端的對照。對約翰來說，光說不練的不是信心，只有付諸於行動的才是真實的信心。基於這種信念，約翰福音中的「信心」，總是以動詞的形態出現。信心不僅是神學的概念，更是積極的生活方式。「那門徒」雖低姿態地出現在福音書中，但他的見證卻成為約翰福音的信息。「那門徒」與醫大臣之子的故事（四46～54），亦有極為巧妙的關連。這位大臣在尚未看見醫治的神蹟之前，就相信耶穌所說的話。因此他不慌不忙地返回自己的住處（四50b）。猶如醫治的神蹟必然發生，他延遲了一天才起程回家。為甚麼我們知道他延遲一天才回家，因為迦百農到加利利的距離，少於一天的路程。雖然「沒有看見」，但「那門徒」與外邦大臣卻相信耶穌。耶穌在後文中，宣稱「那沒有看見就信的有福了」（二十29），無疑讓我們想起「那門徒」與外邦大臣的信心。可見，在作者的心中，這種信心並不受限於種族或社會地位的區別。換句話說，任何知道耶穌的人都可能生發這種信心。事實上，外邦大臣及「那門徒」，正是信徒產生信心的具體寫照。

第二，神蹟與講論之二元編排結構，並未出現在受難及復活的敘事經文中，所以在此我們沒有必要多加討論。第三，隨著敘事情節的發展，「那門徒」角色的重要性愈減。在整個受難復活的敘事中，他並沒有扮演重要的角色。大祭司對他的認識，不但沒有促使他逃跑，反倒讓他為彼得與自己開了一條路，使他們能夠跟隨耶穌到最後的時刻。第四，「那門徒」對約翰福音的聽者有深刻的意義。光從「那門徒」的稱謂，聽者就知道他是個特別的人物。他是「那」門徒，因為他的機智與勇敢不同凡響。但更重要的是，「那門徒」的信心與眾不同。也正因為如此，「那門徒」成為活潑信心的表率。

5. 省思與今日應用

耶穌的空墳及祂特殊的生命，為基督教刻畫了獨特的記號。「那門徒」也在基督信仰裏佔了一席特殊的地位。他在危難中大而無畏的勇氣，至今仍然向我們說話。當一些人還在為自己的生命懼怕，甚或為自己的營生愁煩時，「那門徒」鼓勵我們信靠神的掌權。如果神的掌權是絕對的，那麼在神美善的旨意之下，沒有任何事物可以傷害我們。「那門徒」的信心，教導今日信徒應該自由及全心信靠神的功課。惟有如此，今日信徒才有足夠的勇氣及力量，面對神擺在我們面前的任何挑戰。

「那門徒」不但教導我們信心的必要性，更為我們帶出信心本質的定義。現代主義的運動及現代學術的羣體，所注重的是常識的經驗及實驗的證據。他們帶出的福音以感官的觸摸為基礎；他們相信的方式正是真實信心的反面。雖然眼能看見，對古代的門徒極為重要，但眼所見的，卻不是衡量信心的尺度。「那門徒」教導我們，將信心的焦點放在神完全良善的計劃和祂兒子耶穌基督永遠常存的信實之上。「那門徒」的信心，通過了空墳的考驗。雖然世上無人能夠看見神，也無人能夠完全了解神藉著「道」帶出的信息，但信心補足了人的有限。信心使神的信息變為真實，也使人的軟弱變為完全。

猶大：他不生在世上倒好

1. 引言

猶大是人人所恨惡的壞傢伙。在英文的字彙裏，他是一個道地的叛徒。雖然猶大這個名字有極特殊的宗教意義，但因猶大的臭名，再也沒有父母願意為小孩取名為猶大。盼望本文能藉著約翰如何描述猶大之探討，帶出在這負面人物之背後欲傳達的信息。

如同其他三本福音書，猶大除了出賣耶穌以外，並沒有扮演任何重要的角色。對約翰來說，猶大是個令人窘困的人物。在福音書中，猶大的名字並不常出現。只有當受難臨近時，猶大的名字才直率地被提出來。他的名字好似為了被定罪而出場。然而，如以約翰用來描述壞人的字彙來看，在猶大的名字被明顯帶出的經文前後，猶大已隱約地出現在多處描述中。布朗認為約翰對猶大的敵意，較其他三本福音書的作者更深刻。[39] 因而，約翰筆下的猶大是所有福音書中最負面的肖像。

2. 由好牧人講論看猶大

在好牧人講論中，耶穌屢次將自己與宗教惡者作出強烈的對比。雖然本書其他部分，已經詳細地研究過耶穌及當時宗教領袖的角色，但猶大被隱約提及的可能性，卻鮮少成為研究的對象。如果我們視好牧人講論中的人物，為聖經人物的預表(type)，那麼好牧人講論中的強盜及賊（十1、8），也自然成為某些人物的預表。

顯然耶穌提到的強盜及賊，已在祂之先來到這世上。[40] 好牧人講論的經文，只帶出強盜及賊出現的時間先後，並未明確地指出這些人物的身分。而且好牧人講論中的強盜及賊，逐漸地由複數轉變為單數的形態。可見這類人包括已先來到的強盜及賊。在約翰福音中，除了宗教領袖以外，沒有其他任何人顯出意圖殺人的迹象（十一46ff.，十二10，十八3）。約翰對謀殺集團的描述（十二10）、猶大為賊的刻畫（十二6）、及巴拉巴為強盜的提及（十八40），並非巧合。在這些描述中，猶大屬於名存實亡卻仍具毒威的宗教勢力，並且他是此團體中的積極份子。猶大對耶穌的背叛，顯出他效忠之對象。他同情耶穌的敵人。無疑，他屬於宗教惡勢力這個羣體。對猶大的這種看法，並未違反這羣惡者在耶穌以先來到的前提（十8）。事實上，猶大完全地應驗了賊來為要偷竊及殺害的角色。因為他的背叛，羊羣四散。雖然，約翰試圖淡化這羣四散門徒的懦弱形象，但惟有神祕的「那門徒」在耶穌十字架下的景象，生動地描繪了門徒驚嚇奔逃的事實。約翰並未指明在耶穌以先來的強盜及賊為何人。但顯然，耶穌時代的宗教領袖及猶大承繼了他們邪惡的本質。[41] 同類的字彙，描述同類的人。因此，這些在耶穌以先來的強盜及賊，以企圖領導以色列人走上偏差道路的行為，成了猶大及宗教領袖之預表。不論在前或在後，這羣人都是神及以色列人的敵人。

如同本書其他文章對好牧人講論的觀察，在本文中，好牧人講論再一次顯出它多層面的意義。好牧人講論明顯直接地，針對第九章的宗教領袖發出無法逃脱的定罪。另外，好牧人講論也暗暗地預言耶穌即將面臨的受苦及釘死。在好牧人講論中，猶大即將扮演的角色，就是耶穌的背叛者。

3. 由真葡萄樹寓言看猶大

由真葡萄樹寓言（Vine Allegory）看猶大，鮮為聖經學者之研究進路。這個寓言常成為學者神學辯論的焦點。最迫在眉睫的討論，關乎葡萄樹的枝子是否得救的問題。到底「凡屬我不結果子的枝子，他就剪去」(十五2) 如何解釋，成為學者的熱烈議題。[42] 當釋經者將信徒視為枝子的一部分時，就面臨枝子是否得救的釋經挑戰。另外一個激發釋經者討論的論題，乃是真葡萄樹的寓言是否與舊約的背景有關 (詩八十8～9；賽二十七2～6；耶二21；結十九10～14) 。[43] 如果此寓言與舊約的背景有關，釋經者又應如何地將此背景應用在經文的時代中？惟有首先定義經文的文體，釋經者才能解決上述兩個問題。

由耶穌對真葡萄樹及枝子等的角色分配，我們可以穩當地將這段經文視為寓言的體裁。與舊約背景有無關連的研究，取決於此段經文應用範圍的限定。我們是否將此寓言，隨意地應用於各類信徒？或我們必須持守某些釋經原則，以帶出對寓言的明確了解？由上下文，可清楚看見真葡萄樹的寓言，屬於耶穌由十四章開始的講論之一部分。而「起來，我們走罷」(十四31b) 的經文彷似兩幕間的插曲。根據此節經文，耶穌與門徒在晚筵後離開用餐的地方。所以，我們可以大膽地推論，耶穌與門徒所經過的葡萄園，必定成為耶穌隨後講論真葡萄樹寓言的靈感來源。在此寓言中，背景與寓言的涵義沒有重要關連。事實上，此段經文並未描述任何背景情況。所以，將真葡萄樹的寓言視為約翰福音十四章講論的延續，是最佳的釋經方式。

舊約以葡萄樹比喻以色列的背景，是否與耶穌所講論的真葡萄樹寓言有關？此問題的答案，可由耶穌是否能與舊約的以色列平行比較尋得。換言之，耶穌是新以色列及真以色列嗎？如果舊約背景，是了解真葡萄樹寓言的考慮之一，那麼耶穌將無條件地成為真以色列的化身。在耶穌為新聖殿的研究中，我們已經強烈地觀察到耶穌為新以色列的暗示。在真葡萄樹寓言的經文中，也可以持相同的看法。可見，神學理論的應用，與使用的釋經方法有極大的關係。

任何使人信服的解答，必定周全地考慮前述的問題。既然本書以經文的仔細觀察為首要優先，真葡萄樹寓言的研究，也毫不例外地使用這前後一致的釋經方法。因此，真葡萄樹寓言的研究，將先觀察經文附近的上下文，以了解十五章2節之涵義。惟當正確了解此節經文之後，釋經者才能對更廣範圍之問題做出回應。

真葡萄樹寓言的上下文，是觀察此寓言的最佳著眼點。真葡萄樹寓言，屬於由耶穌為門徒洗腳開始的長篇講論之部分。許多學者認為，耶穌涵蓋十三章到十七章的長篇講論，是約翰湊集耶穌不同講論及事件而成的作品。[44] 因為這段長篇講論，不曾出現在其他三本福音書中。但這些學者並未提出任何具分量的理由，支持他們的論點。所以，按約翰本身的經文來了解約翰的信息，是讀者最能受益的讀經方法。任何與其他福音書協調(harmonization)的企圖，不但無助經文的了解，還可能製造出更多解經問題。

在探討真葡萄樹寓言上下經文(十三～十五章)之前，約翰在十五章1至8節描述中，已經獨立地刻畫出一連串戲劇性的敘事。寓言中的某些人物，極容易被認定。「我父」，「你們」及「我」就是三個最好的例子。「我父」是神，「你們」代表門徒，而「我」就是講話中的耶穌。在寓言中，我父是栽培的人。門徒是乾淨的枝子。耶穌是使枝子得生命及結果子的葡萄樹。了解整個真葡萄樹寓言的關鍵，在於對「凡屬我不結果子的枝子」

(十五2)之類別鑑定。在此寓言中，有結果子及不結果子的兩類枝子。不結果子的被剪去，而結果子的則被修理乾淨。[45] 在此，「乾淨」一詞乃類比的(analogical)用法。如同下文即將出現的經文一樣，耶穌所謂的「乾淨」並非指洗澡的乾淨。

在確定寓言中所指的人物為何之後，寓言的上下文是研究的下一步驟。講論真葡萄樹寓言的場合，必定與第十三章有某些程度的關連。明顯地，約翰刻意使用的「乾淨」一詞，也出現在耶穌為門徒洗腳的舉動中(十三10～11)。[46] 事實上，照字面的解釋，洗腳的結果就是得到潔淨。然而，耶穌親口說出的話語，為洗腳的舉動帶出非身體層面的意義(十三11)。「不都是乾淨的」一詞，與猶大這位背叛者有密切的關係。約翰福音十三章的情節結構，對於十五章2節的了解有極大幫助。與十五章2節一樣，十三章也以如同被剪下之枝子的猶大為敘事的開始。在猶大出場之後，約翰才詳述門徒對潔淨的需要。在耶穌為門徒洗腳的敘事中，約翰特別提起彼得的潔淨。約翰極有可能在此敘事中，已堅立了不久即將跌倒否認主的彼得。十三章30節的描述了猶大在夜間的離去。真葡萄樹寓言也以同樣的筆法，暗示了叛徒及不結果枝子的離去(十五2a、6)。如此看來，將猶大視為不乾淨枝子的預表是合理推論。不乾淨的枝子從未與耶穌有任何真實的生命關係。[47] 耶穌有屬祂自己的人(十三1)，但世界也愛跟隨它的人(十五19)。[48] 猶大如前文所述的是一個賊(十二6)。約翰以「賊」稱呼猶大，證明了他在屬靈上與耶穌的分離。彼得這位不完全的門徒，卻與耶穌有生命的關係，以至耶穌生命的除罪功效，遮蓋了彼得眾多過犯。

由上述的觀察，我們發現真葡萄樹的寓言，解釋了自十三章開始的一連串事件。十五章1至2節首先描繪長有各類枝子的葡萄樹。同樣，十三章以也以緊緊跟隨耶穌的門徒，開始了耶穌為門徒洗腳的敘事（十三1）。當然，猶大也夾雜在這羣門徒之中。其次，十五章2節顯示，並非所有連在葡萄樹上的枝子都是真正的耶穌跟隨者。在十三章2節中，約翰明明地指出這位非真正耶穌跟隨者的身分。他就是猶大。最後十五章2節下半段，讓我們看見會結果子的枝子，需要時常被修理乾淨。在以彼得為範例的敘事中，十三章6至10節為我們帶出凡經過耶穌洗腳的，都已得潔淨的結論。真葡萄樹寓言中的枝子在修理乾淨之後，就可以隨時結出果子。耶穌愛屬自己的人到底，這顆愛到底的心是約翰福音十三章的重要主題（十三1）。在真葡萄樹寓言的下文中，愛也是一個明顯的主題。耶穌的愛，激發了門徒順服的心志（十五9～13）。

當我們找到猶大在真葡萄樹寓言中的身分時，即刻面臨另外一個問題。十五章6節讓我們看見，人若不常在耶穌裏面，就像枝子丟在外面枯乾，人拾起來，扔在火裏燒了。那些被丟在外面枯乾的枝子，顯然是被剪去不結果子的枝子。為了使類比的使用合理，枝子必須先被砍下，然後才能扔在火裏燒。然而，這個類比是否代表凡背棄耶穌的人，都會遭受滅亡的命運？如果真是如此，那麼當彼得三次否認主耶穌時，他的生命正步向毀滅的道路。許多釋經學者在解釋十五章6節時，遭遇許多困難。在約翰福音註釋中，卡森首先以耶穌為真葡萄樹，後卻以真葡萄樹比喻當時的猶太領袖。如此說來，真葡萄樹不但是以色列，也是耶穌的敵對羣體。[49] 但真葡萄樹不可能同時代表耶穌，或以色列及其宗教領袖。如果這些被燒的枝子真如卡森所建議，代表以色列的宗教領袖，那麼這些葡萄枝子又如何可能常在耶穌裏？因此，如果寓言中的葡萄樹有雙重身分，那麼整個真葡萄樹的寓言就不解自散了。其實這個問題並不如想像的那麼困難。經文明確地指出，人若不常在耶穌裏面，就「像」被剪去扔在外面的枝子。「像」并不代表「相等」。「像」是一種類比的用法。所以，凡不常在耶穌裏的人，就會「像」被砍下並扔在外面的枝子一樣。到底，誤入歧途的信徒與猶大有何相似之處？再一次地，這個問題的答案必須由真葡萄樹寓言的上下文來尋找。猶大並未結出任何果子，他就像那被扔出外面的枝子一樣，除了當柴燒之外別無他用。不結果子的信徒，也是如此的無用。十四章的上文直接帶出十五章的經文。所以在十五章的解釋上，上文十四章的內容成為重要關鍵。安慰門徒的心是十四章的要旨。可見，十五章寓言的目的，不會與此要旨相離太遠。上下文的考慮，讓我們清楚看見，若以十五章（十五2a、6）視為對信徒的嚴厲警告，將產生許多嚴重的釋經問題。

在上述的人物研究之後，我們可以開始探討作者提及猶大的寫作用意。猶如好牧人講論，真葡萄樹的寓言不僅具有預表的功用，也有預言的性質。約翰在經文中不斷地強調耶穌的預知。他也在十五章6節指明猶大為信徒引以為誡的負面例子。中途離棄耶穌的門徒，未必遭遇與猶大相同的結局，但卻無可避免地有一些與猶大相同的特徵。

我們如何能將前述的討論，連貫為前後一致的信息呢？首先，由上述的經文探討，我們可以合理地指出，耶穌是新以色列及真以色列的結論。凡屬於這葡萄樹的枝子，也是真以色列的一部分。然而，未必所有嘗試連結於此葡萄樹的枝子，都是真以色列的一部分。這些枝子的終結，就是生命的毀滅。既然猶大的生命未曾與真以色列有所相連，他在真以色列中的夾雜終將顯露。因為他真正所屬的是假以色列的羣體，也是耶穌時代的宗教領袖階層。耶穌在好牧人講論中，清楚地定罪了這羣宗教領袖。如此，好牧人講論也隱含預先定了猶大的罪。其次，約翰藉著猶大這個人物，突顯耶穌對自己生命的完全掌控。雖然猶大的離開，好像主動自發，但十五章2及6節卻明白顯示，神才是猶大行動的終極發動者。這些觀察都與約翰強調耶穌全知及掌權的筆法一致。猶大這個人物的諷刺性，在於神竟使用他的邪惡來成就自己救贖世人的目的。依此來看，猶大並不是一個令人窘困的人物。相反地，他的出現，強調了神的能力及耶穌對萬事的掌權（十三11、18～30）。猶大是邪惡的化身。他的毀滅引進了善必勝惡的真理。

4. 猶大在上下文的角色

猶大是一個有信息的人物。雖然猶大的信息極為負面，我們仍應由整本福音書的上下文，探討猶大對我們的屬靈功課。第一，僅以前言與結語的表面觀察，我們很難發現猶大蹤影的存在。但經過深入探討，我們不難發現，猶大其實就是凡耶穌所代表之反面。就如耶穌充滿恩典與真理（一14），猶大充滿殘酷與謊言（十二6）。又如耶穌代表光與一切的美善，猶大則是代表黑暗與邪惡的十足反面人物。約翰特別指出，猶大在黑暗的夜裏離開耶穌。在約翰的筆下，夜間代表了雙重的涵義。夜間不但表示時間的深晚，更描繪了猶大所具有的黑暗人格（十三30）。在黑暗中出現的猶大，領了一隊兵和祭司長並法利賽人的差役，前來拘捕耶穌（十八3）。約翰對此情景的描述，與其他三卷福音書不甚相同。所有的福音書都記錄了拘捕團所佩帶的武器（太二十六47；可十四43；路二十二52），獨有約翰記錄了燈籠及火把的細節(十八3)。在約翰活潑的筆調之下，猶大邪惡的表現更栩栩如生。在結語的角度之下，猶大的痕迹處處可見。猶大的一舉一動，恰恰襯托出耶穌的全知。再一次地，我們看見耶穌的死早已為神所預定。耶穌對自己即將面臨的受難瞭如指掌。邪惡的勢力並未得勝。即使在耶穌受難的那一個日子，邪惡黑暗還是降服在光明美善的凱歌中。

第二，由約翰福音的編排結構來看，雖然在全書的前半段，猶大的真面目遲遲未現。但好牧人的講論，卻已讓敏感的讀者捕捉到他的影像。其實，猶大出賣耶穌的心意，在耶穌為門徒洗腳的敍事中已經明顯可見。約翰使用耶穌為門徒洗腳敍事中的字彙，寫下真葡萄樹的寓言。因此，我們可以毫不懷疑地相信，猶大是真葡萄樹寓言中不可缺的重要角色。由福音書的結構分析寓言的涵義，是解決寓言中可能有之神學問題的關鍵。

第三，由敍事文體角度之觀察，好牧人講論是引出真葡萄樹寓言的序文。相信作者在好牧人講論中，所使用的強盜及賊等字詞，與後文描述猶大是個賊，有極密切之關連。好牧人講論好像是一個轉接點，不但表示拉撒路是真屬於耶穌這位好牧人的羊，並且帶出與拉撒路同在耶穌受膏抹筵席中的猶大。由此可見，好牧人講論引發了耶穌與當時宗教領袖之間最後的直接抗爭。因為，猶大是這邪惡宗教羣體的積極參與者。由此，約翰繼續引導讀者進入真葡萄樹寓言的經文中。在受難經文前，最後一組的神蹟講論，就是好牧人講論及拉撒路復活敍事。這兩個最後的敍事及講論，不但在敍事結構上緊密相連，更在經文的解釋上互為軸心。

第四，社會歷史背景的思考，幫助我們了解約翰要他的信仰羣體，從猶大身上所學習的功課。首先，約翰要他的信仰羣體毫不懷疑地相信耶穌有超自然的全知能力。其次，約翰不讓猶大的跌倒，成為無解答的問題，而懸疑在眾人的腦海中。他更不容許猶大的跌倒，觸發人們對使徒人格品性及領袖權威的懷疑。第三，約翰鼓勵他的信仰羣體不與當時的宗教領袖認同。如果信徒屈服於他們的脅迫，而失足復歸猶太教，他們就成了離棄信仰的叛徒。最後，約翰要他的信仰羣體認知，信仰羣體中必然有猶大存在的事實。在舊約中，代表以色列的葡萄樹，在此時成為代表耶穌的真葡萄樹。在約翰信仰羣體中的基督徒，又代表了這位真葡萄樹的耶穌。在約翰福音中，耶穌將自己的使命與屬祂之人的使命相互比較（十七13～19）。既然，成為真以色列的耶穌都有壞枝子的連結，教會更不可能避免叛徒的存在。如同猶大列屬耶穌的十二門徒之中，約翰的信仰羣體亦有類似猶大的壞領袖夾雜其中。神所揀選的子民，不應被這不快的事實所震驚。約翰寫下真葡萄樹寓言的最終用意，乃是要警告信徒謹守自己的信仰生命，以防落入與猶大一樣既不潔淨又毫無果實的慘況中。

5. 省思與今日應用

猶大這個人物為我們帶出了極多可學習的功課。對一般的信徒來說，世上沒有任何事情會使我們的神感到驚訝，甚至我們在世上所遭遇的惡事，都為愛我們的神所深知。無論人或事的景況如何，基督徒必須毫無條件地信靠神。信徒更不應該因為少數的敗類領袖，而一竿子地打翻了所有教會領袖。每當猶大出現時，我們將看見另一位「耶穌所愛的門徒」之存在。雖然教會必須採取積極的防範措施，猶大這個壞例子卻不應成為阻攔信徒跟隨教會領袖的絆腳石。由教會的歷史，我們看見披上羊皮進行破壞教會工作的惡狼不斷出現。教會永遠有一兩個猶大存在，但神的事工卻不因此遭受毀壞。因為，宇宙萬事都在神的掌管之下。當信徒願意以這種觀點來接受現實時，信徒仰望的焦點不再是教會的領袖，而是創始成終的耶穌。對教會的領袖來說，猶大是他們最終的挑戰。猶大是每位教會領袖的警戒！每一個行事的動機是否能經過神的詳審，是每位教會領袖在神面前交帳時的考驗。

註釋：

1 Brown, *John*, p. 75; Morris, *John*, p. 158, n. 91 指出，此種有多重意義的名字用法，在約翰福音中出現十七次，馬太福音出現三次，路加福音出現兩次，而在馬可福音則只出現一次。

2 Brown, *John*, p. 812.

3 Brown, *John*, p. 812.

4 NIV 將 "οὖν" 譯為「這時」，雖不常見卻極為正確。如按常例將其譯為「所以」，則無法對經文作出正確的理解，因為在院子裏發生的事情，並未傳至耶穌受審的內屋中。中文〈和合本〉並未將此字譯出，因此讀者無法體會作者刻意使用此字，以帶出兩個事件並行發生的強烈對照。

5 C. S. Keener, *The Gospel of John* (Peabody: Hendrickson, 2003), p. 1184.

6 許多人認為「那門徒」在耶穌復活之後，完全明白耶穌在世時對自己即將受難與復活的教導。因此，許多人合理地推論「那門徒」就是約翰，或約翰福音的作者。

7 Morris, *John*, p. 834.

8 Keener, *John*, p. 1203.

9 Köstenberger, *The Mission of Jesus and the Disciples According to the Fourth Gospel* (Grand Rapids: Eerdmans, 1998). 在書中，作者指出耶穌差派門徒的主題及其重要性。彼得可說是證實該書觀點的最典型個案。如同神差派

耶穌，耶穌現在差派彼得。如同耶穌是牧人一樣，彼得現在也承擔了牧人的角色。有關門徒差派的簡明討論，參 Köstenberger, *Studies on John and Gender* (New York: Peter Lang, 2001), pp. 129～147。

10 例如 J. N. Sanders, "'Those Whom Jesus Loved' (John XI.5)," *NTS* 1 (1954/1955), pp. 29～41; deSilva, *Introduction*, p. 393 與 V. Eller, *The Beloved Disciple: His Name, His Story, His Thoughts* (Grand Rapids: Eerdmans, 1987), pp. 1～74; James Charlesworth, *The Beloved Disciple* (Valley Forge: Trinity, 1995), pp. 288～291，後者肯定地駁斥，拉撒路有可能為耶穌所愛的門徒之看法。有關作者約翰的討論，參 Craig L. Blomberg, *The Historical Reliability of John掇 Gospel* (Downers Grove: IVP, 2001), pp. 30～36。

11 Keener, *John*, p. 1091，基納反對「耶穌所愛的門徒」就是「那門徒」的可能性。他認為如果兩者真為同一人，那麼約翰應該會直接以「耶穌所愛的門徒」來稱呼「那門徒」，避免身分的混淆。因此，「耶穌所愛的門徒」雖為無名，但身分卻極為清楚。反觀「那門徒」在名字及身分上，在整本福音書中始終皆模糊地出現。

12 我仍然支持認為約翰是作者的傳統看法，但我更贊成包衡理解約翰「信息」的進路。將「耶穌所愛的門徒」視為約翰福音的「理想作者」(ideal author)，當屬最佳的選擇，因為他經由個人對基督的認識及其他方式，對於基督有最完整的觀察。參 Richard Bauckham, "The Beloved Disciple as Ideal Author," *JSNT* 49 (1993), pp. 21～44。

13 Morris, *John*, p. 625. 莫理斯認為上位在耶穌的左邊，而次位則在耶穌的右邊。此看法與布朗相異(Brown, *John*, p. 514)。布朗倒轉了門徒的座位，認為猶大坐在耶穌的左邊。然而，若由耶穌依慣例地用右手遞餅給猶大的角度來看，猶大坐在耶穌的右邊應屬較合理的看法。

14 Brown, *John*, p. 911. 極有意思地，在頁923至927中，布朗發現錫安山及夏娃女性象徵的平行對照。因此，耶穌的母親馬利亞成為教會的母親。雖然此論點毫無根據，卻為羅馬天主教所樂意接受。布朗對舊約經文的推理及使用極為引人，但始終沒有對經文的詮釋有任何肯定的結論。

15 Keener, *John*, pp. 1144～1145.

16 換句話說，他就是托爾米(Tolmie)所指的「可信的見證人」。參 Tolmie, *Jesus' Farewell*, p. 139。

17 J. A. Du Rand, *Johannese Perspektiewe* (Pretoria: Orion, 1990), pp. 73～80 認為，「耶穌所愛的門徒」是一位兼具象徵性及歷史性的人物。他的看法為我們提供了一個完美平衡的觀點。

18 相似的看法，參 Raimo Hakola, "A Character Resurrected: Lazarus in the

Fourth Gospel and Afterwards," *Characterization*, pp. 229ff.。

19 應該注意，十九章40節的「裹」耶穌身體一字，與十一章44節「裹」拉撒路手腳一字，是相同的用字。參 Heil, *Blood and Water: The Death and Resurrection of Jesus in John 18-21* (CBQMS, 27; Washington D.C.: CBQ, 1995), p. 115。

20 十二章24節的暗喻 (metaphor) 是支持這看法的證據。當一粒麥子落在地裏死了，就結出許多子粒來。這許多的子粒將在死亡及復活兩方面，跟隨耶穌的腳蹤行。這個說法為耶穌的死亡帶出了救恩的意義，並且引進了教會的涵義。如此說來，耶穌的受死與復活成為信徒屬靈生命的認同。參 Petra von Gemünden, *Vegetationsmetaphorik im Neuen Testament und seiner Umwelt* (NTOA 18; Göttingen: Vanderhoeck & Ruprecht, 1993), pp. 204～209。

21 Thatcher, *The Riddles*, p. 214 指出耶穌在十一章11及23節將拉撒路的死亡視為睡覺，是一種極具戲劇性的謎語，沒有任何人能夠提出答案。耶穌解釋當時情況的能力，以及祂提供答案的獨特方式，清楚顯明了祂的權威。耶穌不僅提供答案，祂的最後的死亡及復活，就是謎語的真正答案。

22 Morris, *John*, p. 559.

23 Keener, *John*, p. 866.

24 例如 Sanders, "'Those Whom Jesus Loved'(John XI.5)," pp. 29～41。

25 Wendy E. S. North, *The Lazarus Story within the Johannine Tradition* (Sheffield: Sheffield Academic Press, 2001), p. 50 似乎以耶穌對拉撒路的愛，解釋十五章13節「人為朋友捨命，人的愛心沒有比這個大的」之意義。事實上，這兩者之間毫無關連。若由站在一旁觀看之猶太人的評論來看，拉撒路故事中的愛，與耶穌捨命犧牲的愛並無關連。拉撒路的復活沒有任何贖罪的成分。

26 所愛的那位門徒 (二十2) 似乎是「那門徒」(二十8) 的同義字。傳統對於這兩位人物的身分看法十分正確。

27 抹大拉的馬利亞為可信靠並為人所知之見證人，在馬太及馬可兩福音的受難敍事中更顯清楚。明知抹大拉的馬利亞追隨耶穌至十字架，但在復活的敍事中，約翰仍不顯明她的身分。由此可見，約翰表現抹大拉的馬利亞在復活敍事中重要角色之用意。福音書的評論家試圖協調抹大拉的馬利亞獨自出現在墓旁，及福音書作者對她身分缺乏描述的關連。在敍事文體對人物刻畫的原則下，此種協調的作法不但無用，並且遠離了作者約翰的寫作用意。有關討論，參 Carson, *John*, pp. 636～637。

28 E. Hoskyns, *The Fourth Gospel* (ed. N. Davey; London: Faber and Faber, 1947), p. 540.

29 相反之意見，參 C. M. Conway, *Men and Women in the Fourth Gospel* (SBLDS 167; Atlanta: SBL, 1999), pp. 189～190，該書認為約翰所相信的內容，僅是馬利亞對空墳的證實。然而，我們如何能狹窄地將「相信」一字的正常使用範圍，限制於像接受空墳一樣的歷史事實？「相信」包含對耶穌所有教導的接受。約翰在故事情節中，一直以「看見」(seeing) 及「相信」(believing) 帶出不同信息。生來瞎眼者的故事就是好的例子。故事中的法利賽人雖有良好的視力，卻因缺乏信心，而無法相信耶穌 (約九35～41)。原本瞎眼的人雖無法親眼見耶穌，卻因耶穌所作的工而相信祂 (約九7、17、30～33、36、38)。如此說來，到底誰是真正能看見的人？約翰諷刺性地將這個問題呈現在他的聽者前。參 G. L. Borchert, *John 12-21* (NAC, Nashville: Broadman and Holman, 2002), p. 295。此書的作者以稍微不同的進路，帶出相同的洞見。

30 「那門徒」不在經文中出現，並不表示他沒有參與在這歷史事件中。這是作者將這人物從故事的情節中，刻意刪除的寫作策略。舉例來說，在七日的第一日所發生的歷史事件容許「那門徒」參與其中，但作者約翰既未提及，亦不強調他的在場。因為更重要的是，「那門徒」與多馬，甚或馬利亞及彼得之間的對照。

31 參 S. E. Porter et al (eds.), *Resurrection* (JSNTSup 186; Sheffield: Sheffield Academic Press, 1999)，此書說明作者約翰的真實關切。有關復活之希臘羅馬及猶太文化背景的徹底研究，參 N. T. Wright, *The Resurrection*, pp. 32～206。

32 約翰在描述拉撒路及耶穌復活的兩處經文中，使用不同的字彙形容包裹屍體的布及手巾 (約十一44，十九7)，差異驚人。在兩處經文的比較下，讀者將輕易看出約翰顯示耶穌復活為更大神蹟之用意。相似之看法，參 Carson, *John*, p. 637。

33 相似之看法，參 Morris, *John*, p. 833。有些學者認為這種說法只是推測之詞。即使如此，我認為這是一種極佳的推測。約翰的旁白絕非意外，也鮮少缺乏意義 (例如約二6，十九38～39)。如果空墳清楚分開放置的裹頭巾及細麻布是沒有意義的，約翰何必費力描寫呢？

34 耶穌不但叫拉撒路復活，祂自己就是復活，就是生命。祂的工作彰顯了祂的本質。拉撒路的復活預演了信徒末日的復活。隨後，耶穌親自展示復活的真義。在約翰的觀念中，兩復活事件是信徒末日復活的序言。馬大說：「我知道在末日復活的時候，他必復活。」(約十一24) 無疑地帶出了約翰的信仰。

35 顯然，我認為約翰福音二十章8節與9節彼此相關。由9節，我們看見所有門徒都還不完全明白聖經的意義，但「那門徒」卻選擇「相信」這上好的福分。

可見對約翰來說，完全明白聖經並非是信心最重要的元素。

36 相似看法，參 Heil, *Blood and Water*, pp. 143～144，但他沒有強調「那門徒」與多馬、馬利亞或彼得之間的人物對照。

37 相反看法，參 Morris, *John*, p. 834。此書作者以「那門徒」為「看見就信了」的榜樣。如果了解約翰以法利賽人的「看見」及生來瞎眼者的「看不見」為對照之敍事（約九35～41），讀者就能判斷莫理斯對此門徒的解釋並無立論根據。當約翰區分肉眼及非肉眼的看見時，其區分的定義並非由字彙決定的，乃須由故事的情節來了解。與其他門徒對照，「那門徒」並未親眼見復活主。所以「那門徒」看見的與其他人所看見的大有不同。

38 例如 J. Blank, Krisis: *Untersuchungen zur johanneischen Christologie und Eschatology* (Freiburg: Lambertus, 1964), p.191 及 Brown, *John*, p. 1057。

39 Brown, *John*, p. 453.

40 O'Day, *John*, p. 669. 奧戴認為耶穌在約翰福音其他經文中，亦正面地使用如亞伯拉罕及摩西等舊約人物。所以，顯然耶穌在此提及的假宗教領袖，乃指以西結書三十四章那羣受耶和華譴責的以色列牧人。奧戴的觀察為這段描述，作了最合理的解釋。

41 在這裏，我們遇見了一個伴隨神學問題而來的解經困難。十三章2節在希臘原文中，有兩個可能的意義。「魔鬼已將賣耶穌的意思，放在西門的兒子加略人猶大心裏」，可以解釋為魔鬼在猶大的心中決定了背叛耶穌的心意，或是魔鬼將背叛耶穌的心意放置在猶大的心中。基於上述猶大人人物刻畫的研究，後者的解釋較為合理。猶大邪惡的本質為魔鬼所利用，因而鼓勵了猶大對耶穌的最後背叛行動。在神學上的論點是，猶大的邪惡本質成為與魔鬼聯合的破口，因而產生了謀殺耶穌的行動。

42 C. H. Dodd, *The Interpretation of the Fourth Gospel* (Cambridge: Cambridge University Press, 1968), p. 244. 陶德（C. H. Dodd）認為，在這個與救恩模式有關的寓言中，耶穌具有代表門徒之首領（the representative head of the disciple）的身分。陶德使用「包含一切在內的代表」（inclusive representative）來描述耶穌的角色。Köstenberger, *John*, p. 452 也將猶大視為暗指或間接提及（allusion）的可能人選。

43 孫寶玲：《約翰福音文學註釋》，頁149；Petra von Gemünden, *Vegetationsmetaphorik*, pp. 164～168。

44 這方面的討論，參 Beasley-Murray, *John*, pp. 222～227; Brown, *John*, pp. 582～588; R. Schnackenburg, *The Gospel according to St. John* (vol. 3; New York: Crossroad, 1990), pp. 87～90。

45 請注意 NIV 將「乾淨」一詞譯為「修剪」（prune）。雖然 NIV 註明「修剪」有

「乾淨」之意義，然而此種譯法，忽略了希臘原文在十五章2至3節中，對「乾淨」一詞的反複強調。中文〈和合本〉對此詞的翻譯，在原文意義的表達上，顯得更加貼切。

46 Thatcher, *The Riddles*, pp. 215～218 正確地觀察出十三章10節有謎語的性質，但他卻未能進一步發現，隱藏在真葡萄樹寓言中的明確答案。

47 E. C. Hoskyns, *The Fourth Gospel*, p. 471. 此種看法也出現在下書中：Carson, *John*, p. 515。

48 Brown, *John*, p. 550.

49 Carson, *John*, p. 517.

第四章

不落人後的婦女信徒

使徒約翰在約翰福音中對人物的描述非常仔細豐富。他的筆下有各色各樣的人物，具有不同的社會地位、教育水準、性別、種族、立場、需要，甚至不同的性格等。約翰透過耶穌與這些人物的互動，呈現耶穌基督愛世人的心腸，也帶出人對耶穌的拒絕或接受。

約翰福音書中普遍呈現對婦女角色正面性的看法。約翰福音帶出在耶穌基督的信仰上，男女不因性別而有不同的地位。在耶穌基督裏，男女是平等的。由約翰對男女的對照描述，例如尼哥底母與撒瑪利亞婦人、伯大尼的馬利亞與賣耶穌的猶大，以及抹大拉的馬利亞與彼得等，可以看見約翰在信仰的屬靈生命層面，給與婦女更多的積極肯定。在女性地位顯然比男性地位低的時代中，約翰福音對婦女信徒的重視與肯定，顯然對基督信仰羣體是一個很重要的貢獻，並深具影響。

本文將探討約翰福音中有關婦女的經文，由約翰對耶穌基督與婦女的互動描述，觀察他如何透過對耶穌心意的了解，為婦女信徒在當時的新信仰羣體中定位。了解當時婦女在信仰羣體中的定位，有助今日信徒更明白耶穌基督對婦女在信仰上的肯定及教會各樣服事中的託付。

耶穌的母親馬利亞：從母親到門徒

1. 引言

「太初有道，道與神同在，道就是神。……那光是真光，照亮一切生在世上的人。……凡接待祂的，就是信祂名的人，祂就賜他們權柄，作神的兒女。……道成肉身，住在我們中間，充充滿滿的有恩典有真理。」以上這首頌讚詩出現在約翰福音的前言中，氣勢磅礡地顯明了神救贖計劃的奧祕。當時候滿足，神藉著一位蒙恩的女子成就了道成肉身的神蹟，神的兒子耶穌基督來到世上，為受陷在律法之下的人成就了救贖的恩典。這位為神大大使用的女子，就是耶穌的母親馬利亞。

耶穌的母親馬利亞以極特殊的方式出現在約翰福音之中。不像其他符類福音的作者，約翰沒有記錄馬利亞受聖靈懷孕的驚奇（路一28～38）、天使在伯利恆野地所宣告的大喜信息（路二8～14）或耶穌誕生後的逃難險歷（太二13～23）。在約翰的筆下，耶穌的母親出現在兩個重要的關鍵時刻，一個是耶穌在迦拿婚筵行頭一個神蹟時，另一個是耶穌身懸十架即將得榮耀時。另外，約翰在約翰福音中只以「耶穌的母親」稱呼馬利亞，更奇特的是，耶穌也只以「婦人」稱呼自己的母親。這些字詞的運用及寫作次序的編排，絕非偶然，乃是約翰為表達信息特意使用的寫作技巧。本文將以二章1至11節的迦拿婚筵，以及十九章26至27節耶穌將母親交託與「祂所愛的門徒」的記錄，作為觀察的重點。盼望由約翰寫作方式的剖析，我們能夠更明白馬利亞在約翰福音中的角色，以及約翰藉著她所表達的神學要義。

2. 新關係的開始

約翰以「第三日」的時間提示，作為迦拿婚筵敘事的開始，相當明顯地為讀者帶出了此段經文（二1～11）與上下文關連的用意。根據奧戴的觀察，約翰福音二章1節至五章47節是「你將要看見比這更大的事」（一51）的首先應驗。[1] 從迦拿婚筵的神蹟、聖殿的潔淨、與尼哥底母的重生討論、與撒瑪利亞婦人的活水之談，直到畢士大池邊醫好患病三十八年之人，整段經文彰顯了耶穌話語及行事的權威。人們對於耶穌的不同反應，也在信與不信的交替呈現中展現無遺。因此，這整段經文不但代表約翰福音的縮影，也適切地成為耶穌事工記錄的首要部分。約翰福音二章1至11節的迦拿婚筵，又是這首要部分的開始。因此，僅由約翰對於故事的編排次序，讀者就可以知道在迦拿婚筵所發生之事必定有極重要的意義。

「第三日」的計算基準為何，學者看法不一。也因著不同的看法，而對「第三日」有不同詮釋。例如卡森等學者認為，約翰在這段經文中仔細描述日子的順序，除了表示他是見證人之外，也帶出了經文中所隱含的創造觀。在卡森的推算下，迦拿婚筵水變酒的神蹟發生在第七日，也就是安息日，因此這段經文顯出了神創造的高峯。[2] 基納則認為，在整本約翰福音中，「三」及「第三」此二字，與「日」的一同出現，僅發生在此段經文中。因此，約翰刻意地記下「第三日」，乃是為了連繫這段經文及緊接的後段經文（二18～19），使兩段經文可以互相解釋。換言之，前段水變酒的神蹟，指向了後段三日復活的終極神蹟。

耶穌對於聖殿的潔淨，也必須以前段經文中為潔淨禮儀而預備的石缸來了解。[3] 另有學者認為，第一日是從腓力及拿但業被召開始，所以婚筵是在此事件之後的第三天舉行。因此，「第三日」的提及，讓讀者看見上文「你將要看見比這更大的事」之應許的快速成就。[4] 在一連串日期的描述之下，讀者並不容易從經文判斷「第三日」是與上文或下文有關。但由約翰對於這短短幾日所花的篇幅，我們知道約翰的主要重點並非日子的明確順序，而是在這些時日中所發生的事件。雖然日子難以推算，但卻為讀者帶出了幾種神學涵義的可能性。另外，約翰藉著日期的記錄，提醒讀者迦拿婚筵神蹟的歷史真實性，是不容我們忽略的重要用意。

在連續七天的婚筵慶祝傳統之下，迦拿的娶親筵席竟然出現了喜酒用盡的局面。當耶穌的母親知道酒缺乏時，她毫無猶豫地將問題帶到耶穌面前。雖然從經文中，我們看不出耶穌的母親是否對耶穌提出任何的要求。但由耶穌的回答，我們可以相信馬利亞的報告並非只是事實的陳述，而是必然有請求耶穌解決問題的要求。[5] 雖然有的學者認為，馬利亞的要求是期望耶穌藉著神蹟的行使，顯出彌賽亞的身分。[6] 大部分學者同意，馬利亞期待耶穌為這個困境提出一些解決辦法，因為馬利亞相信她可以倚賴耶穌的資源和能力。[7]

耶穌對於母親的回答，卻為讀者帶來了沒有預期的意外。首先，耶穌以「婦人」(γύναι) 稱呼祂的母親，已經讓人納悶。其次，祂又加上「我與你有甚麼相干，我的時候還沒有到」的回應，更叫人摸不著頭腦。在希臘文的使用中，「婦人」並非沒有禮貌、責罵、沒有感情或不尋常的稱呼方式。整本約翰福音，除了耶穌的母親之外，我們還看見耶穌稱呼撒瑪利亞婦人及抹大拉的馬利亞為「婦人」。但是耶穌稱呼自己的母親為「婦人」，卻是非比尋常的表現。[8] 因此，我們相信約翰對此稱呼的記錄，必然有另一層面的意義。霍斯金斯認為，耶穌稱呼母親為「婦人」，代表他們之間的一種新關係，那是在耶穌公開進入地上事工時才開始的。[9]「婦人」的稱呼，為耶穌及祂的母親畫上距離，使他們之間的肉身關係顯得黯淡。「婦人」一詞，為何影響了耶穌及祂母親的關係呢？第4節經文的下半段，在耶穌「我與你有甚麼相干」及「我的時候還沒有到」的回答中，為讀者提供了理解「婦人」稱呼之意義的基礎。耶穌為何與母親不相干？因為耶穌的「時候」尚未來到。約翰福音的「時候」代表了耶穌受難、死亡、復活及升天的時刻（七30，八20，十二23～27）。整本約翰福音書在「時候」這個重要主題的推展下，讓讀者迫真地體會「時候」的臨近。當然，這節經文的「時候」代表了耶穌以第一個神蹟開始地上事工，及祂榮耀最初顯現的重要時刻。第4節為我們帶出了下列的觀察。首先，耶穌藉著對母親的稱呼及有關「時候」的回答，宣告了祂在地上事工的開始。耶穌要馬利亞明瞭，當祂地上事工揭幕的時刻臨到時，他們之間門徒與主的關係，已經超越了母親與兒子的先前關係。當耶穌開始地上事工時，祂不再只是馬利亞的兒子，而是從天而降的神子，因此她與母親之間建立了一種新關係。其次，在這種新關係之下，我們看見耶穌將不再受母親權威的任何影響。祂的一切行事完全根據天父的旨意（五30，八29），而耶穌「時候」的來臨，也完全在天父的掌控中。

雖然耶穌的回答彷彿冷酷無情，但耶穌的母親卻逕自吩咐佣人遵照耶穌的命令行事（二5）。馬利亞的執著，是一種相信耶穌有能力解決問題的信心。因著母親常有的敏感之心，馬利亞似乎明白了耶穌回答的心意，而將行事的主權完全交在耶穌的手中。奧戴認為馬利亞這時的信心，就如埃及法老王對於約瑟行事能力的無條件信任（創四十一55）。耶穌的回答不但沒有削減她的信心，反而使她容讓耶穌有完全的自由。[10] 如同施洗約翰的「祂必興旺，我必衰微」，當神的時間臨到時，耶穌的母親順服地放下了自己的角色，成為耶穌的門徒。馬利亞無論在信心或行動上，都表現了主與門徒的新關係。

在迦拿婚筵的記載中，另有一處經文令我們好奇。約翰為何如此仔細地解釋石缸的數目、容量及用途呢（二6）？對於一個喜樂洋溢的婚筵，置於角落供人洗手的石缸，不但不顯眼，而且不值一提。根據了解，當時一般人所用的石缸，容量大約現今的二十或三十加侖。[11] 因此，六口石缸的水容量大約一百二十到一百八十加侖。約翰對於石缸的數目及容量特意寫實，乃是顯出水量的豐盛。石缸是為了猶太人的潔淨而預備的用途，更為耶穌水變酒的神蹟賦與了鮮活的意義。在石缸的仔細描述之下，約翰讓讀者看見了耶穌水變酒神蹟的豐盛。當代表猶太宗教傳統或習俗等舊有次序的石缸，無法及時解決人生命的需要時，耶穌以水變酒的神蹟為猶太人舊有的信仰加添了新的創造，並賦與了新的意義（一7；可二21～22）。[12]

在「管筵席者」及「佣人」的互動之間，在知道或不知道酒的來源之下，約翰帶出了門徒對耶穌的相信（二11）。雖然佣人知道酒的來源，但他們並沒有因此相信耶穌。而那管筵席的，只以自己舊日的想法推斷主人對於好酒的留藏。只有門徒，在耶穌行頭一個神蹟時看見了祂的榮耀，並且因此就信祂了。[13] 由約翰為迦拿婚筵及水變酒神蹟所下的結論，我們清楚地了解約翰記下此段經文的用意。耶穌身分及榮耀的顯現，是經文的主要焦點，也是整本約翰福音的首要主題。當耶穌在地上的事工揭幕時，耶穌以水變酒的頭一個神蹟，宣告祂來世上的使命，並且顯出祂包含恩典及真理的榮耀（一14），使門徒因此相信祂。這個主題將持續一貫地出現在約翰福音中，並在書中的榮耀篇及結語部分達到高峯（二十31）。[14] 耶穌的母親馬利亞及門徒等不同的人物，則扮演了圍繞主題並為主題帶出意義的重要角色。在耶穌與母親的互動對答中，我們看見了新關係的建立及新信仰時代的來臨。在神蹟之前，馬利亞對耶穌就有的信心，與門徒在神蹟之後相信耶穌的信心，同樣成為新信仰的惟一根基。正如11節所說的：「祂的門徒就信祂了」，耶穌的母親在此層面上，也成了耶穌的門徒。約翰在約翰福音中只以「耶穌的母親」稱呼馬利亞，可見他對於耶穌與母親關係的強調。反之，耶穌則以「婦人」稱呼自己的母親。[15] 約翰藉著不同稱呼的對照運用，帶出了耶穌與母親關係的轉變。由母親到門徒，並非一條易路。割捨肉身的血緣關係，更是令人心碎！但在約翰的筆下，我們沒有看見馬利亞的哀歎、眼淚或掙扎，約翰為我們描繪的馬利亞，充滿了交託、順服與信心的生命。因此，耶穌的母親馬利亞因著信心及順服的見證，也成了信徒學習的好榜樣。

3. 新家庭的形成

約翰對於身懸十架上的耶穌，將母親交託與「所愛的門徒」之描述（十九26～27），成為了所有福音書中的獨特之處。約翰為何獨特地記載了這段經文？他要表達的信息又是甚麼？在經文強調耶穌的母親或耶穌「所愛的門徒」的抉擇中，學者表達了不同的神學立場。在字面意義或象徵意義的詮釋下，學者之間的看法更有驚人的差異。但大部分的學者都同意，耶穌在十字架上交託母親的舉動有兩方面涵義。[16] 只以外表來說，我們看見了臨死前的耶穌對於母親需要的關切。在孝順年長的父母代表敬虔的文化之下，約翰以耶穌為祂的母親尋找一個新家庭的方式，表達了祂對母親的孝順。然而，再次由耶穌與母親及「所愛的門徒」之對話，我們看見了這交託行動更深層的涵義。雖然「婦人」的稱呼(十九26)仍然流露了耶穌在事工開始時，與母親之關係所畫下的距離，但耶穌在事工結束即將得榮耀時，卻藉著救恩的完成，彌補了這種距離的痛苦。因為完成救恩成為人類救世主的耶穌，不但在肉身需要的層面，更在屬靈意義的更大範圍內，可以永遠地照顧祂的母親。耶穌不但是馬利亞的救世主，也是全人類的救世主。在十字架下的馬利亞，再次以超越母親身分的門徒角色，接受了耶穌的交託與照顧。

其實，按照當時的傳統，耶穌理當將母親交託給自己的兄弟。但這些兄弟還不相信祂(七5)，因此耶穌將母親交託給祂「所愛的門徒」。由耶穌交託照顧責任的方式，我們看見了信徒之間的連結，超越肉身血緣關係之連結的重要神學意義。[17] 在「看你的兒子」及「看你的母親」之間(十九26～27)，一種母親及兒子的新關係形成，同時一種新的家庭也被建立。約翰在前言中，預先表明了接受耶穌的人將成為神兒女的應許(一12～13)。耶穌在完成地上的使命，並為世人成就救恩的計劃時，信徒由於同有一位天父及救主，而成為新的家庭。耶穌在十字架上對於母親的交託，使「所愛的門徒」及祂的母親不但實際成為一個家庭，更在屬靈的意義上，表彰了屬靈新家庭的形成。

關於這兩節經文的象徵性意義，學者看法差異頗大，尤其以天主教及基督教的看法更極端不同。天主教學者傾向強調耶穌母親角色的重要性，而基督教學者則注目在耶穌所愛門徒的意義之上。舉例來說，布朗認為約翰以創世記三章的背景來描述馬利亞(創三15)。因為她是彌賽亞的母親，所以在耶穌得榮耀的高峯時刻，她面臨了由代表撒但的蛇而來的衝突。因此，她必須出現在十字架的腳下，並且被交託於她將保護的後代，也是在未來持續與撒旦爭戰的彌賽亞跟隨者。在布朗的詮釋下，馬利亞不但是新的夏娃、新以色列的象徵，即教會的象徵，更成了教會或所有信徒的母親。[18] 雖然布朗也同意這兩節經文有新的家庭關係，並肯定了新家庭關係超越原有家庭關係的現實意義；但他極端的寓意解經方式，在過分強調馬利亞角色的偏差中，使經文的了解遠離了約翰福音的主旨。布朗的極端信仰理念，實在值得信徒謹慎再思。

在基督徒的學者中，奧戴進一步認為耶穌的母親馬利亞代表了耶穌地上事工從始至終的涵蓋，因為她同時出現在耶穌事工揭幕及落幕的兩個關鍵時刻。耶穌所愛的門徒則代表了因耶穌之死而獲得生命的信徒，這羣信徒將跟隨耶穌的腳蹤，活出耶穌生命的樣式。因此，當耶穌將母親交託給耶穌所愛的門徒時，耶穌將由耶穌的母親所代表的過去地上事工，與由耶穌所愛門徒所代表的信徒未來事工連結為一。[19] 在還有其他不同看法的衝擊下，讓我們再次把握約翰的敘事方式及寫作技巧，從中擷取最主要的經文涵義。[20] 當我們從整本約翰福音著手時，我們發現約翰的主要目的是要表現耶穌的身分、說明祂的使命，並帶出其中的重要涵義。在這個前提下，耶穌的母親出現在耶穌事工的開始及結束之時，其意義就極為清楚。因著「婦人」、「時候」及「石缸」的使用，約翰表達了耶穌為神子的身分，以及其為舊日信仰帶進新生命的使命。「頭一個神蹟」及「榮耀」的字詞，則預示了頭一個神蹟及最後一個神蹟與榮耀的關連。最後，「信」及「耶穌所愛的門徒」更宣告了屬靈新家庭的成員及形成基礎。

在耶穌的心目中，耶穌的母親早已是祂的門徒，因此祂在十字架上將馬利亞交託給祂所愛的門徒。當耶穌說「成了」這句最後遺言時，祂的母親與其他信徒一樣，因著耶穌的捨命犧牲獲得了永生的福分。然而在約翰的筆下，馬利亞永遠是耶穌肉身的母親。馬利亞的信靠順服，不但沒有使她成為耶穌事工的攔阻，反而讓她成為約翰表達重要信息的生動人物。在約翰福音的開頭，約翰對於馬利亞信心的刻畫，讓我們目睹了耶穌第一次的榮耀顯現。在約翰福音的結尾，約翰對於馬利亞順服的描繪，更讓我們看見了屬靈新家庭的形成。在眾多經文詮釋中，約翰的經文仍然清晰有力地傳達著它的信息。

4. 馬利亞在上下文的角色

耶穌的母親馬利亞因著作為耶穌母親的身分，而在眾門徒中顯得更為特別。雖然耶穌的母親只在約翰福音的兩處經文中明顯出現，但是她在經文中的角色，仍與福音書其他部分有重要的關連。當我們由釋經的四個角度來觀察時，約翰對耶穌母親的畫像將更活靈活現地呈現在讀者的眼前。首先，與前言及結語有關的第一個釋經角度，讓我們看見耶穌的母親與前言的關連。顯然，身為耶穌母親的馬利亞，在耶穌道成肉身的神蹟中，扮演了極重要的角色(一14)。馬利亞的順服，不但成就了神道成肉身的奧祕旨意，更使願意接待並相信耶穌之名的人，獲得權柄作神的兒女（一12）。馬利亞也因著信心，成為了神兒女的一份子，得享約翰在結語中所記的福分（二十31）。

在與二元結構有關的第二個釋經角度之下，我們看見了迦拿婚筵的意義，正中要點地解釋了耶穌在下文中潔淨聖殿的舉動（二13～22）。耶穌在潔淨聖殿之後，以殿喻己身，更是呼應了前文耶穌榮耀事工的本質描述。耶穌的母親及門徒的信心，也在二元結構的安排之下，對照了聖殿及宗教權勢的腐敗。

耶穌的母親出現在約翰福音的開頭及末了，顯示出約翰巧妙的寫作技巧。約翰將耶穌的母親，置於耶穌事工的開始及結束這兩個重要的時刻，除了表達重要信息的功能之外，也代表了他對耶穌母親的尊重。與敘事技巧有關的第三個釋經角度，讓我們看見在福音書的起頭，約翰藉著耶穌與母親關係的轉變，表現了耶穌的特殊身分，為祂在地上的事工揭開了序幕。而在末了，約翰再次藉著母親與兒子的關係，為耶穌在地上的事工帶出落幕的完成。但最後一次的母子關係，並非耶穌與祂母親的關係，而是耶穌所愛的門徒與祂母親的新關係。約翰藉著這新關係的形成，帶出了耶穌在十字架上為世人成就的救恩，不只是永生的賜予，還包含了信徒之間合一的真理。「頭一個神蹟」也在第三個釋經角度之下，成為了約翰福音中其他神蹟的典型。耶穌在頭一個神蹟所顯出的榮耀，逐漸在敘事的進展中顯明，直到耶穌走上十字架之時，達到了榮耀的巔峯。

與社會歷史背景有關的第四個釋經角度，讓我們看見了約翰為耶穌的母親呈現另一種畫像的寫作用意。耶穌的母親是當時為人熟知的人物。但在約翰福音中，約翰從未提及她的名字。約翰要他的信仰羣體，對於馬利亞的角色認識，由母親的角色提升至門徒的地位。馬利亞對當時信仰羣體的重要意義，不僅在於她與耶穌的肉身關係，更在於她與耶穌的屬靈關係。她對於耶穌的相信及順服是當時信徒的激勵。約翰沒有聖化耶穌母親的心意，也沒有提高耶穌母親地位的意圖。在耶穌及約翰的眼中，耶穌的母親是一位難能可貴的母親，因為她從耶穌的母親降卑至耶穌的門徒。但在這降卑的過程中，耶穌的母親卻被升高了，因為她得以與信徒同享那永恆豐盛的生命。

5. 省思與今日應用

在約翰筆下的馬利亞，既是耶穌的母親，又是耶穌的門徒。在這兩個角色的扮演上，馬利亞為今日信徒帶出了極為佳美的屬靈榜樣。

在母親的角色上，馬利亞讓我們學習割捨及順服的重要功課。雖然天下所有母親的兒女，並非也不可能是神子耶穌，但是母親在神面前順服的學習，卻與耶穌的母親馬利亞一樣不容易。神對每個兒女的帶領及計劃，未必與每位母親的心意相合，而這正成為母親是否順服天父的最佳考驗。兒女在作出全時間事奉神的決定中，往往讓我們看見了信徒母親的痛苦掙扎。在屬世觀與屬靈觀的掙扎中，信徒的母親必須學習割捨自己的喜好及私心，順服天父的計劃，使神對每位兒女的上好心意得以成就。耶穌的母親不但在神面前完全地割捨了與兒子的肉身關係，更在天父對耶穌的旨意上，表現了毫無保留的順服。耶穌的母親對於耶穌的割捨及神的順服，成為了所有信徒的榜樣。但對天下的信徒母親而言，因著感同身受的深刻體驗，耶穌的母親更成為她們生命中隨時的提醒與激勵。

在門徒的角色上，馬利亞也以她的信心及順服，成為今日信徒的典範。在迦拿的婚筵上，耶穌的母親對於耶穌的懇求顯出了信心。耶穌的母親對佣人的吩咐，更顯出了信心的堅持。耶穌的母親所表現的信心，是全然的交託。她沒有向耶穌要甚麼，也沒有告訴耶穌作甚麼，但她確信耶穌必然為她解決困境。她的信心在層面上高過耶穌的門徒，因為在耶穌行頭一個神蹟之前，馬利亞已經表現了信心。馬利亞信心的特質，是今日信徒可以追求的目標。當信徒能夠學習交託時，信徒的信心又向前邁進了一步。雖然在痛苦的十字架下，馬利亞仍然顯出信心。當耶穌將她交託給所愛的門徒時，她順服地跟隨那門徒回到家中。在十字架下，馬利亞及耶穌所愛的那門徒都靜默不言。他們沒有懷疑，沒有詢問，只在極度的哀痛中接受耶穌最後的指示。從母親到門徒，從婚筵到十字架下，兩千多年來，馬利亞的信心與順服仍然在向我們說話。

撒瑪利亞婦人：一位與過去告別的婦女

1. 引言

「井邊」是聖經讀者熟悉又喜愛的佈景，因為它常與婚姻的故事連結一起。在舊約中，亞伯拉罕的僕人在井邊為以撒尋妻（創二十四13～27），雅各也在井邊巧遇拉結（創二十九9～12），而摩西更不落人後地在井邊遇見米甸祭司的女兒西坡拉（出二16～21）。在這些有名的「井邊」故事中，「井邊」彷彿瀰漫了羅曼蒂克的氣氛，使久遠的聖經人物結為連理。如今，「井邊」再次出現在約翰的筆下。但這次的「井邊」故事，卻與令人興奮的婚姻無關。約翰福音的井邊故事，雖然有耶穌要水喝的要求，卻沒有撒瑪利亞婦人給水的舉動。倒是耶穌這位口渴者，在故事結束時，成為活水的賜予者，而使心靈飢渴的撒瑪利亞婦人得到滿足。約翰的井邊故事也沒有婚姻的連結，因為耶穌帶著獨特的神聖使命來到井邊，而井邊的撒瑪利亞婦人也結過五次婚。但婚姻的主題卻以不同的方式出現在這段故事中。古人美好的婚姻故事不再，我們看見的是婚姻的慘敗與苦果。神所設立的婚姻，何竟落到此種地步，只成為照出約翰筆下人物內心光景的寫作工具。約翰以「井邊」的佈景，藉著不同的構思，為我們帶出一段內容豐富又重要的對話。在主角人物耶穌及撒瑪利亞婦人的交鋒之下，耶穌向這位婦人啟示自己的身分，因而贏得她及許多撒瑪利亞城裏失落的靈魂。

約翰福音的「井邊」故事充滿了多種人物刻畫的文學技巧。在對照、誤解及反諷的表現下，約翰帶出了他所關心的神學主題。耶穌的身分、使命、敬拜的本質及信徒的見證等，都成為約翰在這段經文中的主要論題。本文將以約翰福音四章1至42節為思考的背景，盼望不但能從其中認識書中刻畫的撒瑪利亞婦人，更能深刻了解約翰欲表達的信仰真理。

2. 蒙神恩典的婦人

這段經文以「所以」(therefore, so)為開始，提醒讀者這段經文與上文的關連。在文中，我們發現「水」的象徵主題繼續進行(二6，三5，四10～15)，而耶穌在第三章與尼哥底母的對話，更在寫作的方式上與第四章形成強烈的對比。更緊鄰的經文是有關潔淨禮儀的辯論(三22～27)，而這辯論也成為名聲愈來愈高的耶穌離開猶太回到加利利的原因(四3)。在地理轉變的提示下，約翰將我們由猶太地帶至撒瑪利亞地。在第4節的經文中，約翰告訴我們耶穌「必須」經過撒瑪利亞。一般而言，由猶太往加利利，經過撒瑪利亞是一條最短及最好的路線。因此在緊急時，許多人會走這條路，然而由於撒瑪利亞人與猶太人之間的不和及敵意，許多猶太人在不趕路的情況下，寧願繞遠路而行。他們寧願跨過靠近耶利哥的約旦河，往上經外邦人的地，再由加利利的湖邊到達加利利地區。因為在第四章的經文中，我們看不見耶穌匆忙趕路的理由，因此約翰使用的「必須」一詞，極可能有地理因素以外的涵義。正如約翰常常使用「必須」一詞來描述耶穌的使命（三14，九4，十16，十二34，二十9），一般學者同意這節經文的「必須」與神的計劃或旨意有關。因此，耶穌在行使父神的計劃下，必須經過撒瑪利亞。[21]

父神差派耶穌經過撒瑪利亞，與這位婦人談話，因為祂深知這位婦人是屬祂的兒女。當耶穌來到撒瑪利亞的敍加城時，祂疲乏困倦就坐在井旁。在炙熱的午正時刻，道成肉身的耶穌也乾渴異常。[22] 當祂遇見獨自來打水的撒瑪利亞婦人時，祂主動地向她要水喝。撒瑪利亞婦人對於耶穌的要求甚感詫異，因為猶太人和撒瑪利亞人向來沒有來往（四9）。[23] 猶太人和撒瑪利亞人之間的衝突及敵意，根源於許久之前的歷史。[24] 因著彼此衝突，影響了相互的往來及彼此看待的觀點。由後面的經文（四27），我們看見門徒對於耶穌和一個婦人說話的希奇反應。因此，耶穌向撒瑪利亞婦人要水喝的舉動，打破了種族及性別的界限。[25] 撒瑪利亞婦人，不僅是一個被猶太人輕視的撒瑪利亞人，還是一個在當時社會居次等地位的女性。在約翰的筆下，她更是無名無姓。但是耶穌「必須」經過撒瑪利亞，在光天化日之下主動地開啟了與她的對談。反觀第三章的尼哥底母，一位男性的以色列「先生」、具有崇高地位的官，並曾經看過神蹟知道耶穌是由神那裏來作師傅的法利賽人，卻在黑夜裏暗地來見耶穌（三1、2、10）。[26] 在約翰強烈的對照下，我們看見耶穌主動尋找這位婦人的心意。祂走了一大段的路程，並且冒了不小危險，來到這位撒瑪利亞婦人打水的井邊。可見，天父尋找祂的兒女，與性別、宗教傳統、種族及個人的生活行為等外表無關。的確，耶穌是為世上的每一個人而道成肉身。不論是上層或下層、猶太人或外邦人、男性或女性，都可以蒙受神的恩典。約翰對於尼哥底母及撒瑪利亞婦人的對照，在尖銳又反諷的筆下，帶出不同人羣的需要，並神愛世人的心腸。

耶穌繼續地以日常的用語「活水」，帶出神的恩賜，並引起婦人對話的興趣。在「誤解」(misunderstanding) 的寫作技巧下，約翰運用婦人按字面意義所了解的活水，帶出耶穌所賜活水的象徵性意義。[27] 對於撒瑪利亞婦人來説，活水是新鮮又流動的水。她認為連她的祖先雅各，都必須挖一個深井才能夠得到水泉，難道耶穌比雅各還大嗎？雖然她可能認為耶穌只不過是一個誇大其詞的騙子罷了，但在約翰反諷的巧筆之下，撒瑪利亞婦人的錯誤卻成為正確的陳述。因為，耶穌誠然超越了雅各，祂比雅各還偉大。約翰以「井」字的運用，表現了耶穌所提及的活水與婦人所了解的活水有何等不同。耶穌在談論生命的水，而婦人卻在想那比井底靜止不動的水更好的活水，即新鮮又流動的水泉。前面的「井」字 (πηγή，四6) 及後面的「井」字 (φρέαρ，四11～12)，在〈七十士譯本〉中的用法並沒有太大的區別，但前者較類似水泉，後者則類似池水。可能在前面談及「井」的水時，雅各井代表了新鮮流動的水泉，但當對話轉置耶穌的活水主題時，耶穌就成為了鮮活的水泉，因為在相對地比較之下，雅各井鮮美良質的水也只不過像普通的池水一般。[28] 在雅各及耶穌，井水及活水的交替對照之下，約翰為我們描繪了耶穌超越舊約先祖身分的畫像。那麼，耶穌主動要賜給撒瑪利亞婦人的活水是哪種水呢？這種活水又從何而來？蒙神恩典的撒瑪利亞婦人，是否願意接受活水的賜予呢？

在撒瑪利亞婦人的懷疑之下，耶穌向她宣告「人若喝我所賜的水就永遠不渴，我所賜的水，要在他裏頭成為泉源，只湧到永生」(四14)。婦人在欣喜之下，想到再也不用來這麼遠打水，立即向耶穌要求活水的供應。顯然，撒瑪利亞婦人還是不明白耶穌的活水所代表的真意。[29] 耶穌所賜活水的獨特性，可從水的解渴程度來看。雅各井的水只能暫時解人之渴，但耶穌的活水卻使人永遠不渴。耶穌所指的「渴」，也有象徵性的涵義。此「渴」並非對自然水源的渴望，乃是對神及永恆生命的渴望。這種乾渴的滿足，必須經由聖靈的澆灌才得以完全。[30] 耶穌的「活水」，與聖靈的活動有關連(七38～39)，[31] 因為耶穌在此段經文與撒瑪利亞婦人談論新生命的給與，而新生命明顯與聖靈有密不可分的關係。耶穌曾說「我是生命的糧」(六35)，但祂卻從未說過祂是生命的活水，因為活水象徵聖靈，是耶穌得榮耀升天之後才差派下來與信徒同住的。[32] 另外，「湧到」一詞描述跳躍一般的行動。約翰用「湧到」[33] 來形容水的行動，只出現在這節經文中。在〈七十士譯本〉中，同一詞被用來形容神的靈降臨在參孫、掃羅及大衛的情況。綜合以上的觀察，耶穌將賜予撒瑪利亞婦人的活水，就是神的靈。[34] 活水的接受使人不再渴，因為在信徒裏面活潑有力的聖靈，為信徒帶出了永生(一4，三15)。耶穌所賜的並非靜止不動，沉寂無力的一般用水，乃是活潑豐盛，又有力的聖靈。在信徒裏面的聖靈，就是一個憑據。[35] 顯然，在這談話的階段中，撒瑪利亞婦人還是不明白耶穌所賜的活水為何，但因她是蒙神恩典的婦人，耶穌為了她「必須」經過撒瑪利亞，所以，在下一階段轉變話題的交談中，撒瑪利亞婦人將驚訝地發現耶穌的真實身分。對撒瑪利亞婦人來說，活水能夠使她的生命不再乾渴，因此這位帶來活水的耶穌就極可能是賜予生命的彌賽亞。難怪她會傳揚「莫非這就是基督嗎？」的重要信息。她留下水罐子，往城裏去作見證的行動，更讓我們看見，打水的罐子已經不再是她生活中的首要優先了（四28）。[36]

3. 心靈飢渴的婦人

雖然撒瑪利亞婦人在談話中對耶穌的認識稍有進步，但她僅由耶穌是猶太人的身分，跨越到耶穌是「先生」的地步（四15）。她對活水的真意，也在她向耶穌要求活水的理由中，顯出她的模糊不解。在耶穌嘗試讓撒瑪利亞婦人了解祂討論涵義的努力中，耶穌轉變了祂的話題。祂直搗撒瑪利亞婦人的內心，請她去叫她的丈夫到耶穌這裏來（四16）。撒瑪利亞婦人在不願談及自己婚姻生活的情況之下，簡單地以「我沒有丈夫」的答案，迴避了問題的繼續討論。耶穌卻將她曾經有過五個丈夫，及現在所同住的並不是自己丈夫的窘境完全掀開（四18）。耶穌對於撒瑪利亞婦人過去的全知，使撒瑪利亞婦人在震驚中，進一步認識了耶穌的身分。在撒瑪利亞婦人的眼中，耶穌已經由猶太人、先生、進展到先知的身分（四19）。撒瑪利亞人對於先知的了解，與猶太人的略有不同。他們認為在摩西之後，只有一個先知，是所謂的 *Taheb*，也是舊約聖經中所應許的彌賽亞人物。如果在第一個及第二個摩西之間，不可能有其他的先知，那麼稱耶穌為先知，就是稱祂為「那先知」（The Prophet）。[37] 因此，撒瑪利亞婦人距離耶穌是基督的推論已經不再遙遠。[38]

一個曾經有過五個丈夫的女人，並且現在同住的不是自己的丈夫。無論在猶太人或撒瑪利亞人的觀念之下，這種女人都難逃別人對她不道德生活的判斷。[39] 難怪她要在午正單獨來到井邊打水。為了逃避旁人對她的批評，這位被社會隔離的羞愧婦人，不得不在炙烤的熱陽之下前來井邊打取生活不可或缺之用水。由這位婦人的道德生活來看，耶穌顯然在突破種族及性別的界限之後，又突破了道德行為方面的界限。因為凡熟知聖經教導的猶太人，都知道不能與社會中的罪人有任何的接觸(詩一1；箴十三20，二十八7等)，何況是猶太人的教師，更不能不在這方面以身作則。但是耶穌在全知撒瑪利亞人婦人過去的光景之下，仍然與她對談。耶穌一方面顯出了引導婦人正確談話方向的熱誠，另一方面也顯出祂對撒瑪利亞婦人過去的全然接受。對旁人來說，撒瑪利亞婦人是一位生活極為不道德的女子，但對耶穌來說，撒瑪利亞婦人是一位與社會隔離、心靈空虛，也急需活水滿足飢渴的婦人。細心的讀者必然發現，在此段經文中不論是耶穌或約翰，都未對撒瑪利亞婦人的道德生活作出評斷。因為在當時的文化中，除了極少數的例外，只有丈夫可以休妻，因此婦女離婚的原因不見得與不道德的行為有關。[40] 另外，當時婦女在法律上的權利，只能經由男性取得，或許這解釋了她為何現在與一個不是自己丈夫的男人同居的原因。如此，倘若讀者以撒瑪利亞婦人的婚姻歷史評判她的道德生活，那麼讀者可能將一位受害者冤屈為放蕩的婦女。由情節的設計及敍事的發展，我們發現約翰寫這段經文的目的，不在評判撒瑪利亞婦人的道德行為，乃是為使耶穌與她的對話能夠持續進展。[41] 當然，除了引導對話的用意之外，讀者也能夠由這段關乎個人私生活的談論中，發現撒瑪利亞婦人心靈的飢渴，因為一個必須在午正來打水，又被社會所誤解及疏離的婦女，在心靈上絕對無法得到滿足。而耶穌不論斷她的過去，卻體恤她內心的需要，想盡辦法領她進入信仰的恩慈及耐心，更顯明了耶穌來到世上拯救罪人的神聖使命。

撒瑪利亞婦人雖然不像尼哥底母一樣受過高等的教育，也沒有顯著的社會地位，但她卻對信仰有極強的興趣、敏銳的洞察力及開通的討論能力。在尼哥底母領悟力遲鈍，及對話能力薄弱的對照之下，撒瑪利亞婦人對信仰的談話更顯直接及正中要點。當她發現耶穌是先知時，她馬上提出了猶太人與撒瑪利亞人爭論的神學觀（四20）。根據申命記十二章5節，猶太人及撒瑪利亞人都同意神要他們尋找一個地方來敬拜祂。但在這個權威啟示之下，猶太人及撒瑪利亞人卻有不同的結論。猶太人選擇了耶路撒冷，而撒瑪利亞人則選擇了基利心山。[42] 當撒瑪利亞婦人提出禮拜地點的問題時，耶穌以與救恩及敬拜有關的回答為這段對話帶出高潮。耶穌的答案可以分為三部分。首先，祂宣告耶路撒冷的聖殿及基利心山這兩個敬拜場所，都將成為過去和無用。其次，耶穌堅持救恩是從猶太人出來的。[43] 最後，耶穌為敬拜的本質作出了解釋。有關敬拜場所的宣告，持續了二章耶穌對於聖殿的討論。「時候將到，如今就是了」（四21、23）的提示，讓我們看到「時候」的主題又出現在這段經文中。彌賽亞已經到了，但在不久的未來將要得榮耀，時間的張力再次呈現在讀者面前，讓讀者感受到一種危機的意識及新事即將發生的引頸。如同在二章耶穌以聖殿比喻己身（二19），當時候到了，耶穌得榮耀之後，耶穌將為世人引進一種新的敬拜制度及方式。這種新的敬拜方式，將使敬拜的地點不再具有任何的意義，因此耶穌說：「時候將到，你們拜父，也不在這山上，也不在耶路撒冷。」(四21) 耶穌為人類帶來的救恩，將化解猶太人及撒瑪利亞人之間的仇恨，他們不再堅持過去各自地方的敬拜，而以耶穌所提的新方式用心靈和誠實拜父 (四23) 。為甚麼信徒要用心靈和誠實敬拜神？因為神是個靈 (四24) 。學者對於「心靈」的敬拜有不同的解釋。有的學者認為此處的心靈是指人的靈。[44] 有的學者卻同意此處的「心靈」是指神的靈，因為24節的「神是個靈」是解釋「用心靈和誠實拜祂」的重要關鍵。當耶穌討論敬拜的時候，祂並不在對照外表或內心的敬拜方式，祂關切的不是一個人是否以自己內在的靈來敬拜父神，因為祂在敬拜本質的討論前後，極為清楚的帶出神是靈的教導。同一個介系詞 (in) 又掌控了心靈與誠實兩個名詞，因此心靈與誠實並不是敬拜的兩個不同特性，[45] 他們同屬敬拜不可分割的本質。[46] 約翰在約翰福音書中，也常將真理與靈連結在一起 (十四17，十五26，十六13) ，因為獨有靈可以啟示真理，並叫人回想起耶穌所說的一切話 (十四6、26，十六13～15) 。難怪，布朗認為「心靈和誠實」可以等同於「真理的聖靈」。[47]

總結來說，約翰以「耶路撒冷和基利心山的敬拜」對照「心靈和誠實的敬拜」的二元寫作方式 (dualism) ，帶出耶穌取代聖殿的身分。耶穌所賜的聖靈，不但使人超越肉體的層次，更為信徒帶來取代舊有聖殿的新敬拜方式。惟獨具有聖靈，從上頭而生，又了解真理的信徒，才有可能以聖靈及聖靈所啟示的真理敬拜父神。[48] 在此，我們看見耶穌有關敬拜本質的討論，與前面活水的主題再次連結一起。象徵聖靈的活水，將在信徒裏頭成為泉源，直湧到永生。這活潑的生命泉源，正是信徒敬拜父神不可或缺的重要本質。活水將滿足心靈飢渴的撒瑪利亞婦人，也將使撒瑪利亞婦人成為滿足天父的真實敬拜者。

4. 勇於見證的婦人

在耶穌對於撒瑪利亞婦人過去的揭曉，及敬拜本質的討論之後，撒瑪利亞婦人顯然想到耶穌與彌賽亞的可能關連。[49]耶穌在撒瑪利亞婦人已經緊靠信仰邊緣的重要時刻，向她顯明了自己彌賽亞的身分。約翰的寫作編排，在耶穌身分的啟示之下，再一次為此段經文帶出另一個高峯。如獲至寶的撒瑪利亞婦人立刻留下水罐子，往城裏去，對眾人說：「你們來看，有一個人將我素來所行的一切事，都給我說出來了，莫非這就是基督嗎？」(四28～29) 約翰沒有告訴我們婦人為甚麼丟下水罐子，但是打取生活所需的用水，顯然不再是她最優先的關切，而耶穌所賜的活水泉源，也同時使得水罐子顯得毫無用處。耶穌與撒瑪利亞婦人最後一段的對話 (四16～26) ，顯然震動了婦人的心靈深處，以至於她能夠擺脫過去的羞恥，並忘卻社會對她的歧視，勇敢地走向人羣。她傳福音的熱忱令人訝異，為了見證耶穌的偉大，她不忌諱提出她的素來所行，以帶出耶穌為基督的身分。她對眾人的邀請「你們來看」，與第一章的腓力前後呼應 (一46) ，因此她與腓力一樣，成為耶穌見證人的典範。[50] 雖然撒瑪利亞婦人的信心，在此階段仍顯不完全，但一個生命驟然改變的初信者，卻因生命的奇妙表現及對福音的深度熱誠，而使得好些撒瑪利亞人信了耶穌 (四39) 。由約翰對於撒瑪利亞婦人勇於作見證的描述，我們看見約翰對於婦女信徒為耶穌作見證的價值肯定。婦女的見證，在當時的文化不被肯定，也無甚價值，但約翰的紀錄顯示了基督信仰超越性別界限的寶貴特性。在顯示耶穌是基督身分的同時，約翰也為讀者帶出他平等的門徒觀。事實上，在約翰福音中，婦女門徒常常較十二門徒更有信心 (六70～71，十六32，十九25～27) 。

因為婦人的見證，好些撒瑪利亞人信了耶穌。就像拿但業一樣，撒瑪利亞人起初的信心也是基於他人的見證之上。對於初信者而言，此種信心的建立是可以接受的（十五26～27，十七20，二十30～31），但信徒的信心卻不可只根基於他人的信仰見證。當撒瑪利亞人來見耶穌，並與耶穌同住兩天之後，因耶穌的話，而信耶穌的人就更多了（四40～41）。健全的信心，須由他人的見證轉變為親自對主耶穌的經歷與認識。[51] 這些相信耶穌的撒瑪利亞人，為信心的成長提供了最佳例子。他們不但因著婦人的見證相信耶穌是基督，更因著自己對耶穌話語的認識而真正知道耶穌是救世主（四42）。雖然信徒必須將信仰的根基建立在自己與主的關係之上，但是他人的見證仍然十分重要。如果沒有撒瑪利亞婦人的見證，這些相信的撒瑪利亞人不會來到耶穌的面前。因此這段經文一方面證實撒瑪利亞婦人的見證，另一方面也肯定了信徒作見證的重要性。[52]

撒瑪利亞婦人為這段經文作出了不少的貢獻，她與耶穌的談論，為我們帶出了耶穌超越舊約先祖雅各的身分，也讓我們預期了活水的賜福，更叫我們體會了敬拜的真諦。然而在諸多的啟示中，尤以耶穌是基督的自我宣告，及撒瑪利亞人對耶穌是救世主的認識最顯寶貴。耶穌向撒瑪利亞婦人啟示自己是基督的身分。可見，在有智慧和地位的尼哥底母面前隱藏的，卻在撒瑪利亞婦人面前成為顯然。當文士及法利賽人站在一旁時，被他們輕視的撒瑪利亞人卻湧入了神的國度。再次，我們看見耶穌基督的救恩，不被種族、性別、社會地位、宗教背景、教育背景及過去的生活行為所限制。只要願意來到神面前，無論何種人都可以憑信心支取神的恩賜，享受活水泉源所湧出的永生。救世主的稱號，在此段經文的出現更是合宜。比斯利－

默理認為撒瑪利亞人對於耶穌是救世主的認信，是小人物具有大眼光的表現。[53] 尤有甚者，綜觀所有福音書，救世主的稱號也只出現這一次。在耶穌第一個跨文化的傳福音使命中，撒瑪利亞人給與耶穌的稱號，適切地帶出了耶穌來到世上的使命，也為三章16至17節提供了最佳的註釋。可見，撒瑪利亞人對於耶穌的認識，超越了世人對於救世主的觀念。他們離開原本對於羅馬皇帝的忠誠，而轉向對於人類真實救世主的敬拜。[54]

約翰的文學技巧在四章的經文中表現無遺。但使這段經文顯得突出的不僅是它的文學價值，更在於它所帶出的經文信息。撒瑪利亞婦人是一個毫不起眼的低層社會婦女，一個被猶太人鄙視的族類，一個無法在感情上得到滿足的可憐人物，卻使耶穌「必須」經過撒瑪利亞。撒瑪利亞婦人是一個外表軟弱但談話銳利的婦女，[55] 在耶穌「必須」的使命下，成了耶穌收割的對象。撒瑪利亞婦人是一個心靈重獲自由的人，揮灑地告別了過去，在無人可擋的熱誠中，為耶穌基督作了佳美的見證。因為她，好些撒瑪利亞城的人相信耶穌。因為她，更多的撒瑪利亞人遇見耶穌並聆聽祂的話語。耶穌收割的一個靈魂，以作見證與耶穌同工，使耶穌得到滿城的豐收。反觀跟隨耶穌來到撒瑪利亞的門徒，除了在城裏為耶穌買些食物之外，卻在滿城失落靈魂的收割事工上毫無參與。在這段經文中，約翰對於撒瑪利亞婦人的刻畫，使我們對門徒的表現愕然。三章的尼哥底母，更叫人失望。他的性別、學識、地位及宗教訓練，似乎未能幫助他有更敏銳的洞察力。對照生命改變又熱心傳福音的撒瑪利亞婦人，困惑的尼哥底母只能靜默地消失在黑夜中。這是何等諷刺的畫面！這又何嘗不是耶路撒冷宗教權勢，與撒瑪利亞一介平民之間的真實寫照嗎？

「凡接待他的，就是信他名的人，他就賜他們權柄，作神的兒女。」(一12) 約翰筆下的撒瑪利亞婦人，就是這節經文的最佳代表。耶穌為了撒瑪利亞婦人，突破了種族、性別及道德行為的界限。在耶穌的耐心引導之下，撒瑪利亞婦人也突破了種族、性別及道德行為的界限，成為神的兒女。約翰筆下的撒瑪利亞婦人何其蒙福，因為她雖然心靈飢渴，卻因神恩典的蒙受，成為勇於為耶穌作見證的女性門徒。

5. 撒瑪利亞婦人在上下文的角色

約翰福音四章有關撒瑪利亞婦人與耶穌對話的敘事，清楚地表現了四個釋經角度的功用。因著約翰絕佳的寫作技巧，這段敘事成為以四個釋經角度詮釋經文的優良範本。在第一個釋經角度之下，撒瑪利亞婦人的信心與前言及結語有密不可分的關係。撒瑪利亞婦人因信成為神的兒女 (一12) ，她不再是從血氣、情慾或人意生的，她乃是從神生的。她沒有看見任何的神蹟，但因信耶穌基督是神的兒子，她得到了永恆生命的福分 (二十31) 。當她接受由光而來的生命時，她如同施洗約翰一樣，成為了光的見證人 (一8) 。因她為光所作的見證，眾人相信了耶穌 (一7) 。撒瑪利亞婦人本屬黑暗世界之人，但在耶穌充滿恩典與真理的榮光引導下，她成了光明國度的子民與精兵。[56]

在約翰福音全書的綱要中，[57] 我們清楚地看見撒瑪利亞婦人這段故事，與二章的第一個神蹟同屬神蹟／講論的二元編排結構。在耶穌以水變酒的第一個神蹟之下，約翰以耶穌是新的聖殿 (二13～25) 、耶穌帶來新的生命 (三1～21) 及耶穌顯明新的身分 (四1～45) ，為神蹟帶出了有關「新的次序」的教導。四章撒瑪利亞婦人與耶穌的井邊對話，在第一個神蹟教導中的重要性，可由耶穌所發出的第一個「我是」宣告清楚看見。當耶穌宣告「我是彌賽亞」時，耶穌讓世人看見，祂就是那位在父懷裏的獨生子，惟有祂將從來沒有人看見的神表明出來（一18）。在以水變酒及潔淨聖殿的行動中，我們看見了猶太傳統即將過去，及新的次序即將展現的暗示。耶穌在三章與四章分別與尼哥底母及撒瑪利亞婦人的對話，更是帶出了新次序即將引進的新生命。而能夠使新次序及新生命完全實現的，就是耶穌這位「彌賽亞」（四2～26）。

在潔淨聖殿、與尼哥底母論重生及與撒瑪利亞婦人論活水的神蹟教導中，又以尼哥底母及撒瑪利亞婦人的對照最顯獨特。約翰對於寫作技巧的刻意設計，使得這兩段敍事在並列的觀察下，更顯出生動的人物刻畫，及令人無法忘懷的重要信息。一方面，約翰由撒瑪利亞婦人與尼哥底母的對照，反諷世人對於耶穌的不同回應。一個社會地位、教育水準及道德生活都與尼哥底母相差甚遠的撒瑪利亞婦人，竟然因為認識耶穌基督而成為生命全然改變的蒙恩婦女。反觀身為神子民又具有崇高地位的尼哥底母卻因為不信，仍然在黑暗中。另一方面，約翰也藉著撒瑪利亞婦人與尼哥底母在各方面的差異，帶出耶穌對世人無條件的愛。耶穌愛尼哥底母，也愛撒瑪利亞婦人。耶穌的愛並不因種族、性別、地位、教育水準及道德生活表現而有所區別。當人願意以信心回應耶穌沒有限制的愛時，就擁有耶穌所賜的活水，而這活水將使信主之人的生命永遠不再乾渴。

由第三個與敍事情節有關的釋經角度，我們看見了這段經文與約翰福音全書的關係。在故事的一開始，約翰就使用「井」及「水」的日常生活圖像（image），帶出水的主題。在井水與活水的交替討論中，約翰前呼了從二章就開始的重要主題（二6，三5），並且後應了接續的多處經文（五2～7，七37～39，九7～12，十三5、14）。「時候」的提及，使讀者無法忘記貫穿約翰福音全書這個重要的時間經緯。心靈與真理的敬拜，也與「恩典和真理，都是由耶穌基督來的」（一17），及約翰在十四章和十六章對於聖靈的深入討論有明顯的關連。有關耶路撒冷或基利心山的敬拜地點討論，在第二章耶穌以殿比喻己身的背景之下，更顯明白。最有意思的是，讀者若要真正得知「活水」的答案，必須耐心等候到七章才得以揭曉（七37～39）。當然，耶穌是彌賽亞及救世主的啟示，更是約翰福音的核心主題及首要寫作目的。

第四個與社會及歷史背景有關的釋經角度，讓我們清楚地看見撒瑪利亞婦人的故事，對當時讀者所帶來的深切涵義。對於起初由多數猶太人組成的信仰羣體，撒瑪利亞婦人的故事更顯貼切與實際。身為神的子民，在認知救恩是從猶太人出來的光榮之下，更須謙卑地接受耶穌基督的信仰本質。耶穌是救世主，祂的救恩乃是為全世界的人所預備。雖然神以揀選以色列人為啟示自己的開始，但祂終極的目的乃為救贖全世界失喪的靈魂。約翰時代的信徒，必須像救世主耶穌基督一樣，突破種族、性別、地位、教育背景及生活表現等各種外在因素，以將神愛世人的福音傳給與他們全然不同的人羣。

6. 省思與今日應用

撒瑪利亞婦人的故事，為今日信徒帶出何種的屬靈教導呢？如同撒瑪利亞婦人的故事，對於約翰當時信徒所提供的助益一樣，她依舊提醒今日的信徒必須具有寬廣的心胸，以便將福音傳給社會各個角落的人羣。今日信徒或許與約翰當時的信徒一樣，仍然具有各樣的歧視與偏見。但是撒瑪利亞婦人的故事，告訴我們福音不帶絲毫的條件。沒有任何外在的因素或人為的偏見，可以阻擋福音所帶出的愛。今日的信徒必須在不斷的突破中，學習將福音帶至與自己不同的人羣中。不同的種族、社會階層、教育水準、職業水平、生活型態，都不應該成為我們對福音工作裹足不前的理由。

另外撒瑪利亞婦人的故事，也讓我們再次看見自己信仰的屬靈光景。在信主之前，我們不就像撒瑪利亞婦人一樣心靈飢渴嗎？我們可能與她一樣執著於自己舊日的信仰，我們也可能與她一樣在道德生活方面有所缺失，但在蒙受神的恩典之後，我們與撒瑪利亞婦人一樣，有了鮮活有力的生命活水。我們信主後的生命是否像撒瑪利亞婦人一樣，充滿奇妙的大改變？我們又是否像她一樣，不再以打水的罐子為生活的優先？

撒瑪利亞婦人是信徒為主作見證的典範。她拋下自己的過去，往城裏去對眾人講説基督在她身上的奇妙作為。她的坦率、熱誠及勇敢，激動了他人的心靈，使他們也迫不及待地相信耶穌，並且渴望更加認識耶穌。我們或許熟知真理，精於教導，也熱心事奉，但是如果我們缺乏傳福音的熱忱，我們將無法有效地將人帶到耶穌的面前。當我們有像撒瑪利亞婦人一樣的生命感染力時，我們自然也能夠有滿城失落靈魂的豐收。

雖然撒瑪利亞婦人無名無姓，她的真實身分也永遠無人知曉，但撒瑪利亞婦人的故事卻流傳千古。千年來，她的故事還是膾炙人口！她的見證也依舊激勵信徒！至今，井邊的撒瑪利亞婦人仍然不斷地吟唱著耶穌的愛……

馬大：一位積極的信仰對話者

1. 引言

兩千年來，耶穌的一句名言「馬大、馬大、你為許多的事思慮煩擾，但是不可少的只有一件，馬利亞已經選擇那上好的福分，是不能奪去的」(路十41～42)，似乎為這兩姊妹定了難以改變的角色。馬大永遠忙忙碌碌，並且在事奉繁多的時候，還難免抱怨兩聲。馬利亞安靜坐在主腳前聆聽主道的佳美形象，則深印在讀者的腦海中。當我們來到約翰福音十一及十二章時，我們發現馬大依然忙碌，馬利亞也沒有改變她最有名的坐姿，但約翰卻以不同的故事，為我們帶出這兩姐妹的另一番面貌。在十二章中，安靜的馬利亞以令人驚訝的行動毫無保留地顯出她對主耶穌的愛。而在十一章的馬大則表現了她對於信仰的對話能力。在約翰的筆下，馬大充滿信心。雖然耶穌在聽見拉撒路病了之後，沒有馬上前往伯大尼，但馬大沒有因此抱怨。反而在迎見耶穌之後，與耶穌展開一段充滿神學意義的信仰對話。這段對話，至今仍然吸引無數信徒及學者的研究興趣，成為基督教信仰的重要根基。本文將以馬大為探討的中心人物，並以十一章1至44節為觀察的焦點。期盼在約翰獨特的文學手法之下，我們可以由這段令人感動又興奮的故事中重新認識馬大，並由她所流露的生命學習如何在信仰中突破再進深。

當我們觀察十一章時，我們必須對十一及十二章在約翰福音結構中的地位先有認識，如此，經文的意義在更廣上下文的了解中，自然更顯具體及深刻。一般認為，約翰以這兩章的經文，為約翰福音的前半段，也就是所謂的神蹟／記號篇，做了一個高潮性的結束。同時，這段經文也前瞻性地預示了約翰福音後半段的榮耀篇。這兩章經文，好像一座橋一樣，不但往後銜接了耶穌在地上的事工，並且向前接續了祂得榮耀的時刻。[58] 學者奧戴亦指出，這兩章經文與一章1至51節在寫作結構的編排上有類似的功能。如同一章帶出耶穌地上的事工一樣，十一及十二章也成為了耶穌受難時刻的前奏曲。[59] 可見，出現在這段經文中的拉撒路復活神蹟故事，較其他神蹟故事的結構來得複雜。[60] 在神蹟之前，馬大與耶穌信仰對話的內容，則為約翰帶出了當時信仰羣體所持守的信仰理念。耶穌的「我是」宣告，更在表達耶穌具有生命之本質的同時，彰顯了耶穌為世人帶來復活生命的使命。這一切都是約翰所關切的重要信仰論題。因此，生命、末日復活、榮耀及信心等幾條主題線絡，融匯交集地出現在此段經文中。無怪乎，這段經文被多數釋經學者視為約翰福音的高峯。

2. 信仰的對話者

馬大出現在約翰福音中最長的敍事經文中（十一1～44）。[61] 在此段經文中，約翰記錄了耶穌與兩姊妹的對話，及耶穌叫拉撒路復活的神蹟。因為拉撒路復活的神蹟為約翰福音全書及約翰福音讀者的巨大衝擊力，使耶穌與兩姊妹的對話顯得黯淡與次要。但若由約翰對於經文所作的安排來觀察，我們將發現此段經文的真正中心，並非觸動人心的復活神蹟。康韋（C. M. Conway）用了奧戴的建議，將此段經文分為前言（十一1～16）、故事主體（十一17～44）及結語（十一45～53）三個基本部分。[62]

在故事主體的經文結構分析之下清楚可見，真正有關主叫拉撒路復活的經文僅佔少數，而耶穌與兩姊妹的會面及對話，則佔據了故事篇幅的大部分，可見耶穌與兩姊妹的對話是此段敍事的中心。無疑，拉撒路是神蹟的主角。但在神蹟意義的詮釋上，兩姊妹與耶穌的對話及互動（十一21～27，十二3），顯然有極為重要的地位。在兩姊妹之間，又以馬大與耶穌的信仰對話，為「主叫拉撒路復活」的神蹟，帶出更清晰具體的涵義。因為「信」字在21至27節，耶穌與馬大的對話中出現四次，所以我們將兩者之間的交談，稱為有關信心的對話應不為過。

在十一章開始，約翰就將經文的畫面，由猶太人要拿石頭打耶穌的混亂景況（十31、39），轉向一個離耶路撒冷不遠的寧靜村莊。這個名叫伯大尼的村莊，住了一戶人家，而這戶人家中的姊妹及她們的兄弟，素常就為耶穌所愛（十一1～5）。當約翰將鏡頭的焦距，集中在這三位兄弟姊妹的身上時，約翰讓我們看見了兄弟拉撒路正在患病。兩位憂心忡忡的姊妹，則快速地打發人去見耶穌，企盼這個壞消息的傳達，能為她們帶來具有醫治能力的耶穌。但聽到消息的耶穌，不但沒有馬上出發，反而在所居之地仍住了兩天（十一6）。[63] 或許，耶穌的行動讓我們納悶，不是在前後的經文中約翰還反覆地描述耶穌對這三位兄弟姊妹的愛嗎？為何祂仍然遲延不走？在讀者可能產生疑惑或誤解的情況中，約翰倒是極為直爽地將原因告訴了讀者。原來，耶穌知道拉撒路的病不至於死，藉著拉撒路的病，神及神的兒子將得到榮耀，門徒也會因此在信心上跨越一大步（十一4、15）。約翰寫作這段經文的筆法極為特殊，因為他在故事的開頭，已將故事的結局告訴了讀者。或許，除了顯現耶穌的全知能力之外，他還要讓我們看見相信耶穌與得到生命之間的關係（二十31）。不幸地，門徒對於耶穌話語的誤解，在「死」與「睡」的交替出現中，[64] 竟然成為殘酷的應驗，因為當耶穌到了伯大尼時，拉撒路已在墳墓裏四天了（十一11～17）。「四天」不僅單純地帶出拉撒路已經死亡的天數，更是形容了親友對拉撒路「已經死亡」的無望與心碎。當時的猶太人認為，人的靈魂在死後三天內仍然纏繞在墳墓中，盼望能夠重新回到身體之內。但在三天之後，當靈魂看見屍體顏面的色彩已經改變時，靈魂就離開身體永不再返。[65]

在故事背景的敍述之後，我們終於看到耶穌來到了離耶路撒冷不遠的伯大尼。讀者因為耶穌的遲延不來，而產生耶穌是否真愛這家人的懷疑，如今終於可以得到解釋。其實，在前文中約翰已藉著門徒與耶穌的問答，指出了耶穌前往「猶太」的危險（十一7～8）。在「耶路撒冷」再次出現的暗示下（十一18），我們看見了約翰對於耶穌前往伯大尼好似羊入虎口的強調，因為在此時，「猶太」及「耶路撒冷」對於耶穌的敵意已經達到了巔峯。可見，耶穌對於伯大尼這家人的愛不但沒有減少，反而在祂冒著生命危險前來伯大尼的行動中，顯出祂願意為屬祂之人捨命的深愛。處在極度悲哀中的馬大及馬利亞，在家中接受好些猶太人的安慰。這羣猶太人的出現極其自然，因為當時前往死者家弔喪並安慰死者家人是慣常習俗。但我們相信約翰的寫作用意並非如此單純，除了猶太人成為主叫拉撒路復活神蹟的見證人之外，約翰讓我們看見有些猶太人因見了耶穌所作的事，就相信了耶穌（十一45）。另一些猶太人則將耶穌所作的事告訴了法利賽人（十一46）。可見，約翰藉著猶太人的出現，一方面直接地肯定了神蹟的確實性，另一方面也間接地讓我們看見猶太人的不同表現。願意以信心接受耶穌的猶太人，成為神國度的子民。但那些雖親眼見神蹟，卻仍拒絕耶穌的猶太人，則在拒絕與背逆的抉擇之下，走向死亡的不歸路。約翰在這段經文中，藉著猶太人的不同表現，觸及了接受與拒絕的主題（一

5、10～12），亦使信心與永生的線絡清晰呈現。

當馬大聽見耶穌來了時，她丟下家中那羣前來安慰的猶太人，即刻出去迎接她日夜盼望的耶穌。馬大仍然主動熱心又積極。她在此時此刻的表現，與路加福音中的馬大並無不同。她不但在侍候的事上活躍熱心（路十38、40；約十一20，十二2），她在話語的溝通上也顯得主動積極（路十40；約十一21～27）。依照猶太人弔喪死者的習俗，馬大理當與馬利亞一同留在家裏，等候耶穌前來致哀與安慰。但迫不及待的馬大卻主動前往迎接耶穌，她的行動表現了她對耶穌特別的尊敬與重視。[66] 她對耶穌所講的第一句話：「你若早在這裏，我兄弟必不死」（十一21），更表現出了她對耶穌的信心。依照馬大對於耶穌具有醫治大能的了解，她深信若耶穌早在伯大尼，她的兄弟拉撒路必不至於死亡。而她接下來的第二句話：「就是現在，我也知道，你無論向神求甚麼，神也必賜給你」（十一22），一樣有力地表現了她對耶穌與神所具有之特殊關係的認識。[67] 由前後經文的觀察（十一21、39），我們相信馬大在這句話中，並無向耶穌懇求任何行動的意圖。相反地，她的話語只是單純地顯示了她對耶穌的強烈信心，因為她相信無論耶穌向神有何所求，神必定全然應允。在馬大積極的信心對話之下，耶穌以「你兄弟必然復活」（十一23）的簡潔回應，引入了復活這個重要主題的討論。耶穌對於馬大的回答，顯然別具心意。因為當祂說拉撒路「必然復活」時，祂並沒有指出復活的確切時間，因此祂為復活的思考，留下了極大的空間。除了猶太人一般相信的末日復活以外，耶穌是否也暗示著另外一種復活呢？

由24節我們再次看見了馬大的信心回應。但在這次回應中，耶穌的身分並非馬大相信末日復活的主要依據。如同在四章的撒瑪利亞婦人一樣，馬大對於末日復活的了解，仍然停留在傳統的宗教觀念中。[68] 在這兩個婦女人物的刻畫中，約翰使用了她們對於某些信仰理念的誤解，帶出了耶穌啟示自己身分及使命的機會。卡爾佩珀認為，約翰對於「誤解」的巧妙運用，成為了該書特色之一。在約翰福音中，各色經文人物對於耶穌的誤解，是約翰帶出重要信息的有效管道。由尼哥底母對於「重生」的誤解、撒瑪利亞婦人對於「活水」的誤解、直到馬大對於「末日復活」的誤解，約翰為讀者帶出了有關耶穌並如何成為神兒女的重要教導。[69] 可見，馬大在這段經文中對於「末日復活」的誤解，不但是約翰純熟寫作技巧的流露，更是耶穌至高真理的表達機會。

耶穌並未對馬大的回答作出任何修正，祂僅以「復活在我，生命也在我，信我的人，雖然死了，也必復活」(十一26) 的宣告，挑戰馬大更深入思想末日復活的涵義。這句宣告雖短，卻包含了「復活」、「生命」、及「信」的關鍵鑰字。代表耶穌的「我」(I，εγώ) 一字，則在與三個鑰字的關連之中，成為了這句宣告的核心。此外，「在我」(in me，εἰς ἐμέ) 一詞也肯定有力地帶出，信徒如何藉著耶穌獲得復活及生命的真理教導。耶穌要馬大突破現存的末日復活觀，將對於末日復活的未來盼望，轉變為以祂為中心的具體現世復活觀。耶穌並非反對一般對於末世的看法，因為如同祂在前面經文中的教導，祂亦極為強調末日的復活 (六39～40、54) 。其實，耶穌的「我是」宣告，一方面也再次地肯定了末日復活的事實。只是，門徒尚未由耶穌的諸般教導中，徹底領悟永生、復活與信耶穌，對於信徒在現世生活中的重要影響及真實意義。耶穌在這段經文中向馬大的挑戰，乃是她對於耶穌是使人復活之真理的忽略，並她對於相信耶穌即能獲得永生之茫然。耶穌要馬大了解，祂不僅是復活與生命的賜予者，祂本身就是復活與生命。若不藉著祂，復活及永生都不可能存在。[70] 當人願意以這位就是復活與生命的耶穌，為信心的對象時，人因著信，藉著重生的經歷，成為神的兒女（一12～13）。神的兒女在相信耶穌的那一刻，就擁有了永生（三15～16、36），因為他們已經由黑暗進入光明，不再被定罪，也不再沉淪於神的震怒之中（三18、36）。耶穌所賜予的永生，突破了死亡的轄制（六51、58）。可見，肉體的死亡只是信徒進入永恆生命的通道而已。[71] 對於相信耶穌的人，死亡不具任何的意義，因為耶穌所賜的復活及生命，在相信主耶穌的一剎那，已經成為應許的實際應驗。復活與生命並非抽象的觀念或遙遠的盼望，它們是信徒在現世的生命中，可以親嘗的無上經歷。[72] 耶穌就是末日復活盼望的應驗，當祂來到世上時，末日復活的應許已經成為信徒生命中的實際與把握。

耶穌對於「復活」及「生命」的重複使用，帶領讀者超越了主叫拉撒路復活的神蹟，而遙見了祂即將得榮耀的時刻。[73] 或許，正在與耶穌對話的馬大，還無法了解耶穌宣告的涵義。但在不久的未來，當她經歷耶穌從死裏復活的最大神蹟之後，她將親身體驗「信我的人，雖然死了，也必復活」，及「凡活著信我的人，必永遠不死」（十一25b～26）的應許實現。在耶穌對於自己的身分，發出了最極致的宣告之後，祂以「你信這話嗎？」（十一26），要求馬大對信仰作出回應，並掌握對話的繼續進行。約翰一方面以耶穌對馬大的挑戰，帶出耶穌對於信仰回應的堅持，另一方面也藉著耶穌的問題，向他的讀者發出回應的邀請。

總結來說，25及26節已經成為基督教信仰的核心要義。它不單為拉撒路復活的神蹟提供了神學意義的根基，更重新地闡明了猶太教的末世復活觀。約翰為末日復活觀，賦予了基督及救贖的層面，而使得重新定義的末日復活觀，在神學與信仰的理解上達到完全的境界。在耶穌提出問題之後，馬大毫無猶疑地作出她的回應。她對信仰對話的積極與熱忱，為我們帶出了觸動人心的信仰告白，也成為我們下文的討論重心。

3. 信仰的告白者

在耶穌要求馬大對於祂所作出之宣告有所回應時，馬大以「主阿，是的。我信你是基督，是神的兒子，就是那要臨到世界的」(十一27) 的信仰告白回答了耶穌。這個信仰告白，不但顯示了馬大對於耶穌宣告的全然接受，更展現了她對耶穌身分的深刻認識。許多釋經學者對於馬大在27節中的告白，是否代表真實的信仰告白，持有不同的看法。反對27節代表馬大真實信仰告白的學者，認為對於末日復活顯然有誤解的馬大，不可能全然了解耶穌在25至26節中的自我啟示。另外馬大在39節中，亦反對耶穌挪開石頭，因為她認為已經死了四天的拉撒路，屍體必定腐臭不堪。這些經文都代表了馬大從未相信耶穌有使拉撒路復活的可能性。因此，馬大在27節中的告白，並不能代表馬大的真實信仰告白。[74]

但有些學者認為此節經文，可以由另一個角度來觀察與詮釋。在這些學者中，有的以馬大使用完成式動詞表達信仰告白的觀察，肯定了馬大信仰的堅定，因為「我信」也以同樣的形式出現在彼得及多馬的認信中(六69，二十29)。有的以馬大冠以耶穌的頭銜，並非第一次出現在福音書的理由，提出了馬大確實了解耶穌身分的看法。另外，約翰對於馬大信仰告白的獨特處理手法，也表明了馬大信仰告白真實性的寫作用意。[75]

此角度的觀察，極合乎約翰福音主題脈絡的展現，因為馬大的信仰告白，顯然與約翰在二十章31節為約翰福音作出的總結經文前後呼應。在約翰的信仰理念中，「信耶穌是基督，是神的兒子，並且叫你們信了他，就可以因他的名得生命」(二十31)，正是福音的本質與目標。馬大的信仰告白，與約翰的信仰理念完全一致。因此，由前後經文的比較，我們對於馬大信仰告白真實性的肯定，應屬合理的判斷。馬大在39節中的對話為27節帶出之張力，可以在一些學者的看法中得到解決。例如，施納肯伯格(R. Schnackenburg)認為，馬大在39節中對於耶穌的抗議，為耶穌提供了回答的機會。[76] 因著耶穌的回答(十一40)，讀者一方面回顧了馬大的信仰告白，另一方面也將馬大的信仰告白，再次與主叫拉撒路復活的神蹟意義連結在一起。進一步，約翰容讓耶穌藉著這次的回答，將拉撒路的復活神蹟與神的榮耀即將顯現在自己的受難中串連在一起。在40節中，約翰以「榮耀」一字帶出眾人將在耶穌的神蹟上看見神的榮耀，及耶穌即將受難得榮耀的雙重寫作目的。莫理斯認為馬大對於耶穌要將石頭挪開的反應，具有約翰強調拉撒路已經死透及神蹟真正發生的寫作用意。[77] 因此，我們更可以作出39節與馬大在37節中的信仰告白，沒有明顯矛盾的結論。

雖然馬大的信心不見得完全，但她的信仰告白絕非僅是空洞無實的話語堆砌。她的信仰告白實際上含有極為豐富的信仰內容。有學者甚至認為，馬大對於耶穌的回應，為基督教帶出了最高層次的信仰表達。[78] 她對於耶穌的認識，總結了耶穌在約翰福音前半段中，對於自己身分的宣告，及其他不同人物對耶穌身分的說明。首先，馬大相信耶穌是基督，回應了安得烈在約翰福音一開始，就認為耶穌是彌賽亞的興奮(一41)。

她的認信還與施洗約翰對於門徒的回答(三28)，及撒瑪利亞婦人相信耶穌是彌賽亞的啟示(四26)並駕齊驅。[79] 其次，馬大相信耶穌是神的兒子，也與拿但業在無花果樹底下的驚訝承認(一49)，及耶穌對於生來瞎眼的宣告(九35～38)前後呼應。最後，馬大相信耶穌就是那要臨到世界的，更是與約翰福音的末世主題一致(三31～34，五36，八23、29)。馬大的信仰告白之所以寶貴，乃因她的告白內容以耶穌基督的身分為歸依。馬大的信仰告白並非教義的複誦，而是對耶穌身分的肯定。可見馬大在跟隨耶穌的年日中，已藉著耶穌的教導，及她自身對於耶穌的經歷，建立了對耶穌身分的正確認識。對於末日復活可能尚未透徹了解的馬大，將在耶穌即將行使的拉撒路復活神蹟中，略窺耶穌宣告自己就是復活及生命的涵義。馬大對於耶穌的信仰告白，也將在提升的境界中更顯真實。無疑，當耶穌除去死亡的限制，而從死裏復活時，馬大對於耶穌身分所帶出之能力，將有更深刻的經歷突破。她所認識的耶穌，不再只是使人在末日復活的耶穌。她所認識的耶穌，將在此時此刻，就將永生及復活的應許，實現在相信並接受耶穌之人的生命中。

約翰以馬大的信仰告白，結束了耶穌與馬大之間的信仰對話。在耶穌沒有責備、加註或任何評論的結束中，馬大的信仰告白似乎仍然迴盪在我們的耳邊。馬大的信仰告白，不僅是馬大對於耶穌自我啟示的回應，更成為了解耶穌啟示的重要基礎。正因為耶穌是基督，是神的兒子，又是那要臨到世界的，因此耶穌是復活及生命，並叫信祂之人永遠不死。馬大與耶穌的積極對話，為我們帶出了耶穌的自我宣告及馬大的信仰告白。這兩個重要宣告的意義，不但成為我們了解主叫拉撒路復活的關鍵，更為末日復活的詮釋提供了紮實的根基。在耶穌與馬大對話的前引中清楚可見，叫拉撒路復活的神蹟，不只在於表現耶穌對所愛之拉撒路的拯救及愛心，更是讓世人知道耶穌身分的表彰。在主叫拉撒路復活的神蹟中，約翰應許讀者，必然看見神及祂兒子的榮耀展現。但如同耶穌提醒馬大的話語，「你若信」(十一40) 成了是否得見榮耀的決定因素。耶穌在兩千年前對於馬大的提醒，成為今日讀者的挑戰。神及祂兒子的榮耀已經顯現，但是我們看見了嗎？榮耀的福音已經向世人發出了邀請，接受與否的抉擇，全然掌握在在世人自己的手中！

4. 馬大在上下文的角色

約翰在有關馬大的經文中(十一20～27、39～40)，為我們帶出了豐富並極具深度的信仰涵義及神學討論。信心、末日復活、生命與表明耶穌身分的稱號，交替出現在這些經文中，表現了此段經文在約翰福音全書中所佔的重要地位。約翰福音的四個重要釋經角度，將幫助我們由廣角的視野，更加了解此段經文與約翰福音全書之間的關連，並它對當時讀者所具之意義。首先，由前言與結語的角度，我們看見此段經文與前言及結語不可分割的緊密關連。馬大與耶穌在對話中所討論的信心問題，在前言中重複出現(一7、12)，帶出了惟藉信耶穌的管道才得以成為神的兒女並得永生的真理。信的主題，更為約翰福音的結語帶來了高潮。約翰在結語中，語重心長地提醒讀者要切記信耶穌是基督及神的兒子，才可以得生命的真理(二十31)。其次，耶穌在自我啟示中所提及的生命，不但在前言與結語中常與信的主題相偕出現(一12～13，十一25～26，二十31)，並且在獨立經文的出現中，顯示它在約翰福音中的重要性(一4)。沒有信心，就沒有生命。沒有信心，更沒有復活。信心與「生命／復活」是一體的兩面，兩者無法分割。最後，耶穌為基督及神的兒子之稱號，也在前言與結語中，與馬大的信仰告白互相呼應（一17～18，二十31），為讀者帶出了信心所望的對象。

在第二個釋經角度之下，馬大的經文明顯地成為解釋拉撒路復活，及了解其所具之深刻涵義的重要基礎。耶穌在與馬大對話中所作出之宣告，為拉撒路的復活設下神學基礎。拉撒路的復活神蹟，也成為了耶穌宣告的實際應驗。在抽象理念與具體經歷的交流中，耶穌的復活與生命，成為信徒可以確實掌握的屬靈經歷。從更大的上下文範圍來看，馬大與耶穌對話所帶出之內容，不單回顧了十章好牧人要使羊得更豐盛生命的經文，更遙望了耶穌得榮耀時刻的來臨。而耶穌得榮耀，則使信徒獲得復活與生命的救贖恩典得以完成。

第三個釋經角度讓我們看見了，約翰對此段經文的情節構思。在運用「誤解」的寫作筆法中，約翰純熟地將末日的復活觀，轉變為由耶穌基督而來的現世復活觀，為約翰福音的讀者帶出突破傳統的正確復活教導。主動積極又善於對話的馬大，也在約翰的筆下，成為帶動整個敘事進展的重點人物。

最後一個釋經角度，與約翰當時的社會及歷史背景有關。在這個角度下，我們看見當時信徒對於一些信仰觀念的誤解。誠然，在耶穌尚未得榮耀之前，這是不可避免的。然而，約翰以澄清誤解及糾正偏差觀念為關切，不放棄地運用此段經文，為當時的信徒帶出正確的復活與生命觀。此外，他也藉著馬大的信仰告白帶出成熟的基督論。約翰要當時的信徒明白信耶穌的生命，應是豐盛且滿有復活能力的信仰見證。

出現在這段成為約翰福音高潮及關鍵經文中的馬大，也讓我們看見了約翰並不重男輕女的信仰態度。在女性地位顯然不被重視的羅馬時代，約翰在這段經文中，使用馬大與耶穌的積極對話，帶出馬大的信仰告白，顯出了馬大在信仰方面的成熟與分量。約翰對於馬大的刻畫，表彰了馬大在信仰羣體中的尊貴地位。是的，耶穌的救恩不分性別，耶穌的復活與生命也是每位男女信徒的信仰確據。馬大與耶穌的信仰對話，讓我們看見了婦女也能夠在信仰的認知中，不斷地突破與成長。約翰筆下的馬大，必然為當時的信徒帶出了無比的震撼力。

5. 省思與今日應用

馬大與耶穌的信仰對話，為今日信徒帶出了極寶貴的屬靈教導。在信仰訴諸情感或理性的掙扎中，馬大讓我們看見了對信仰具有理解能力的重要性。無可否認，一個平衡又健全的信仰生命，必定包含理性與感性的層面。感性的層面可能因個人的因素而高低不平。在起伏迭變的困惑中，理性的認知成為持續信仰的重要基石。馬大與耶穌的信仰對話，顯示出她對信仰討論的熱忱與勇氣。雖然有時帶有偏差的信仰理念，甚或有時答非所問，但馬大對於信仰的討論與思考卻仍無消減的傾向。在耶穌的挑戰中，馬大的信仰告白為歷代信徒帶出了深遠的影響。原來，只要我們對於真理的追尋，具有鍥而不捨的精神，我們就能像馬大一樣，突破信仰的瓶頸而達到屬靈的高峯。馬大對於信仰對話的主動與積極，讓我們看見了具有全備信仰理念的可能性。在今日教會追求靈恩或感性的熱潮中，讓我們不要忘記理解信仰真諦，及認識耶穌基督這位信仰核心的重要性。

馬大對於信仰追求所具有的積極主動性，更是婦女信徒的好榜樣。在女性可能偏向感性的特質中，婦女信徒或許比較缺乏思考信仰理念的動機，因而喪失了信仰認知為信徒帶來的豐盛經歷。婦女信徒千萬不要小看自己，當以馬大為屬靈生活的好榜樣。在不斷的追求中，與信仰積極對話，以期在信仰的道路上，走得更有把握也更加穩當。盼望每位婦女信徒，都能夠與馬大一樣，在信仰理念的認知上，為所處的信仰羣體貢獻己力，成為耶穌的精兵與眾人的祝福。

伯大尼的馬利亞：一位全然的敬拜者

1. 引言

因著主叫拉撒路復活所帶出的震動，猶太人商議要殺耶穌的心意更加堅強。在離開與耶路撒冷不遠的伯大尼不久之後，耶穌在逾越節的前六日，再度來到了伯大尼這個村莊。這次，迎接祂的不是死亡的悲哀，卻是筵席的慶賀。耶穌所愛的三兄弟姊妹，也都出現在這個歡樂的場合中。姊姊馬大依然忙碌伺候賓客。而為眾人所矚目的拉撒路，則安靜地坐在席中。妹妹馬利亞也以她慣常的姿勢坐在耶穌的腳前。由十一章開始的描述方式，我們就可以知道這三位兄弟姊妹在耶穌心目中的特殊地位，因為他們的名字一一地出現。約翰不厭其煩地告訴我們，耶穌素來愛馬大、馬利亞和拉撒路(十一5)。耶穌對他們的愛，不但顯明了耶穌在整個拉撒路復活神蹟中，所握有的主動及掌控權，更帶出了這三位兄弟姊妹對耶穌之愛的獨特回應方式。姊姊馬大以積極的信仰對話所帶出的高峯信仰告白，成為我們以理性認知信仰的佳美榜樣。她的生命讓我們了解殷勤伺候背後的原動力（十二2），原來是那份對救主耶穌之身分及信仰本質的正確了解。在經文中始終沉默的兄弟拉撒路，則以不懼死亡的生命流露，見證了他對耶穌的跟隨與忠誠。妹妹馬利亞，與馬大及拉撒路一樣，重複出現在約翰福音十一到十二章的故事中。在十一章中好似只會哭泣的馬利亞，卻在十二章中以膏抹耶穌的行動，超越了忙於伺候的馬大及安靜坐於一旁的拉撒路，而成為十二章1至8節的主要人物。在歷世歷代無數畫家的生動勾勒之下，馬利亞膏抹耶穌的感人情景，至今仍然深印在信徒的腦海中。到底，約翰在十一及十二章中，為馬利亞定位了何種角色？我們又能從馬利亞的身上學到甚麼樣的屬靈教導？這些問題都是本文嘗試探討與回答的焦點。本文將以約翰福音十一章29至38節及十二章1至8節為認識馬利亞的經文基礎。在約翰對於馬利亞的刻畫之下，我們將學習馬利亞對於耶穌的尊崇之心與奉獻之愛。深盼我們每一個人，都能與馬利亞一樣以一顆謙卑又敞開的心懷，毫無保留地表現我們對耶穌的敬拜與摯愛。相信在我們真誠的敬拜中，即使微不足道的小事都可以成為耶穌眼中的美事！

2. 一種極致表現的尊崇

在約翰的筆下，馬利亞的名字以極為引人的方式出現在經文中。首先，她在十一章開始時，名列於三兄弟姊妹之首（十一1）。但在約翰帶出耶穌素來愛他們之描述時，馬利亞又名列第二。在十一章整個敘事發展的進程中，馬利亞與耶穌的會面及互動，則在馬大的高峯信仰告白之後。到底名字在經文中的先後出現次序，對於經文的詮釋是否具有關鍵性的影響？學者對此看法不一。莫理斯認為十一章中的馬利亞，在信仰圈裏佔較重要的地位，較馬大更能洞察耶穌的心意。[80] 但施納肯伯格卻極端地認為，此段經文中的馬利亞僅讓人覺得她是一個抱怨不停的女人。[81] 到底在這兩種極端正面或負面的看法中，哪一個才是約翰心目中的馬利亞？由約翰對於敍事的進展安排，我們看出馬利亞雖然出現在馬大的信仰對話之後，但並不表示她在經文中佔次要的地位。其實，馬利亞因著出現在後的緣故，反而成為帶出拉撒路復活神蹟的關鍵，並推動整段敍事進入高潮之點。另一方面客觀地說，馬大的信心在整個敍事的發展中，也扮演了非常重要的角色。她與耶穌的信心對話內容，在約翰寫作次序的編排之下，成為了解耶穌叫拉撒路復活的理論基礎。可見，馬大及馬利亞信心或信仰生命的比較，並非作者約翰在此段經文中的首要關切。反之，約翰倒是同時以馬大及馬利亞所表現的獨特信仰生命，對照了圍繞在她們四周的不信之心。馬大對耶穌身分的信仰告白及馬利亞對耶穌尊崇的全然表現，更為緊接而來的受難復活敍事帶出了深刻的意義。

除了名字在經文中的次序之外，十一章32節也成為爭論馬大與馬利亞信心孰優孰劣的原因之一。例如亨琴(E. Haenchen)認為，此節經文的馬利亞實際上只是馬大的影子。[82] 但有極多學者認為在32節中的馬利亞，雖然重複馬大對耶穌所說的話，但由她口中所發出的話語，卻與馬大一樣地表現了有力的信心。[83] 馬利亞顯然與馬大一樣，深信主耶穌具有醫治拉撒路的能力。在耶穌與馬利亞互動的經文中，馬利亞俯伏在耶穌腳前的景象，為讀者帶出了最生動感人的畫面(十一32)。俯伏在耶穌腳前可以說是馬利亞的獨特標誌。路加筆下的馬利亞靜坐在耶穌的腳前(路十39)，而在十二章中膏抹耶穌的馬利亞也謙卑地俯伏在耶穌的腳前。當時，俯伏腳前可能代表對於權威懇求的姿勢，或對於神的謙卑敬拜。雖然跪在耶穌腳前的馬利亞，可能尚未完全地了解如同多馬那種「我的主，我的神」的信仰真諦（二十28），但她永遠不變的俯伏姿勢，卻展現了她對耶穌的完全謙卑及無上尊崇。

在福音書作者的筆下，馬利亞總是話語不多（路十39；約十二3）。但在她的安靜中，卻常有深情的流露。在耶穌腳前專心聽道的馬利亞，選擇了不能奪去的上好福分（路十一39、42）。在耶穌腳前痛哭的馬利亞，敞開胸懷地任憑自己的情感奔放流露（十二33）。她在耶穌面前毫無保留的大聲哀號。[84] 喪失親人的痛苦及面對死亡的絕望，使得馬利亞的哭聲令人不忍，以至於同來的猶太人也陪她同哀。馬利亞在耶穌面前毫不掩飾的痛哭，表現了她與耶穌的親密關係，及她對耶穌的信任。在眾人的悲泣之下，耶穌心裏悲歎又甚憂愁（十一34、35）。再次，我們面對學者對於耶穌感情表現的不同看法。一般來說，有些學者認為耶穌的憂愁與哭泣，乃因馬利亞及馬大的缺乏信心，再加上猶太人的不信而引發。[85] 另外有些學者認為耶穌的憤怒，來自耶穌與撒但所帶來的死亡權勢之間的爭戰。[86] 但耶穌被馬利亞的眼淚所感而致憂傷及哭泣，可能屬於較符合敘事重點及前後經文的解釋。耶穌看見人面對死亡的痛苦，引起了內在的感情激盪。耶穌的表現顯明了祂滿有憐憫的神聖屬性。一方面反映了祂對三兄弟姊妹的愛（十一5），另一方面也讓我們更透徹地了解祂之所以能夠勇敢迎向十字架道路的原因。施納肯伯格說道：「只有肉身的死亡對人類所帶來的痛苦無法減低時，人們才能夠認知耶穌的偉大行動。」。[87]

如同馬利亞一樣，當我們願意在耶穌面前敞開自己時，耶穌不再是高高坐在寶座上的神。對我們而言，這位能夠與我們感同身受的主，已經成為一位深知我們軟弱，並能體恤我們痛苦的主。祂與我們的距離，何嘗如天地之差或東西之遙，祂其實就在我們的身旁。如同當日站在馬利亞面前一樣，耶穌今天仍然看見並傾聽我們內心的哭泣。因著與主的親密關係，也因著對主的完全信任，信徒在主面前那毫無隱瞞地感性表現，成了一種尊崇主的高度表現。馬利亞對主的極致尊崇，表現於她俯伏謙卑的姿勢，也奔放在她毫無拘束的感情流露中。

3. 一項毫無保留的奉獻

馬利亞對主的尊崇，並不停留在感情的層面。由十二章3節，我們看見馬利亞以付上代價的具體行動，表達了她對主耶穌毫無保留的奉獻。如同她對主的尊崇，對主的奉獻，更加深刻地表現了主耶穌在她心目中的地位。在這節經文中，我們看見馬利亞以極貴的真哪噠香膏，抹耶穌的腳，並用自己的頭髮去擦。馬利亞膏抹耶穌的行動，發生於逾越節前六日，在伯大尼的一個筵席中。約翰刻意以「逾越節前六日」描述事件發生的時間，讓讀者意識到逾越節與整個敘事之間的關係。而連續出現在第一節及第三節經文起首的「所以」(therefore) 一詞，則將耶穌來到伯大尼，及馬利亞膏抹耶穌的行動與前面的經文串連在一起。[88] 約翰對於逾越節的提起，隱含著叫拉撒路復活的耶穌，即將成為逾越節羔羊的意味。耶穌受難得榮耀的時刻，在「逾越節前六日」的提醒下，叫人有無法逃避的壓迫之感。那個時刻已經悄悄地逼近了。第一節的「所以」一詞，則更進一步地讓我們看見，耶穌為了實現為世人捨命的使命，在神的特定時刻來到了伯大尼。約翰繼續純熟地使用另一個「所以」，將伯大尼的筵席與前面祭司長及法利賽人欲捉拿耶穌的計謀連結在一起。約翰以馬利亞對耶穌的謙卑奉獻及無上尊崇，對照宗教權威不信及邪惡的寫作用意清楚可見。[89]

馬利亞在伯大尼膏抹耶穌的行動，表現了奉獻的最高極致。在這個奉獻的行動中，她不但扮演了僕人的角色，[90] 更獻上了價值極高的真哪噠香膏。她安靜地坐在耶穌的腳前，以真哪噠香膏抹耶穌的腳，又用自己的頭髮去擦。根據當時的文化，膏抹通常只限於頭部，而不尋常的抹腳及用髮擦，無疑屬於低下僕人的工作。[91] 馬利亞甘願降低身分，將自己全然奉獻在主腳前為祂膏抹的行動，讓我們看見了她極具深度的謙卑。身處婦女不宜在公共場合將自己頭髮放下的文化之中，馬利亞竟然不忌公眾的輿論，以散開的頭髮擦抹耶穌腳上的香膏。她不計後果的舉動，讓我們看見她對耶穌毫無保留的熱愛。約翰巧妙地使用「擦」(ἐκμάσσω) 一字 (十二3，十一2)，描述耶穌在十三章中為門徒洗腳及擦腳的行動 (十三5)。[92] 如此，馬利亞對耶穌的膏抹行動，指向了耶穌在逾越節前晚餐之後為門徒洗腳的行動。耶穌以為門徒洗腳的行動，為門徒設下了謙卑服事的最高榜樣 (十三14～17)。而在約翰福音書中，甚至在耶穌設立此榜樣之前就具體實行此原則的，就是這位謙卑的馬利亞。

除了馬利亞扮演僕人角色的謙卑，及不顧慮別人言論的勇氣之外，真哪噠香膏的奉獻更在物質的層面上，表現了馬利亞對耶穌那份全然獻上的心意。一斤的真哪噠香膏，相當於羅馬的一磅，將近美國的十二盎司。[93] 把如此分量的香膏膏抹在耶穌的腳上，是一種極為奢侈及浪費的舉動。然而，屋裏的香氣 (十二3) 不但除去了先前代表拉撒路的死亡臭氣，更為筵席帶來了滿室充滿愛及敬虔的芬芳。約翰在十二章3及5節中，分別藉著自己的加註及猶大的口中，再次地強調了香膏的貴重價值。[94] 不論馬利亞的家世是否富有，或這瓶真哪噠香膏是否是她的傳家寶，在外人看來，馬利亞對耶穌的愛實在顯得過度、奢侈、甚至放縱。耶穌的門徒之一的猶大，一臉正經地說出他對馬利亞舉動的不悅。猶大以掛念窮人的敬虔，帶出他對馬利亞的指責（十二5）。約翰卻毫不留情地揭穿了猶大內心的邪惡動機。在4節中，約翰明明地指出猶大將賣耶穌的行為。而在5節及6節中，更進一步地稱呼猶大是個賊，亮出了他偷錢的惡性及貪婪。約翰對於猶大的刻意描述，顯然具有目的。他不厭其煩地描述猶大的邪惡面孔，讓我們看見猶大與耶穌即將受難的關係，並且顯出他提出抗議的假冒為善。約翰在此所使用的「賊」（十二6），與十章的「賊」（十8）乃屬同一字。[95] 因此，約翰藉著字的巧妙運用，顯露了猶大對窮人毫無關愛之內心光景，他就是好牧人講論中那批不在乎羊羣生命的賊。更可惡地是，他竟然膽敢披著敬虔的外貌，批評馬利亞對主那份真誠又敬虔的摯愛。馬利亞這位對主信實的門徒，強烈地對照了即將出賣耶穌的背叛者。

在十一章2節中，約翰以「就是那用香膏抹主，又用頭髮擦祂腳的」介紹馬利亞的寫作筆法，暗示了馬利亞膏抹耶穌的行動，已成為當時家喻戶曉的故事。當人們想起伯大尼的馬利亞時，一位跪在主腳前謙卑又盡情地膏抹耶穌的畫像，就再次地活畫在人的眼前。馬利亞願意成為僕人的謙卑心志，是我們學習的第一個功課。因為當信徒具備了謙卑的態度時，服事的行動及奉獻的給與，不但自然並且甘心樂意。一瓶小小的真哪噠香膏，在謙卑及深愛的交織中，帶出了奉獻的極致。一瓶小小的真哪噠香膏，在簡單卻不尋常的抹擦舉動中，因著不惜代價的獻上，表現出了奉獻的真意。

4. 一件無意中作成的美事

到底馬利亞膏抹耶穌時，她心中的意念為何？她謙卑又充滿摯愛的舉動，代表了她為拉撒路復活的感恩？還是她真知耶穌受難的時刻已經愈來愈近？學者對此看法亦有不一。有些學者認為，馬利亞對於耶穌受難時刻的臨到，有特別敏銳的直覺，因此在逾越節前六日的筵席中，她以膏抹的行動，預示性地為耶穌預備了最後的時刻。[96] 然而極多學者同意，馬利亞在謙卑及全然奉獻的舉動中，無意成為了耶穌受難之後被膏抹及埋葬的預示。[97] 由經文的觀察，我們並沒有足夠的證據支持馬利亞或任何其他人，真正了解耶穌必須走上十字架道路的真正意義。在逾越節的前六日，耶穌主動地進入伯大尼，預備迎向十字架的挑戰。在這受難時刻的逼近及死亡陰霾的籠罩之下，馬利亞的單純舉動，無意中成為了具有深遠意義的預言性行動。莫理斯認為，在不同的景況中，馬利亞膏抹耶穌的舉動，甚至有可能代表另外一種意義。但在受難的前夕，任何的行動表現都自然與耶穌即將來臨的死亡連上關係。[98] 馬利亞是否真正地較貼近耶穌的心意？在耶穌為馬利亞舉動的辯護之下，這個問題似乎已經無關緊要。

面對邪惡的猶大，耶穌為安靜無聲的馬利亞作出了發人深省的辯護。祂認為馬利亞未將香膏賣掉救濟窮人，留到現在以膏抹的行動獻給耶穌，是合宜適切的，因為耶穌的死亡已經迫近。此時此刻象徵了耶穌的埋葬之日，因此馬利亞將香膏存留到今日，並奢侈地用在耶穌的身上，在耶穌眼中是一件美事。[99] 耶穌同時提醒他們，他們必常有窮人的同在，卻不會再有太多的時間與祂共處（十二8）。馬利亞這位以豐富的情感自由地尊崇並熱愛耶穌的門徒，抓住了最後的寶貴時刻，與道成肉身活在世上的耶穌親近並相交。耶穌為馬利亞的辯護語重心長，也成為了我們的提醒。時機稍縱即逝，我們每一個人都應該善於把握機會，在每個時刻的尊崇與敬拜中，讓我們對主的謙卑及熱愛自然地流露。是的，馬利亞可能根本不明白自己所作的，竟然與耶穌的死亡繫上重要的關連。但她大方盡情的舉動，成為了耶穌將被約瑟及尼哥底母膏抹的前影。因此，無論我們為耶穌的獻上是細微或巨量，在真誠的心意中，一切都可以成為主耶穌眼中的美事。

約翰筆下的伯大尼的馬利亞，是一位感情澎湃的女子。她安靜的外貌，無法阻擋內心深情的流露。在俯伏跪拜中，在耶穌的腳前，在痛苦的哭泣中，在不計代價的全然奉獻中，馬利亞永遠表現出對主的尊崇、謙卑及熱愛。雖然她不像馬大那樣積極地與信仰對話，甚或發出驚人的信仰告白。但在柔軟的感情背後，她仍然有與馬大不相上下的信心(十一32)。馬利亞的生命為我們帶出了寶貴信仰的另一面。原來，成熟的信仰需要理性的根基，以及感性方面的體驗。馬大為我們帶出了理性認知的重要，而馬利亞讓我們看見感性體驗的可貴。耶穌希望我們對祂有深切的了解，但祂更渴望我們的生命能夠與祂的生命互相連結。不獨在理性上認信，我們的心靈深處以及感情層面，也應該與耶穌的生命有密切的交集。當我們願意像馬利亞一樣，向主全然敞開我們的心懷時，主對我們的愛將觸動我們的心旋直到永遠。與主的親密團契，也將成為我們一生行走天路的甘甜良伴。

5. 伯大尼的馬利亞在上下文的角色

由約翰對於馬利亞角色的編排及刻畫，我們看見了約翰運用馬利亞來對照不信的猶太人及背叛者猶大的寫作心意。這對照正好帶出了有關經文與前言及結語的關連，因此在這四個釋經角度的再思之時，我們特例地將第一個及第三個釋經的角度合併討論，以期更加清楚了解馬利亞與約翰福音其他經文的重要關連。

由第三個與敍事手法有關的釋經角度來看，約翰不但在十一章以馬利亞對耶穌的信心及哭訴，對照與她同在那些不信的猶太人，更在拉撒路復活之後，加入了馬利亞帶領猶太人相信耶穌的記錄(十一45)。雖然那些猶太人，是因見了耶穌所作的事，而多有信祂的(十一45)，但無疑馬利亞的信心是帶領他們親眼目睹耶穌神蹟的關鍵。而約翰在十二章所呈現的馬利亞，更是以包含謙卑及熱愛的強烈信心，對照了不信又邪惡的猶大。馬利亞的生命，表現了從神生的生命，因為她徹底的謙卑及奉獻，絕非血氣、情慾或人意的表現(一13)。她就是接待耶穌、信耶穌，並且獲得權柄作神兒女的最佳代表(一12)。反觀不信的猶太人、將拉撒路復活神蹟報告法利賽人的猶太人、以及背叛者猶大，則是黑暗的代表(十一5)。這輩活在黑暗中的人，不但不接受真光、不接待耶穌，他們還將帶來生命的耶穌謀殺了。正如結語所記：「但記這些事要叫你們信耶穌是基督，是神的兒子，並且叫你們信了他，就可以因他的名得生命」(二十31)，馬利亞因耶穌的名，得到永生的上好福分。與她對照的那一輩人則因拒絕耶穌，將沉淪在永死的結局中。如此，約翰以他的寫作技巧，巧妙地顯出了伯大尼的馬利亞，與前言結語的重要關連。

另一個與二元編排結構有關的釋經角度，讓我們看見了經文中的馬利亞與耶穌之間的關係。十一章的馬利亞，在復活神蹟之前與耶穌的互動，不但成為約翰記錄神蹟的前引，也流露了耶穌深愛世人的憐憫心腸。耶穌對三兄弟姊妹的愛，一方面使耶穌與馬利亞同哭，為拉撒路帶來復活，另一方面也影射了耶穌將為世人走上十字架而彰顯的大愛。馬利亞與耶穌的互動，遙指了耶穌的受難。十二章的馬利亞更因對耶穌的尊崇與奉獻，藉著膏抹耶穌的行動，成為了耶穌受難被埋的預示。馬利亞不但因著耶穌為她發出的辯護，而成為耶穌受難的重要預示，她的膏抹行動也在約翰的用字技巧之下，逕先地行出了耶穌為門徒所設立的洗腳榜樣。

在第四個與社會及歷史背景有關的釋經角度之下，我們看見約翰為這個人人熟知的故事賦與了新生命。他帶領讀者進入他的視角，以全然不同的眼光觀看故事嶄新的一面。在約翰的引導下，當時的信仰羣體認識了馬利亞的膏抹行動，為耶穌預備埋葬的涵義，及其深具謙卑服事的精神。耶穌對於馬利亞行動的辯護及讚賞，更使馬利亞與主的生命關係成為信徒倣效的典範。在約翰對照馬利亞及猶大的鋒利筆尖之下，當時的信徒學習到服事敬拜主的優先性。在屬世及屬靈價值觀之間的抉擇，猶大及馬利亞的對照，也成為信徒的警醒。

6. 省思與今日應用

馬利亞的生命故事，至今仍然在向我們説話。在知識一日千里，各領域的研究突飛猛進的時代，我們有了更多精良的工具研讀神的話語。當我們運用各種方式及資源，對神的話語更精細地加以研究時，我們必須切記勿讓生命的信仰，成為頭腦知識的惟一追求。理性的探討誠然重要，但是信仰如果只重頭腦的理解，那麼信仰的生命將成為單調的堅持。我們所獲得的生命，將沒有「更豐盛」的色彩。馬利亞的故事讓我們看見一個同具信心，但卻洋溢著無限感性的奔放生命。馬利亞的生命提醒我們要將理性與感性、頭腦與心靈連接為一。在理性認知所帶來的信心之下，信徒需要以謙卑尊崇的心，自由地向主開放，盡情地表達對主的奉獻與熱愛。信徒的生命不應只是一大堆信仰理念的串連。耶穌跟隨者的生命，應該永遠新鮮活潑，永遠有數說不盡的感恩見證與人分享。

馬利亞對主的敬拜，與眾不同，但卻深得主的喜悅。她或跪拜或坐主腳前，甚至以帶有爭議性的方式，用頭髮擦抹耶穌腳上的香膏。當我們看見不同的敬拜方式時，我們是否以特意的眼光私下判斷？馬利亞對主的敬拜，提醒了我們對於不同的敬拜方式，須存一顆寬廣的心。耶穌所看重的並不是外表的行為模式，而是內心的真實與敬虔。讓我們不要做一個待人嚴苛的批評者，只要多多省察自己內心的敬拜態度。

最後，馬利亞對主的奉獻，如同一面明鏡照出了我們每個人的奉獻觀。當我們在討論十一奉獻是稅前或稅後的問題時，我們顯出對奉獻的斤斤計較。馬利亞對主的奉獻，不計成本和後果，她所要表達的只是她對主的一顆心。奉獻最能反映我們對主的心，尤其是金錢的奉獻，更是愛主之心的試金石。馬利亞以她的生命，為我們帶出謙卑、敬拜、熱愛及奉獻的最高極致。她的信仰不但具有信心的根基，更具有活潑的生命色彩。願她的生命成為我們的激勵，讓我們不但渴慕敬拜與奉獻，更期待活在與主相交而來的生命悸動之中。

抹大拉的馬利亞：她的愛不為死亡所困

1. 引言

在晨曦未曉，天際還帶著一片幽暗的時候，有一位婦人帶著匆忙的腳步來到了墓園。她急切地走向了一個特別的墳墓，墓園的寂靜及天色的漆黑並沒有為她帶來任何的驚恐或懼怕。到底是誰，能夠使這位婦人具有格外的勇氣？又到底是甚麼原因，使她對死者的愛不被任何困難所限？究竟，這位引人深思的婦人是誰？她，就是約翰筆下的抹大拉的馬利亞。

約翰以「七日的第一日清早」，為我們掀起了復活敘事的序幕（二十1）。在受難敘事結束之後（十八～十九），約翰為我們帶出了耶穌榮耀復活的記載（二十1～29）。復活的敘事詳細地述說了，耶穌復活後的三次顯現（二十1～18、19～23、24～29）。這三次的復活顯現，分別以抹大拉的馬利亞，耶穌的門徒，及多馬為經文的中心人物。抹大拉的馬利亞這位婦女竟然令人意外地出現在復活敘事的第一次顯現中（二十1～18）。由這段經文，我們再次看見約翰發揮他生動的寫作技巧，使我們得以與抹大拉的馬利亞一同進入墓園中，並在空墳的旁邊，與她一同經歷悲哀、困惑及喜樂的感情悸動。

抹大拉的馬利亞對耶穌的愛，在約翰的筆下表露無遺。雖然耶穌死了，但殘酷的死亡，卻毫無力量阻擋抹大拉的馬利亞的愛。雖然耶穌已經成為過去，但抹大拉的馬利亞仍一心為主的最好著想。約翰刻意地將抹大拉的馬利亞放在復活敘事的第一段經文中，有他獨特的寫作用意。願意藉著這段經文的研究，更加深刻了解約翰所欲帶出的信息，並從中擷取寶貴的屬靈教導。

2. 心有所繫的愛

在耶穌受難之前，祂曾發出了門徒將因懼怕四散奔逃的預言（可十四27）。這預言也在耶穌被捕時，應驗成為令人心碎的事實（可十四50～52）。但是，卻有一羣敬虔的婦女，跟隨耶穌來到十字架前（太二十七55～61；可十五40～41；路二十三49、55～56；約十九25）。在這一羣婦女中，抹大拉的馬利亞的名字同時出現在三本福音書中。[100] 其中兩本福音書的描述將她的名字排列在名單之首（太二十七56；可十五40）。可見，她在當時信仰羣體及約翰心目中的地位。抹大拉的馬利亞是由加利利來跟隨耶穌，服事耶穌這羣婦女中的一位（可十五41；路二十三55；太二十七55～56）。抹大拉的馬利亞曾被七個鬼所附，但在痊癒之後，與其他婦女跟隨耶穌周遊各城，並以財物供給耶穌和門徒（路八1～3）。顧名思義，抹大拉的馬利亞來自抹大拉（Magdala），這是一個在加利利西岸的村莊，位落於提比哩亞北邊兩至三哩。[101] 在福音書中，抹大拉的馬利亞的名字總是與她所屬的地區一同出現，顯然她是當時信仰羣體所熟知的一位婦女信徒。福音書的作者從未說明她的真實身分，因為她到底是誰並非作者的關切，她的重要性在作者對她角色的刻畫中展現無遺。[102]

在約翰的筆下，抹大拉的馬利亞與其他的婦女，一同站在耶穌的十字架旁邊（十九25）。她親眼地目睹了耶穌的痛苦，兵丁對於耶穌衣服的瓜分（十九23～24），及耶穌最後將靈魂交付父神的時刻。她與其他三位婦女對於耶穌的愛與忠誠，恰與前文四位瓜分耶穌衣服的兵丁形成了強烈的對照。[103] 在更廣的前文角度之下，抹大拉的馬利亞等婦女必然使耶穌「所愛的門徒」之外的男性門徒倍覺羞愧。在他們四散奔逃（十六

32），及彼得三次不認主的懦弱表現中（十八17～27），婦女追隨耶穌至十字架下的勇氣更顯非凡。[104]約翰突破當時男女地位不平等的觀念，以事實的描述，反諷了男女門徒在應有表現上的倒轉。約翰對於十字架下婦女信徒的描述，一方面刺痛了男性門徒，另一方面卻也激勵了他們將來為主活出勇敢生命的心志。

為何抹大拉的馬利亞能夠跟隨耶穌而來到十字架下？在冒著被認出跟隨耶穌的危險之外，她還必須忍受眼見耶穌死去的心碎痛苦。除了愛，沒有一事一物能夠讓她承擔如此重大的挑戰。抹大拉的馬利亞的服事與跟隨，表現了她對耶穌的忠誠與摯愛。她在耶穌十字架下的出現，更讓我們體會她對耶穌那份深繫而無法割捨的愛。她對耶穌的愛，繼續地表現在二十章1至18節中。約翰以時間的提示，透露了馬利亞的心境。在「清早」，及「天還黑」的描述之下，我們體會了馬利亞那顆迫不及待的心情。根據布朗的看法，清早的時間可能是清晨三至六點之間。[105]在大地還是黑暗時，抹大拉的馬利亞來到了肅靜的墓園中。是否三天的等待實在難熬，以至於她在七日第一日的清早，天曉未明的時候，就往耶穌的墳墓直奔。她到耶穌的墳墓作甚麼呢？在與符類福音的合參中，學者對於馬利亞前來墓地的原因有不同看法。[106]但在約翰未作解釋的觀察之下，我們知道這並非作者所要表達的關切。作者的主要寫作用意，乃是藉著時間的要素，帶出馬利亞對耶穌的掛念。或許約翰對於「光及黑暗」的象徵筆法，也有可能應用在這段經文的理解中。在抹大拉的馬利亞仍處困惑的黑暗時，耶穌的復活顯現將為她帶來豁然開朗的光明。[107]

無論我們持何種觀點，約翰繼續由他對抹大拉的馬利亞的動作描述，讓我們看見她對主的關愛。當馬利亞來到墳墓前時，她看見石頭從墳墓被挪開了（二十1），「就跑來」見西門彼得和耶穌所愛的「那門徒」（二十2）。雖然約翰並未提及她是否探頭觀看墳墓，顯然她知道耶穌的屍體已經不在墳墓裏面，因為她告訴彼得和「那門徒」，有人把主從墳墓裏挪了去。對願意在清早天還黑的時候，就直奔墳墓的馬利亞來說，墳墓石頭的挪開及耶穌屍體的不見，必然是極大的震驚。在耶穌受難受死的痛苦景象，仍揮之不去地在她腦海中流連徘徊時，她竟然還要承受耶穌屍體不見的冷酷事實，難怪她要「跑」去找西門彼得和耶穌所愛的「那門徒」。馬利亞的「跑」，與彼得及「那門徒」在下文中的「同跑」（二十4），雙雙地帶出了奔跑者心情的焦急與急欲尋找真相的迫切感。在激動的情緒中，她以「我們」的身分向彼得及「那門徒」述說了空墳的發現。是否如同符類福音所記，馬利亞與一羣婦女來到墳墓之前？[108] 又是否她的「我們」只是當時一般用語習慣？[109] 在相異看法的討論中，奧戴提出抹大拉的馬利亞口中的「我們」，代表約翰以她道出當時信仰羣體對於耶穌看法的可能性。因為在約翰的時代，許多信徒與世人一樣迷糊，不知道耶穌從何處而來，也不知道耶穌要往何處而去（七33～36，八21～23），因此，馬利亞的「我們」，諷刺性地反映了當時信仰羣體對耶穌事工的重大誤解。[110]

來到空墳前的西門彼得及「那門徒」，在耶穌的細麻布及裹頭巾仍然放在空墳中的觀察之下，對於裹頭巾及細麻布的擺放方式和位置，作出了不同的結論。[111] 在「那門徒」看見就信了（二十8）的回應之下，西門彼得及抹大拉的馬利亞仍然處在耶穌屍體被挪走的困惑中。雖然在這個時候，沒有人真正明白聖經對於耶穌必要從死裏復活的預言記載，但是「那門徒」卻在空墳的啟示之下，成為信心門徒的典範。[112]

在二十章1至10節中，我們看見約翰所刻畫的三位人物。被門徒公認的領袖西門彼得，在此段經文中雖然沒有突出的表現，甚至與「那門徒」同跑都力不能及，但在約翰的筆下，他與「那門徒」一同證實了抹大拉的馬利亞對於空墳的見證。在女人見證不被重視的社會之下，西門彼得及「那門徒」在經文中的出現，成為了約翰辯護「空墳」事實的有效支持。[113]「那門徒」不但肯定了「空墳」的事實，也因著「空墳」的目睹，成為了第一個相信耶穌復活的門徒。而馬利亞這位不為社會所重視的婦女，卻因著對耶穌那份無法割捨的愛，意外地成為了親眼看見空墳的第一位信徒。

在十字架下，與主同度最後死亡時刻的抹大拉的馬利亞，在清晨天還黑的時候即匆匆來到墳墓前的她，在空墳的驚嚇中，跑去找西門彼得及「那門徒」的她，不像那兩位門徒一樣，在發現空墳的事實之後，就回到自己的住處去了（二十10）。她對耶穌心有所繫的愛，將使她看見更大的事⋯⋯

3 永不放棄的愛

雖然兩個門徒回自己的住處去了，抹大拉的馬利亞仍然獨自地站在墳墓外面（二十11）。中文〈和合本〉的「卻」一字，及英文譯本中的“But”，對照了回家的門徒，及仍然留在墳墓旁邊的馬利亞。[114] 由下面的經文（二十11～17a），我們再次地看見了馬利亞對耶穌的愛。佇立在墳墓外面的馬利亞正在哭泣。約翰在此所用的「哭泣」（κλαίω，二十11、13、15），與伯大尼的馬利亞為拉撒路的哀哭同屬一字（十一31），是一種哀悼死者的嚎啕大哭，[115] 此字與十六章的「痛哭」(κλαύσετε)(十六20)前後呼應，因此有些學者認為約翰在此預告抹大拉的馬利亞即將經歷耶穌對於「憂愁變喜樂」的應許。[116] 眼看著十字架上的耶穌死去，馬利亞在空墳旁又一次地經歷了失去耶穌的痛苦。她的痛哭乃是因為在她仍想為死去的耶穌作點甚麼時，耶穌的屍體竟然不見了。

在深沉的哀傷中，抹大拉的馬利亞低頭往墳墓裏看(二十11)。她看見了兩個穿著白衣的天使，一頭一尾地坐在安放耶穌身體的地方(二十12)。[117] 看見天使的她，似乎沒有驚奇的表現，只在一答一問中，說出了她哭泣的原因：「因為有人把我主挪了去，我不知道放在那裏。」(二十13)原來，馬利亞仍然佇立在墓園中，乃是因為她要繼續查明耶穌屍體的蹤影。她不輕易放棄她的執著，她所深愛的主在死後不知去向，並不是她可輕易接受的事實，而耶穌屍體被盜的羞辱，也不是她所能容許的錯誤。[118] 在兩位門徒離去之後，馬利亞仍然駐留在墳墓旁的行動，讓我們看見了一種不願放棄的特質，流露在抹大拉的馬利亞對耶穌的愛中。

轉身迎見耶穌的馬利亞，誤以為她所切切尋找的耶穌是看園的先生(二十14～15)。在耶穌的詢問中，馬利亞再次地道出了她哭泣的原因：「先生，若是你把他移了去，請告訴我，你把他放在那裏，我便去取他。」(二十15)與回應兩位天使的答案一樣，此時此刻在她的心中，耶穌屍體的去向是她惟一的關心。兩段的對答顯出馬利亞尋找耶穌屍體的決心。雖然在悲傷的痛苦中，尚且不明白耶穌復活意義的馬利亞，卻對耶穌的愛依舊屹立不搖。如果她能夠勇敢地站在十字架下，如果她能夠乘黑暗駕懼怕地直奔墓園，她也能夠在尋找耶穌屍體的事上堅持到底。誠然，馬利亞向耶穌表現了一種永不放棄的愛。

為何馬利亞沒有認出她所摯愛的耶穌呢？是否是她眼中的淚水模糊了她的視力？又是否她在墓園所見的耶穌，與她先前所認識的耶穌長相不同？顯然，約翰藉著「誤解」的筆法，描述了她的錯認，並帶出復活形體及耶穌必須升天的神學教導。如同以馬忤斯路上的門徒（路二十四16），及在提比哩亞海上打魚的門徒（二十一4），馬利亞在肉眼視力的限制中，無法認出復活的主耶穌。卡森以復活形體所表現的張力，具體地形容了耶穌復活形體的特性。一方面，耶穌的復活形體可以被觸摸（二十27），仍然帶著被釘的傷痕與記號（二十20、25～27），也可以為門徒烤魚烤餅吃（二十一9～10、12～13）。另一方面，耶穌的復活形體顯然能夠穿越細麻布及裹頭巾（二十6～8），不受緊鎖房門的限制（二十19、26）。[119] 難怪，就是不願放棄尋找耶穌的馬利亞，也無法辨認與她在墓園中談話的祂。

何竟想到，耶穌的一聲「馬利亞」奇妙地張開了一雙困惑的雙眼，也震醒了一顆陷在耶穌死亡中的迷糊心靈。馬利亞以希伯來話「拉波尼」回應了耶穌對她的呼叫（二十16）。馬利亞終於認出了耶穌，也找回了她心所繫念的主。耶穌親口呼喚的聲音是馬利亞認出祂的關鍵。如同耶穌在好牧人講論中所說的：「從門進去的，才是羊的牧人。看門的就給他開門，羊也聽他的聲音，他按著名叫自己的羊，把羊領出來。既放出自己的羊來，就在前頭走，羊也跟著他，因為認得他的聲音。」（十2～4）耶穌是馬利亞的好牧人，而馬利亞也是屬主的羊。他們在名字的呼喚及聲音的熟悉中，表現了兩者之間親密的關係。復活主的形體，不是信徒辨認主的方式，但復活主的聲音及祂對每位信徒的呼叫，卻是信徒證實主同在的最佳確據。或許如同馬利亞一樣，有時我們的眼睛被淚水模糊，甚至我們的肉眼無法突破，但我們必須切記，我們的好牧人主耶穌永遠親口呼叫我們，而我們也必定認得祂的慈聲愛喚。

在抹大拉的馬利亞難以形容的喜樂中，耶穌向她發出自己「必須升上去見父」的宣告（二十17b）。在這個宣告中，耶穌明說了升天的必要性，及升天將為信徒帶出的新關係。但是「不要摸我」的提示，卻出現在宣告之前，為讀者帶來難解的疑問。到底耶穌對馬利亞說這句話的意義為何，學者看法不一。有些學者從動詞時態及句型的觀察，解釋「摸我」的可能意義。[120] 有些學者則由耶穌得榮耀，包含受死、復活及升天的過程，了解耶穌在此藉著對於馬利亞的吩咐，而帶出的神學教導。[121] 學者孫寶玲正確地觀察上下經文的關連，並帶出符合邏輯的推論。他認為這節經文的詮釋，必須著眼於17節後半部的話，並由約翰敘事整體的主旨來看，才能得到合理的解決。因此，當耶穌對馬利亞說「不要摸我」或「不要拉住我」時，正表示了馬利亞對於耶穌復活的誤解。約翰要他的讀者明白復活並非耶穌工作的全部。受死、復活、升天，並聖靈臨到信徒的生命，才是耶穌榮耀工作的整體。因此，祂必須要升上去見父！[122]

總結來說，約翰藉著11至17節前半部的經文，展現了抹大拉的馬利亞對耶穌那份永不放棄的愛。因著對愛的堅持，馬利亞成為約翰筆下，第一位親眼見復活主的信徒。她雖然不是身為門徒領袖的西門彼得，更不是耶穌所愛的「那門徒」，「但」她繼續站在墳墓外面尋找耶穌的行動，卻使她經歷了較空墳更大的事。復活主的顯現，使得馬利亞的悲哀變為喜樂。而她對耶穌那份永不放棄的愛，竟然也變成為自己最大的祝福。

4. 順服主託的愛

抹大拉的馬利亞不但是第一位親眼見復活主的信徒，更承受了宣告主已復活，並要升天這大好信息的託付。耶穌親口對馬利亞說：「你往我弟兄那裏去，告訴他們說，我要升上去見我的父，也是你們的父，見我的神，也是你們的神。」(二十17) 耶穌託付馬利亞的信息宣告，不僅肯定了祂必要升天的事實，更包含了幾項重要的神學真理。由下文18節，我們看見「抹大拉的馬利亞就去告訴門徒」，可見，耶穌所說的「我的弟兄」，並非耶穌肉身家庭的弟兄，而是指跟隨祂的門徒而言。但耶穌對於門徒的這個稱呼，顯然極為獨特，因為在所有福音書中，耶穌與門徒彼此稱呼弟兄的出現極為罕見(太十二50；約二十一23)。因此，耶穌稱呼門徒為「我的弟兄」，隱含了一種新關係的建立。進一步，17節下半部「我的父，也是你們的父，我的神，也是你們的神」，繼續地肯定了新關係的存在。「我的弟兄」的稱呼，彰顯了耶穌及信徒之間的新連結，因為耶穌的受難，信徒得以與祂同為神的後嗣，因此成為屬靈上的弟兄。另外，「你們的父，你們的神」則表現了神與信徒之間的新關係。這種關係，也因著耶穌得榮耀的使命完成而實現。而「我的父／我的神」，及「你們的父／你們的神」之間，更是微妙地展現了耶穌及信徒各自與神關係的本質差異。耶穌與神的父子關係一貫性地出現在整本約翰福音書中(一14、18、34、49，三16～18、35～36，五19～30、40等)，然而，信徒與神的父子關係，則在耶穌受死得榮耀之後才被建立(一12～13)。[123] 在此種觀察之下，我們了解耶穌宣告祂要升天的重要涵義。因為惟有在升天之後，耶穌才真正地完成祂來到世上的榮耀使命。短短的宣告卻包含了豐富的神學真理。約翰藉著耶穌的宣告，啟示了耶穌得榮耀的完整意義，表明了耶穌與世人不同的獨特位格，[124] 並且帶出了信徒與耶穌及神之間新關係的形成。約翰誠然以耶穌的宣告，表達了他及當時信仰羣體所持守的信仰基要真理。[125]

毫不遲疑地，抹大拉的馬利亞執行了耶穌交託她的重大使命。在喜樂滿潮的興奮中，她告訴門徒：「我已經看見了主」（二十18），她並將主對她說的話告訴他們。[126] 抹大拉的馬利亞是一位心中充滿愛的婦女，她那種心有所繫的愛，表現在對耶穌的至死跟隨，而她對於耶穌屍體的尋找，也在愛中帶著一股永不放棄的特質。再次地，我們由另一個角度，看到了她對耶穌的深愛。在順服主託的行動中，我們看到了她對愛的實際表達。她對耶穌的愛，并不是掛在口中的言語之愛，乃是實際行動的愛心流露。在最後一個層面的愛中，她成了復活主的見證人。在她迫切的愛中，她成為了向兩位男性門徒，宣告空墳事實的見證者。因著她對愛的堅持與順服，她再次地成為了向男性門徒報告復活大好消息的宣揚者。

抹大拉的馬利亞雖然是一位平凡的婦女信徒，但她在約翰福音書中的出現，卻屢屢與耶穌事工中的重要時刻有關。在耶穌受難的十字架下，我們看見了她第一次的出現。而在空墳的旁邊，我們瞥見了她孤獨佇立的第二次出現。最後，在親眼看見復活主的高潮中，我們感受了她在經文中出現的喜樂。受難、空墳及復活，是耶穌得榮耀的重要階段，也是基督教信仰的核心要義，她何其蒙福，得以與耶穌生命中的重要時刻有所關連。約翰對於抹大拉的馬利亞的精心刻畫，不自覺地將她在約翰心中的地位全然顯明。

抹大拉的馬利亞在耶穌第一次復活顯現的經文中，超越兩位男性門徒而成為了經文的主要人物。在這段經文中，她是目擊者，是耶穌啟示的承受者，更是耶穌復活的宣揚者。約翰對於她的描述，持續了約翰福音全書對於婦女信徒的刻畫，表現了約翰寫作的一貫特性。在約翰筆下的婦女，總是扮演正面的角色，並帶出積極的信息。從耶穌的母親、撒瑪利亞婦人、伯大尼的馬大及馬利亞，到抹大拉的馬利亞，每位婦女都在耶穌身分的重要啟示及耶穌事工的關鍵時刻，出現在耶穌的身旁。多少時候，她們的表現使得男性門徒失色甚或羞愧，又多少時候，她們的信心符合了神對她們的揀選並安慰了耶穌對她們的捨命之愛。約翰對於婦女信徒的重視，不啻是對當時輕看女性社會的當頭棒喝。他的勇敢銳筆，也開啟了婦女信徒在神國中具有平等地位的教導。

抹大拉的馬利亞在社會中好似名不經傳，但在神的國度中，卻扮演了重要的角色。「對耶穌的愛」是屬世及屬靈分別的重要關鍵。藉著心有所繫的愛、永不放棄的愛及順服主託的愛，她使愛的定義更加寬廣，也使愛的色彩更加濃厚。或許有時我們不知如何向主表達我們的愛，又或許有時我們覺得心中缺乏對主的愛，在這種屬靈乾竭的時刻，抹大拉的馬利亞對主所表現的愛，將成為我們屬靈更新的動力。如果我們將她愛主的時刻或行動，活畫在我們的腦海中，她的一言一行將化成一股強烈的感力，永遠在我們心靈的深處蕩漾。

5. 抹大拉的馬利亞在上下文的角色

本文的經文焦點（約翰福音二十章1至18節）在全書的綱要

上，屬於榮耀敘事的復活部分。在復活的部分中，又屬於三次顯現的第一次。雖然此段經文已經脫離「神蹟／記號及講論」的二元編排結構，但我們仍然能夠由釋經的四個角度，獲得更全面性的經文了解。首先，由第一個釋經角度，我們看見了抹大拉的馬利亞的生命表現，代表具有作神兒女的權柄，而她的一切言行也證明她對耶穌的接待與相信（一12）。她對耶穌的忠心與摯愛，是從神生的最佳記號（一13）。雖然她的信心屬於「看見才信」的那一種（二十29），但因著信及耶穌的名，她也得享永恆的生命（二十31）。馬利亞對受難、空墳、復活及升天的見證，更是為前言耶穌道成肉身的真理帶出圓滿的詮釋（一14）。

在第二個與二元編排結構有關的釋經角度之下，我們遙見了耶穌在第十章的好牧人講論，成為抹大拉的馬利亞認出復活主耶穌的關鍵因素。事實上，耶穌的復活顯現就是一種神蹟的表現。因此，在約翰福音全書更廣的上下文考慮中，好牧人講論也在某程度上，解釋了耶穌對於抹大拉的馬利亞的復活顯現。

在第三個與敘事情節有關的釋經角度之下，我們看見了兩條貫穿全書的情節脈絡。首先，耶穌得榮耀的主題，由前言（一14）開始，接連在水變酒的神蹟之後（二11），持續地貫穿約翰福音全書（二22，三14～15，七33、39，八28，十11、18，十一25，十二27～28、32～33，十三1、3、31～33，十四2～3、12、28，十五26，十六5、14、16、28，十七1、11），直到抹大拉的馬利亞親眼目睹復活主，及受託主必升天的宣告中，才達到高潮性的結束。其次，約翰對於婦女信徒的刻意寫照，也成為鋪排情節的特色之一。如同前述，約翰對於婦女角色的正面刻畫，一致性地出現在約翰福音全書中。在耶穌地上事工揭幕之時，耶穌的母親即出現在旁(二1)，接著屬社會低層人士的撒瑪利亞婦人，竟成為耶穌啟示自己是彌賽亞身分的對象(四26)。伯大尼的馬大及馬利亞這對姊妹，也在耶穌受難時刻臨近的前夕，發出了至高的認信，并為耶穌預備了受難之前的膏抹(十一27，十二7)。抹大拉的馬利亞則在耶穌得榮耀的最後階段，扮演了重要角色。約翰對婦女角色的重視與強調，不但豐富了約翰福音的情節變化，更激勵了婦女信徒在信仰追求上的勇往直前。

第四個與歷史社會背景有關的釋經角度，讓我們更清楚地了解約翰寫作這段經文的用意。在眾多空墳理論的誤傳中，約翰以這段經文提出了空墳的歷史事實。在抹大拉的馬利亞的單一見證可能不夠有力的考慮下，約翰以門徒的領袖彼得及耶穌所愛的「那門徒」，作為空墳見證的有效支持。在兩位男性門徒的出現之下，當時的信仰羣體必然對於空墳的事實更有確據。約翰對於耶穌復活顯現的描述及耶穌必須升天的宣告，也為耶穌來到世上的目的帶出了完全的神學解釋。對於初期教會的信徒，約翰這段有護教性質的經文，顯然為信仰的要義打下了穩固的根基。

6. 省思與今日應用

到底抹大拉的馬利亞動人心弦的生命故事，能為今日的信徒帶來何種的省思與幫助呢？我想她對愛的堅持，是今日信徒實踐愛的最佳榜樣。如同使徒約翰在另一封書信中對於信徒的勉勵：「小子們哪，我們相愛，不要只在言語和舌頭上，總要在行為和誠實上」(約壹三18)，抹大拉的馬利亞可以說是完全活出了使徒約翰對於愛的教訓。在這段經文中，她以行為和誠實的愛，獻給了她生命的主。僅僅出現在約翰福音後半部的抹大拉的馬利亞，卻出現在耶穌事工的最關鍵時刻。為甚麼她有如此的尊榮與福分？這一切全然是因為她對耶穌的愛，不為周遭的環境或事物所改變。十字架的殘酷景象，不能阻擋她對耶穌的跟隨，黎明前的黑暗，也沒有削減她對死去耶穌的懸念，而空墳的發現，更堅持了她尋找耶穌的決心。

如果說抹大拉的馬利亞對主耶穌的愛有一種特色，那麼「堅強的力量」應該是最佳的描述。她對主耶穌的愛，不如伯大尼的馬大的理性，也不如伯大尼的馬利亞的體貼與奔放，但她所表現的愛卻帶著使人無法擊倒的勇氣，全然不被死亡所困。抹大拉的馬利亞對主耶穌所表現的愛，如同一面鏡子，讓我們看見了自己對主的愛。我們對主的愛有何種特色呢？我們對主的愛又是否時常受到環境或人事的影響？信徒的攻擊，朋友的誤解，事奉的挫敗，甚至社會的嘲笑，是否使我們對主的愛變得冷淡？在萬難中，我們是否仍能憑著信心，堅持我們對主的愛直到永遠？馬利亞的生命可能使我們羞愧，但她也可以成為我們學習的榜樣，激勵我們在愛主的行動上更加突破和堅持。

愛不只是情感的流露，更是意志的執著。抹大拉的馬利亞讓我們看見，我們與她一樣，可以為主活出一種超越一切的勇敢之愛！

結論

由上述經文的探討，可以看出作者約翰對約翰福音中的婦女描繪了極為積極正面的角色，甚至當這些婦女與其他男性人物相互對照時，她們在信心的表現上更顯突出。

耶穌的母親出現在約翰福音的前段，也出現在約翰福音的後段。經由耶穌在十字架上的託付，耶穌所愛的門徒與耶穌的母親組成了一個新的家庭。這個家庭是神的家庭，家庭成員的關係建立在對耶穌基督的信仰之上。因為這個新形式家庭的成立，耶穌基督的事工在祂升天之後，得以在世上持續。馬利亞的重要角色由此可見。

撒瑪利亞的婦人，雖然屬於猶太人所輕視的撒瑪利亞族，又是一個婦人，耶穌卻向她啟示自己是彌賽亞的身分。她因著信心成為主耶穌的同工。在神的旨意下與耶穌同享「真正的食物」。

馬大的認信在約翰筆下更是獨一無二。因為馬大與耶穌的對話，耶穌啟示自己為復活，為生命的「我是」宣告。而這個宣言也為拉撒路的復活做了最好的解釋。

馬利亞對耶穌的感恩以及心意的了解，多顯於她的行為。她以香膏抹耶穌，不但帶來耶穌替她的辯護，更成為普天下所有信徒記念的美事。

抹大拉的馬利亞在墳前對主耶穌情感的敞開，為她帶來了最大的獎賞。而這最大的獎賞就是，親身體會眼見復活主的喜樂，並成為傳揚耶穌基督復活以及升天的使者。何等神聖的使命託付！

總結來說，約翰筆下的這五位婦女代表了由穌耶穌基督而來的信仰，在下列幾方面的突破。首先，耶穌的母親為我們帶出了耶穌與世人不同的獨特身分。撒瑪利亞婦人讓我們看見信仰對於種族界線的破除。馬大及馬利亞這兩位姊妹讓我們看見世人對於耶穌的兩種反應。馬大與馬利亞對於耶穌的愛，顯露了猶大對耶穌的冷漠及恨意。愛與恨、接受與拒絕，在兩位婦女的故事中冷酷地被分隔出來。最後，抹大拉的馬利亞也讓我們看見耶穌衝破死亡界線的復活大能。可見，在約翰表達信仰理念的寫作目的中，婦女在信仰界線設定或破除的功能上，佔據了不可或缺的重要角色。

婦女在主耶穌的眼中是神美好的創造，在神的國度中擁有平等獲得耶穌救恩的權利。在信心的經歷上，婦女常因對主情感的敞開及信心的堅持，蒙神更大的祝福。耶穌突破了傳統禮儀對婦女的看法，祂將婦女由捆綁中釋放出來。在基督耶穌裏，婦女是自由的！如果撒瑪利亞婦人都蒙耶穌的揀選承受救恩，並成為耶穌的見證人，誰還能懷疑婦女在信仰羣體中的角色呢？誰還能懷疑婦女成為信心榜樣的可能性呢？

在約翰福音中，對婦女角色在信仰羣體中的積極肯定，對以後婦女信徒有極大的貢獻。婦女信徒可以不再被社會對性別角色的歧視所限制。她們可以在信仰裏自由地經歷主耶穌的恩典。她們可以在服事中放膽勇往直前，因為神國度的兒女，沒有性別的歧視，神國度的婦女也可以成為耶穌基督的精兵！

註釋：

1 O'Day, *John*, p. 535.

2 Carson, *John*, p. 168. 他認為在約翰福音中的大好消息反映了新的創造（一1）。耶穌在安息日行神蹟的經文，陸續地出現在約翰福音之中（五16，七21～24，九16），更顯出了創造方面的強調。莫理斯亦有類似看法，參 Morris, *John*, p. 156。

3 Keener, *John*, p. 498.

4 O'Day, *John*, p. 536.

5 Brown, *John*, p. 98. 布朗不同意馬利亞要求耶穌行神蹟的看法，因為之前我們沒有任何的證據顯示耶穌曾行過神蹟。

6 Morris, *John*, p. 158.

7 Carson, *John*, pp. 169～170; O'Day, *John*, p. 536.

8 Haenchen, *John 1*, trans. R.W. Funk (Hermeneia; Philadelphia: Fortress Press, 1984), p. 173. 由於這種稱呼不尋常，NEB將婦人譯為「母親」(mother)。NIV則譯為「親愛的婦人」(Dear woman)，以避免不合人情的意味。

9 Hoskyns, *The Fourth Gospel*, p. 158.

10 O'Day, *John*, p. 537.

11 NIV譯為20到30加侖，而NRSV則翻譯為20或30加侖。

12 Brown, *John*, p. 105. 布朗認為豐盛的酒量，與舊約描述末日喜樂景況的特徵符合（摩四13～14；何十四7；耶三十一12），因此一百多加侖的酒量的象徵意義，為門徒帶出耶穌就是彌賽亞的肯定。鍾志邦（《約翰福音》，頁195）建議，「六」口石缸是一個象徵性的數目，與「七」這個完美的數目仍有缺一的距離。我們不能肯定他的看法是否正確，因為約翰福音沒有「六」這個數目形態的固定出現，因此無法提供解答。然而，他的建議極易激發讀者的興趣。O'Day, *John*, p.538 亦認為豐盛的酒量，預示了耶穌五餅二魚餵飽千人的景況（約六1～15）。在這兩個例子中，讀者都見到耶穌所賜禮物的超然豐盛。

13 Morris, *John*, p. 164. 莫理斯認為耶穌彌賽亞的榮耀向一些人顯現，但也向一些人隱藏。在頭一個神蹟之前，耶穌的門徒因對耶穌有足夠的認識而跟隨祂，但當他們看見耶穌的榮耀顯現之後，他們以信心相信耶穌並跟隨祂。

14 類似的看法，參 Carson, *John*, p. 175。

15 二章4節極具挑戰性，不易翻譯，因為它似乎違反了中國文化固有的孝道美德。另外，希臘文的「我」與「你」以間接受格的形式出現（to me，to you），亦難以處理。Wallace, *Greek Grammar*, p. 150 及 Robertson, *Grammar*, p. 736 認為，這種間接受格的方式有所有格的意義，因此可以將這節經文翻譯為「我與你有甚麼相干？」（"What do we have in common?"，參〈七十士譯本〉王下三13）之慣用說法。事實上，耶穌在許多方面獨特地顯出祂與母親不同。祂的神性不但使祂與馬利亞有別，更顯示了祂就是聖殿的身分。即使馬利亞是耶穌的母親，她對於聖殿也沒有任何象徵性的能力。沒有一個人能夠適當並充分代表聖殿。如此說來，當約翰以宗教禮儀的範疇來建構敘述時，那麼母子之間的孝順關係並不是解釋這句經文的適切角度。

16 Carson, *John*, p. 618; O'Day, *John*, p.532; Keener, *John*, pp. 1143～1145.

17 Keener, *John*, p. 1145.

18 Brown, *John*, pp. 109, 925～926; Hoskyns, *The Fourth Gospel*, p. 530. 霍斯金斯認為耶穌「所愛的門徒」及母親馬利亞的合一，象徵了教會的合一。因為耶穌的母親是所有信徒的母親，而耶穌「所愛的門徒」是所有信徒的典型代表。另外，R. Bultmann, *The Gospel of John*, trans. G. R. Beasley-Murray (Philadelphia: The Westminster Press, 1971), p. 673 認為馬利亞是猶太人信徒的代表，而耶穌所愛的門徒則成了外邦人信徒的代表。事實上，耶穌所愛的門徒本身是猶太人，因此布特曼的看法不成立。

19 O'Day, *John*, p. 832.

20 Conway, *Men and Women in the Fourth Gospel*, p. 84. 她認為耶穌的母親在十字架下出現，與她在耶穌事工開始時出現，一樣有深刻意義。如果說馬利亞在耶穌事工開始時，助祂一臂，那麼她在十字架下出現，與耶穌事工的完成也有密切的關係。耶穌的母親是否有可能以一介女性，在地上扮演如同天父的角色。這假設實屬大膽。

21 相似的看法，參 Brown, *John*, p. 169; Keener, *John*, p. 590; Morris, *John*, p.226。莫理斯進一步認為耶穌是世界的光，因此這光絕對需要照亮其他種族。然而，Carson, *John*, p. 216 持不同看法，他並非反對耶穌與撒瑪利亞婦人的對話是在神的旨意之下進行，但他認為只由旅程的安排，並不足以解釋他們的對話是由神旨意所驅使。O'Day, *John*, p. 565 認為「必須」應當有地理及神學兩方面的因素，才是最佳的解釋方式。

22 傳統上，大家都認為這件事在「約有午正」(about noon, NRSV) 時發生。可是，原文只是說「第六小時」(the sixth hour, NIV)。按猶太人曆法，第六小時是正午，因為他們以日出日落為起始點，而大約十二小時為一個椒環。可是，這與當時的季節不合。按約翰福音四章35節所載，門徒認為「到收割的時候還有四個月」，如果我們將收割的時間推算為遲至逾越節後期，那收割的時候便大約在四月份。如果以耶穌於公元三十三年被釘死來推算，那麼逾越節便會於三月下旬來到。在這種情況下，最遲的收割時間便是剛過完逾越節那個時候，或者更大可能是大約於逾越節時來到。但無論怎樣推算，耶穌跟門徒這次會面當發生在冬天。但冬天的第六小時不會很熱，而城裏的人會在第六小時走出來打水，但按經文描述，除了那個婦人外，似乎再沒有其他人在打水。在這種情況下，「第六小時」指正午便不合理了。那麼，第六小時是甚麼意思？答案可能是這樣：約翰按羅馬人的時間計算，即第六小時意指黃昏。如此，在下午六時，天氣轉冷，而城中的人亦已打好了水——除了這個婦人。因此她獨自一人。於此，約翰延續著「黑暗」這

個母題 (motif) 是完全合理的，因為這個黑暗的敘事與尼哥底母「夜裏」(約三2) 的母題完全吻合。井旁婦人的記述，用意是與尼哥底母並排的。雖然，或許約翰在耶穌被釘死的記述中用上了猶太人的時間，但這裏他明顯用上羅馬人的時間來陳述他的神學觀點：將井旁婦人刻畫成一個與猶太教師尼哥底母相對照的人物。

23 Morris, *John*, p. 229 認為約翰這句話，可能指食物或飲料的器具。因為，單照字面的意義，這句話顯然在門徒進城買食物的行動上，產生了解釋的困難。NIV 翻譯為 "For Jews do not use dishes Samaritans have used."。

24 關於猶太人和撒瑪利亞人之間的衝突歷史，參以下的簡單解釋：Brown, *John*, p. 170。

25 Keener, *John*, pp. 592, 598; O'Day, *John*, p. 565.

26 Culpepper, *Anatomy of the Fourth Gospel*, p. 136; John Painter, "Quest stories in John 1-4," *JSNT* 41 (1991), pp. 33～70 以經文結構的分析，明顯將這兩個故事放在一起，他認為由二章1至11節及四章46節，我們可以知道這是主題一貫的段落經文 (inclusio)。反觀 Maloney, *Belief in the Word*, pp. 132ff. 卻將撒瑪利亞婦人的敘事與尼哥底母的故事分開為不相關的敘事。

27 O'Day, *John*, p.566 認為約翰對於「活水」一詞的運用，有雙重的意義。這種寫作筆法是約翰福音的特色之一，第三章的「重生」(born again/from above) 也屬這種寫作筆法。

28 Brown, *John*, p. 170.

29 Beasley-Murray, *John*, p. 61. 撒瑪利亞婦人顯然以自然的水來了解耶穌的活水。O'Day, *John*, p. 566認為撒瑪利亞婦人此時的表現，就如第六章的眾人一樣 (六34)，他們向耶穌要求生命的糧或生命的水是正確的，但理由及動機顯然是錯誤的。

30 Carson, *John*, p. 220.

31 Culpepper, *Anatomy of the Fourth Gospel*, p. 156 認為撒瑪利亞婦人是否了解活水的意義並不重要，約翰的目的是要讓讀者了解活水超越字面的象徵性意義。另參 Bultmann, *John*, p. 181; O'Day, *John*, p. 566。

32 Morris, *John*, p. 230.

33 有"spring up"或"leaping"的力量，NIV的"welling up"並不夠表達力量，因為耶穌所賜的生命不是靜止或無力的。

34 Brown, *John*, p. 171.

35 Morris, *John*, p. 233.

36 參本文註腳 #28，我同意卡爾佩珀的看法。顯然，撒瑪利亞婦人在這談話中，並不了解活水的意義。但對約翰來說，讀者藉著全書的進展而對活水意義的了解，其重要性遠超過撒瑪利亞婦人對活水的了解。

37 Carson, *John*, p. 222.

38 Morris, *John*, p. 236; Wright, *Jesus and the Victory*, p. 165 指出彌賽亞是否一位先知，那是第一世紀常見的討論主題。極可能，約翰藉著他在約翰福音中的敍事熱忱地加入這類討論(例如，約一21)，但我們永遠無法確定這是約翰的主要關心。其它的福音書也暗示了這種討論的存在。

39 Keener, *John*, p. 593. 事實上，撒瑪利亞人也極具宗教性。他們有文士解釋聖經，也接受摩西五經，更將婦女在性方面的不道德看為嚴重的罪。

40 孫寶玲：《約翰福音文學註釋》，頁63。

41 Conway, *Men and Women in the Fourth Gospel*, pp. 117～118; O'Day, *John*, p. 567. 她認為撒瑪利亞婦人有五個丈夫，可以多種不同的原因解釋。由經文的觀察，約翰沒有給予足夠資料來判斷她道德生活的好壞。

42 欲知兩者選擇不同地點之原因，參 Carson, *John*, p. 222。

43 O'Day, *John*, p. 568. 她認為，耶穌提醒撒瑪利亞婦人，以色列人有神的選民之地位。如果她拒絕猶太人，就可能拒絕神的救恩。但在對猶太人肯定的評價之下，這節經文在約翰福音的上下文中，亦有諷刺的色彩，因為它指出了在約翰福音中一個極顯明的衝突主題。的確，救恩是從猶太人來的。但是，許多猶太人卻不願意接受耶穌所賜予的救恩。

44 Morris, *John*, p. 239. 他認為「靈」在此不可能指聖靈，約翰說的是人的靈，因為人必須以在靈裏正確的態度敬拜真神，而不應以外在的敬拜場所來表現敬拜的方式。可見，莫理斯在此以內在及外在敬拜的對照，作為經文解釋的重點。

45 「心靈和誠實」在 NASB、NIV 皆為 "in spirit and truth"。可見，「誠實」有「真理」的意義。

46 Brown, *John*, pp. 180～181; Keener, *John*, p. 618; Carson, *John*, p. 225. 基納指出，在約翰福音中，「人的靈」並非約翰使用「靈」的常見用法。除了指耶穌的靈之外(十一33，十三21，十九30)，大多是指神的靈(大約十四次之多)。

47 Brown, *John*, p. 180; 另參 Larry Paul Jones, *The Symbol of Water in the Gospel of John* (JSNTSup 145; Sheffield: Sheffield Academic Press, 1997), pp. 109～115。

48 Resseguie, *The Strange Gospel*, p. 13 認為尼哥底母所理解的新生命，純粹是人的努力。這個說法可能稍嫌誇大。其實，尼哥底母的誤解在於按字義明白耶穌在三章3節的「重」(again) 生。另參 Thatcher, *The Riddles*, p. 269。撒切爾指出「重生」含有雙重意義，引進一個令人困惑又難以回答的謎語。

49 Carson, *John*, p. 226. 猶太人並不認為彌賽亞有教師的身分，但撒瑪利亞人所了解的彌賽亞有啟示真理的角色，是最終極的先知。

50 Keener, *John*, p. 622; Frances Taylor Gench, *Back to the Well* (Louiseville: WJKP, 2004), p. 123.

51 O'Day, *John*, p. 570 認為撒瑪利亞婦人正如施洗約翰，是將人帶進耶穌信仰的見證人。但在他們見證目的達到之後，他們見證的重要性就減低，由這些新信主之人與耶穌的經歷所取代。她認為，這種信心的轉變成長，是約翰福音有關見證及信心的典型。

52 Bultmann, *John*, p. 201.

53 Beasley-Murray, *John*, p. 66.

54 Craig R. Koester, "The Savior of the World (John 4:42)," *JBL* 109. No. 4, (1990), pp. 665～680. 他認為撒瑪利亞人的認信極為特別，因為當時救世主的稱號為羅馬凱撒所用。因此，他們真正了解能為世人帶來拯救的，不是帝國或會堂，而是耶穌基督。約翰也藉著這節經文，再次肯定神的掌權。撒瑪利亞人對於耶穌的真實認識，不但使他們遠離偶像，更破除了對於帝國皇帝的虛幻期待。有關帝王崇拜的研究，參 Steven Friesen, *Imperial Cults and the Apocalypse of John: Rereading Revelation in the Ruins* (Oxford: University Press, 2001)。

55 Conway, *Men and Woman in the Fourth Gospel*, p. 125 認為撒瑪利亞婦人既實際又勇敢。她不但在自己的立場上有能力與耶穌對話，還表達了敏銳的觀察及週到的問題。因為撒瑪利亞婦人不放棄地與耶穌對談，耶穌向她啟示了自己的身分。由此觀察，撒瑪利亞婦人從一個對話的伙伴，變成耶穌事工的伙伴。康韋因此認為，在約翰的筆下，撒瑪利亞婦人與耶穌的母親在這方面扮演了相同角色。但是，若由第二章耶穌「時候未到」的觀察，及第四章耶穌「必須」經過撒瑪利亞的暗示，我們知道耶穌的時間及行事權都在天父的旨意下。因此，不論是撒瑪利亞婦人或耶穌的母親，在水變酒的神蹟或耶穌啟示自己身分的事上，都沒有干預或促進的能力。

56 耶穌運用水的主題的方式，也有重要的彌賽亞暗示。賽五十五1ff. 提到提到耶和華對以色列提供水。假如耶穌是取材自此，那麼撒瑪利亞人採納「真」以色列人的角色就相當諷刺。在此是一個有問題的撒瑪利亞婦人，被約翰描述為一個真以色列人。只有彌賽亞的救恩才可以完成這樣一個不可能和諷刺的目標。 Sim. Michael Daise, "If anyone thirsts, let that one come to me and drink: literary texture of John 7.37b-38a," *JBL* 122 (2003), p. 689, 文中對七章37至38節提出了相同的解釋。

57 參本書「約翰福音釋經方法論之探討」的約翰福音全書綱要。

58 Bultmann, *John*, p. 392.

59 O'Day, *John*, p. 681.

60 參本書「約翰福音釋經方法論之探討」的約翰福音全書綱要。在結構上說，約翰福音十至十二章屬於第七個「神蹟／記號與講論」的二元編排結構單元。與生命有關的好牧人講論，為主叫拉撒路復活的神蹟提出了解釋與教導。

61 Keener, *John*, p. 835 認為此段經文與耶穌的第一個神蹟相互呼應。耶穌以婚筵的喜樂為首個神蹟的開始，卻以悲哀的喪禮作為最後神蹟的結束。這種寫作方法常出現在古代文學作品中。可見，拉撒路復活的神蹟故事，在約翰福音的情節發展上佔了重要地位。

62 Conway, *Men and Women in the Fourth Gospel*, p. 136; O'Day, *John*, p. 684.

63 Bultmann, *John*, p. 398 認為耶穌故意遲延，應該與二章4節及七章6至10節對照觀察，如此讀者可以清楚明白耶穌的遲延，乃是為了彰顯祂對時間的掌控及主導。Carson, *John*, p. 407 亦認為耶穌的遲延，乃是為了彰顯祂不受人掌控的自主權，只順服父神的時間及旨意。因為按照地理距離，耶穌兩天的遲延並未造成拉撒路的死亡。其實，在帶信者離開不久之後，拉撒路已經死亡。

64 「他若睡了，就必好了」(約十一12) 中的「好了」，在 NIV 譯為「轉好」(get better)，而在 NRSV 則譯為「沒有問題」(be all right)。可見門徒對於耶穌話語的誤解。

65 O'Day, *John*, p. 687.

66 Keener, *John*, pp. 842～843.

67 Bultmann, *John*, p. 401 認為馬大第二句話中的「就是現在」，並沒有消滅她對耶穌的相信，而「我也知道」更是對耶穌的信心表現。Hoskyns, *John*, p. 402 認為馬大的信心可以在她相信耶穌是禱告必蒙應允的義人中看見。O'Day, *John*, p. 688 卻認為馬大在21節中的話語有抱怨的意味。她認為，抱怨也是猶太人表現信心的一種方式，卻不減少馬大的敬虔。相反地，馬大的抱怨反而使她在22節的信心表現更有力與突出。Carson, *John*, p. 412 也認為馬大並沒有失去對耶穌的信心，並且承認耶穌與父神的親密關係，成為了祂禱告必蒙應允的確據。

68 猶太人對於末日復活的觀念，顯然源於舊約。但以理書(但十二2)、甚至最早的約伯記(伯十九25～26)都清楚地有末日復活的觀念。

69 Culpepper, *Anatomy of the Fourth Gospel*, pp. 164～165. 對卡爾佩珀來說，約翰福音中的「誤解」表現了三種重要的寫作功能。首先，「誤解」區分了信徒與非信徒的觀點，幫助信徒辨認正確的信仰真理。其次，「誤解」為讀者除去了神學觀的懷疑，同時修正偏差。最後，「誤解」的運用，教導了讀者如何閱讀及了解真正的福音。

70 Carson, *John*, p. 413 提出復活與永生是否同屬一事的思考，他與陶德有相同看法，認為復活與永生雖然有彼此互補的作用，但仍屬兩個獨立的觀念。

71 Morris, *John*, p. 488.

72 D. Moody Smith, *The Theology of the Gospel of John*, pp. 150～151 更進一步指出，信徒在現世生活中對於「喜樂」及「平安」的體驗(約十16)，就是擁有末日生命的最具體表現。

73 Anthony Tyrrell Hanson, *The Prophetic Gospel*, p. 262 認為主叫拉撒路的復活，是自己即將受難並復活的預演。當耶穌發出25節的「我是」宣告時，祂身負著復活主的角色。

74 孫寶玲：《約翰福音文學註釋》，頁120～121 認為馬大對耶穌的回答，顯示了她信心的限制(約十一21～27)。在馬大的心中，耶穌只是個行神能的媒介。儘管馬大以幾個稱號(基督、神的兒子、那要臨到世界的)回應耶穌的挑戰，但正確的神學稱謂往往並不代表完整的信仰內容。Brown, *John*, p. 434 亦有馬大信心不完全的看法。他認為，正因為馬大無法了解她對於耶穌的稱號，因此耶穌必須行使叫拉撒路復活的神蹟，以彰顯這些稱號所含的更深層真理。

75 卡森及莫理斯亦屬此陣營，參 Carson, *John*, p. 414; Morris, *John*, p. 489; Conway, *Men and Women in the Fourth Gospel,* p.143。康韋認為在約翰福音中，惟有撒瑪利亞婦人與馬大的信仰告白，沒有耶穌的任何責備或審判的經文隨後。約翰容讓她們兩位的信仰告白，清晰地存在。

76 O'Day, *John*, p. 689; Conway, *Men and Women in the Fourth Gospel*, p. 150, n. 240.

77 Morris, *John*, p. 496.

78 Morris, *John*, pp. 489～490.

79 Keener, *John*, p. 844.

80 Morris, *John*, pp. 478, 486, n. 47. 在註腳中，莫理斯提出其他學者對此段經

文的不同看法。賴爾(Ryle)認為馬大在信仰層面上優於馬利亞，因為馬利亞陷在喪失親人的痛苦中，而失去了聆聽耶穌偉大宣告的機會。斯特羅恩(Strachan)認為馬大在此表現高於馬利亞。但紐比金(L. Newbigin)卻非如此看重馬大，他認為馬大不但沒有對耶穌獻上全然的敬拜，她的信心也未達她所相信的理性層面。

81 Morris, *John*, p. 490, n.61.

82 Haenchen, *John 2*, p. 65.

83 類似的看法，參 Morris, *John*, p. 492; Carson, *John*, p. 415; Conway, *Men and Women in the Fourth Gospel*, p. 145。

84 Morris, *John*, p. 493.

85 孫寶玲：《約翰福音文學註釋》，頁121～122; Hoskyns, *John*, p. 405; Bultmann, *John*, p. 406; Morris, *John*, p. 494。 莫理斯亦主張耶穌的憤怒，乃是因為哀悼者的態度而引起。他認為哀悼者對於死亡性質及耶穌身分的全然誤解，是耶穌悲歎憂愁的原因。

86 Brown, *John,* p. 435. 布朗採用符類福音對於憤怒的傳統解釋，認為耶穌的憤怒是因為祂此刻親自面對死亡所代表的撒但權勢。他更引用教父屈梭多模(Chrysostom)，認為耶穌此刻的心情，與祂在客西馬尼園面對死亡及與撒但爭戰時一樣。另參 Carson, *John*, p. 417。他認為耶穌的悲歎與哀愁，包含了對於不信及死亡權勢的悲痛。這也解釋了隨後經文對於耶穌情感的描述(約十二35、38)。

87 O'Day, *John*, p. 691, n.356.

88 中文〈和合本〉及英文 NIV 並未將"therefore"譯出，以至於讀者容易忽略作者對這兩節經文與前面經文關連的用意。

89 類似的看法，參 Hoskyns, *John*, p. 413。

90 Ben Witherington III, *Women in the Ministry of Jesus* (Cambridge, U. K.: Cambridge University Press, 1994), p.112; 另參同一作者的 *Women in the Earliest Churches* (Cambridge, U. K.: Cambridge University Press, 1996), p. 176。

91 Witherington III, *Women in the Ministry of Jesus*, p. 113; Keener, *John*, p. 863; Morris, *John*, p. 512.

92 O'Day. *John*, p. 701.

93 Keener, *John*, p. 862.

94 NIV 將十二章5節的「三十兩銀子」譯為「一年的工資」(a year's wages)。若以一年的工資來看，真哪噠香膏的價值實在極貴。

95 O'Day, *John,* p. 702.

96 Conway, *Men and Women in the Fourth Gospel,* p. 153 及Haenchen, *John 2*, p. 85 皆持類似看法。

97 Bultmann, *John*, p. 416. 他認為馬利亞與該亞法一樣，無意中說出預言或作出預言性的舉動。參 Brown, *John*, p. 454; Carson, *John*, p. 430。

98 Morris, *John*, p. 514.

99 Haenchen, *John2*, p. 85 提出布特曼認為耶穌在此的意思，是要馬利亞將香膏留至耶穌真正埋葬的那日使用。然而，真哪噠香膏已在馬利亞的行動中，全然被用在耶穌的膏抹中，因此這種看法值得再思。

100 只有路加福音對於十字架下的婦女，沒有提及任何名字（路二十三49、55～56）。

101 Carson, *John*, p. 616.

102 O'Day, *John*, p. 840 提醒讀者不要在福音書合參中，隨便作出抹大拉的馬利亞是有罪的女人或妓女的結論。再者，約翰除了帶出抹大拉的馬利亞與她所屬之地的關連以外，並未對她多作描述，可見她是當時約翰信仰羣體所熟知的人物。我們也無需針對抹大拉的馬利亞對於空墳的反應，作出過度負面的評估。在以下的文章中也有類似的觀察，參 Dorothy A. Lee, "Partnership in Easter Faith: The Role of Mary Magdalene and Thomas in John 20," *JSNT* 58 (1995), pp. 37～49。她將焦點放在多馬及馬利亞的身上，認為兩人都沒有看見耶穌。然而，相異之處在於，有人告訴多馬有關耶穌復活的消息。因為約翰福音的經文極難與符類福音調和，因此我們無法確知馬利亞是否曾經被告知有關耶穌復活的消息。

103 Morris, *John*, p. 717; Keener, *John*, p. 1141.

104 Keener, *John,* p. 1142 提出當時男女地位不平等的觀察。在當時的社會，如果女人有勇氣，常被描述為「像男人」，而當男人顯得懦弱時，則被譏笑為「像女人」的表現。

105 Brown, *John,* p. 980.

106 Brown, *John,* p. 981. 約翰沒有解釋抹大拉的馬利亞來到墳旁的原因，在路加及馬可福音中，提到這些婦女想要為耶穌的屍體抹油，然而在馬太福音中，墳墓卻有兵丁看守。因此，婦女不可能靠近墳墓來膏抹耶穌。布朗認為彼得福音的看法最為中肯，即馬利亞是為耶穌哀悼哭泣而探視墓地。

107Carson, *John,* p. 635; Keener, *John*, p. 1178. 基納認為「清早」及「天還黑」象徵抹大拉的馬利亞從黑暗進入光明，對照第三章的尼哥底母。因為在其它福音書中，只有清早時間的描述，但在約翰福音中卻強調「天還黑」的時候。因此，約翰極有可能應用「光與黑暗」的象徵寫作筆法。

108Morris, *John*, p. 734 認為在當時，一個女人不可能在這種時間獨自跑出城外，因此抹大拉的馬利亞在天黑時，應該有其他的婦女結伴同行。這種看法與符類福音吻合（太二十八1；可十六1～2；路二十四1）。

109Brown, *John*, p. 984 並不同意當時亞蘭文常以第一人稱複數代表第一人稱單數的看法，因為約翰在第13節中僅以「我」的單數名詞出現。

110O'Day, *John*, p. 840.

111學者對於西門彼得及「那門徒」對空墳的回應有不同的詮釋方式。參 Brown, *John,* p. 988; Keener, *John*, p. 1184; Hoskyns, *John*, p. 540。他們認為「那門徒」是第一個相信復活主的門徒。O'Day, *John*, p. 841 認為，「那門徒」的信心建基於他對空墳的觀察。在此之下，他相信耶穌戰勝了死亡。但如果說「那門徒」相信耶穌復活，顯然是對故事過分倉促的了解與判斷。Morris, *John,* p. 736 及 Carson, *John,* p. 638 皆認為，「那門徒」因為裹頭巾及細麻布的存在及放置方式，而相信耶穌的復活。他因此成為「看見才信」的典型，而使作者帶出「那沒有看見就信的有福了」的極致信心（約二十29）。Conway, *Men and Woman in the Fourth Gospel*, p. 192 則持相反的看法，認為「那門徒」與西門彼得及抹大拉的馬利亞一樣，都不了解空墳的涵義。

112有關「那門徒」的信心回應，參本書「那門徒：一個眾所皆知的無名者」。

113Beasley-Murray, *John,* p. 372; Keener, *John*, p. 1184. 男性門徒在這段經文的出現，使空墳的見證更加有利，因為如果當時的人拒絕女人或一個男人的見證，那麼兩位男性門徒的出現，則代表了法律上有效的見證人（申十九15）。James L. Resseguie, *The Strange Gospel,* pp. 145～149 認為，抹大拉馬利亞與天生瞎眼者同屬當時社會的邊際人物。她不只站在墳墓的外面，連她的見證都要其他兩位弟兄來證實。參 Resseguie, *Narrative Criticism of the New Testament* (Grand Rapids: Baker, 2005), pp. 141～147。

114參 NASB 及 NIV。

115Morris, *John*, p. 739, n.30.

116O'Day, *John*, p. 841; Conway, *Men and Women in the Fourth Gospel*, p. 193. 兩者認為耶穌在十六章的應許：「你們現在也是憂愁，但我要再見你們，你們的心就喜樂了，這喜樂也沒有人能奪去」（約十六22），將在馬利亞親眼見復活耶穌的經歷中應驗。

117Keener, *John*, p. 1188 認為，天使坐在耶穌躺臥的頭部及腳部地方，是為耶穌復活的神聖地點畫下記號。

118Morris, *John*, p. 740. 當時猶太人對於埋葬的方式是否恰當極為重視，他們更懼怕並憎惡偷盜者可能對屍體作出的不當行為。這些憂慮可能造成了抹大拉的馬利亞的痛苦及憂傷。

119Carson, *John*, p. 641 認為，保羅在哥林多前書十五章關於復活形體的討論，最能解釋抹大拉的馬利亞無法認出耶穌的原因。

120Morris, *John,* pp. 741～742; Carson, *John*, pp. 644～645.

121O'Day, *John*, p. 842. 有學者甚至極端地指出，耶穌有兩次的升天。參 Haenchen, *John 2*, p. 210。

122孫寶玲：《約翰福音文學註釋》，頁180。

123孫寶玲：《約翰福音文學註釋》，頁180。

124Morris, *John,* p. 743.

125Conway, *Men and Women in the Fourth Gospel*, p. 198.

126Carson, *John*, pp. 645～646 認為，馬利亞以「主」稱呼耶穌，並不代表她像多馬一樣認信耶穌。他認為馬利亞的說話比她所真正知道的還要好。這種看法可能獨特，卻值得再思。

第五章

停留在舊時代的宗教領袖

尼哥底母：一個暗地裏的跟隨者

約翰福音的尼哥底母是一位謎樣的人物。他以法利賽人的身分出現於約翰的筆下，因此只有少數釋經學者給他正面的評價。[1] 到底約翰福音的尼哥底母具有正面或負面的形象？這個頗具挑戰性的問題，至今仍然引人深思。由莫理斯對尼哥底母的看法，我們更加肯定了這個問題的含糊特性。他認為，「在耶穌受難之後，公開跟隨耶穌的門徒四散奔逃，而這兩位祕密跟隨耶穌的門徒(約瑟及尼哥底母)卻有完全相反的行動表現。在他們知道與耶穌的關係，並不能為自己帶來任何好處時，他們公開地表明了信仰的態度。」[2] 類似塞弗理(Jean-Marie Severin)的學者則不願意硬將尼哥底母塞入信徒或非信徒的框內。他認為尼哥底母是一個不夠徹底的人物，所以只能在信徒與非信徒之間徘徊。經文似乎也隱約地為尼哥底母的身分問題留下空白。[3] 那麼，作者約翰對於尼哥底母有何價值評估呢？[4]

本文的觀察重點，是了解約翰為尼哥底母所勾描的畫像。為了上述目標，我必須採取下列三項研究步驟。首先，我將以約翰用來評價尼哥底母的直接或含蓄陳述作為研究對象。綜觀約翰福音，我們發現約翰前後一致地運用「光／黑暗」這兩個字彙及表象(imagery)。約翰是否藉著這種獨特的寫作技巧，來帶出他對尼哥底母的價值評估？[5] 在敘事評鑑法策略之下，約翰對於尼哥底母「夜裏來見耶穌」的描述就可能有另一層的用意。除了表面的時間提示之外，我們相信約翰對於「夜」的使用亦有比喻的含意。[6] 其次，有關尼哥底母故事的經文自然是本文研究的對象。我們將由「光／黑暗」的鏡頭，透視約翰對於尼哥底母的價值評估。在這個階段中，我們也保留了不同人物彼此對照的空間。相信更廣上下文的經文比較，將使讀者對於每個人物之角色有更清晰的了解。最後，我將由整本約翰福音的修辭角度，為尼哥底母有何種角色的問題，提出一個適切的答案。基於下文的證據，本文將指出尼哥底母在約翰福音中的角色偏屬負面形象的結論。但這個結論，卻為我們帶出另一個更大的問題。到底約翰將尼哥底母這位人物放入福音書的目的是甚麼？這也成為了本文必須思考與回答的重要問題。

在本書的第一章，作者提到有關詮釋約翰福音的四個釋經角度。尼哥底母的人物研究，最能顯示出這四個釋經角度對經文了解的助益及果效。因此，本文將以這四個釋經角度依次討論，涵蓋全文的開始及結束。在第一個釋經角度中，有關「光／黑暗」的研究必然觸及前言的討論。正如本書其他文章所提及的，二元編排結構的經文對照，是透徹了解尼哥底母及撒瑪利亞婦人的關鍵。這個觀察為我們帶出了第二個釋經角度的重要性。第三個釋經角度則自然順暢地與第二個釋經角度融合一起。這個觀察，在故事情節容許尼哥底母與其他人物對照的構思中更為明顯。最後，當尼哥底母的故事與結語彼此互動時，約翰的信仰羣體必然更領悟約翰所教導的信心功課。這也是第四個釋經角度對讀者的貢獻。

1.「光／黑暗」的價值評估

每當約翰使用「光／黑暗」時，他為我們帶來了三個可能的畫面。本段將針對此三種畫面的討論，帶出「光／黑暗」及有關表象的價值評估。第一，當光出現時，耶穌也出現。第二，當黑暗出現時，或是耶穌隱藏，或是不信的主題呈現。第三，當耶穌與黑暗一同出現時，耶穌的光必定掩蓋或壓倒黑暗的勢力。

「光／黑暗」重複出現在約翰福音一章1到18節的前言中，是評估其價值的最佳經文依據。前言為全書設下了寫作的語調，在「光／黑暗」的表象使用方面尤其明顯。在前言的開始，「光／黑暗」馬上表現了對峙的衝突。這敵對兩方的初期抗爭，成了日後耶穌與以色列宗教領袖衝突的前奏，也為善惡之爭揭開序幕。約翰在前言中為光所下的定義，與道成肉身的耶穌密不可分。耶穌所擁有的光，就是生命的源頭(一4)。而施洗約翰是真光的開路先鋒。在針對施洗約翰的簡要說明之後，作者馬上帶出擁有光的耶穌就是真光的陳述(一9)。雖然光照入了黑暗，但黑暗卻不接受祂(它)。[7] 由前言，我們可以輕易地為「光／黑暗」作出價值評估。前言中的「光」有完全正面的價值，而前言中的「黑暗」則相反地展現了完全負面的價值。在前言的討論之後，讓我們跳過尼哥底母的故事，先觀察約翰如何以「光／黑暗」的字彙與表象，表達其他經文的意味與涵義。

除了尼哥底母的故事之外，約翰福音九章4至5節是約翰使用「光／黑暗」的第一段重要經文。此段經文的背景，與耶穌是世界的光有緊密的關連。耶穌不但在八章12節的經文中對眾人發出「我是世界的光」之宣告，更在九章醫好生來瞎眼的事件中，彰顯了這個宣告的具體涵義。約翰在九章4至5節的經文中，將「光／黑暗」與另外兩個相關的「白日／黑夜」連結在一起。約翰表明，耶穌醫好生來瞎眼的是為顯出神的作為，而神的作為只能在白日（ἡμέρα）的時候作成（九3～5）。當黑夜（νὺξ）臨到時，再也無人能作神的工了。因為耶穌的出現，神的作為能夠顯現在生來瞎眼者的身上。因此，「白日／黑夜」的意義與耶穌的出現與否脫離不了關係。換句話說，日或夜的決定，取決於耶穌的出現或隱藏。當耶穌不在場時，黑夜來臨無人可以作工。但當耶穌出現時，白日充滿了神藉耶穌所行的工作。由約翰對於耶穌出現或隱藏的表達方式，我們看見了他暗示耶穌就是光之來源的用意。耶穌對於黑夜的討論，預示了祂的死亡。在耶穌受難之後及復活之前，世上再也沒有神蹟出現。此外，在這段經文中，「光／黑暗」及「白日／黑夜」這兩組對照的詞語，不但有預言的性質，並且兼具神學的意義。在此之後，敘事的重心由「白日／黑夜」的討論，轉入生來瞎眼者與周遭之人的互動描述。此時，耶穌也由敘事的描述中消失，直到好牧人講論出現時，祂才再次登場。[8] 從敘事者的提示，每當黑暗掌權時，耶穌即消失不見。耶穌的刻意消失雖然令人好奇，但卻有明確的意義。因為耶穌在「白日／黑夜」的談論中，已為這次的醫治事件帶出了清楚的目的。耶穌醫好生來瞎眼的，並非僅為了他一人的好處，乃是要在醫治的神蹟中顯出神的作為。顯然，耶穌的不在場并不代表祂完全地離開了這個地區。因為我們發現耶穌在聽聞天生瞎眼者被趕出會堂不久之後，就再次地遇見了這位被社會所疏離的受害者（九35）。我認為，約翰刻意讓耶穌消失在經文中的用意極為明顯。他藉著耶穌的不在場，表達了光不再出現的悲哀，並突顯了黑暗與不信的滿佈。[9] 這個故事中的「猶太人」，生活在頑劣的不信之中。他們不願意接受或領會醫治的重要意義。在眾多人羣中，獨有曾經是生來瞎眼者，了解耶穌醫治他的深刻涵義。這位天生瞎眼者不期然地成為了這段經文中其他人物的強烈對照。恢復視力的他，本應重新歸屬於敬拜的會堂及生活的社區之內，但殘酷的現實卻將他置於日夜盼望的會堂及社區之外。內外的倒轉，卻也讓我們發現了另一番重要的真理（九34）。[10] 由九章35節至十章21節的經文中，我們看見安息日的治病促使耶穌與宗教權威之間的衝突更惡化。[11] 在十章的好牧人講論中，耶穌毫不猶豫地使用賊、強盜及雇工的名稱，對陷在黑暗中的法利賽人定罪（十8、12）。如果法利賽人代表了籠罩猶太地的黑暗勢力，那麼耶穌在場所帶來的光則壓倒性地擊敗了黑暗的存在。因為根據約翰的描述，在耶穌的醫治神蹟之後，法利賽人竟然無言以對。[12] 法利賽人將天生瞎眼者逐出會堂，使得耶穌的羊圈又增添了一隻新羊。在耶穌在場的背景下，好牧人的講論帶出了耶穌面對法利賽人的得勝。同時，也迴響了前言對於黑暗不接受光的主題敍述（一5）。總結來說，當光完全不在時，不信的惡心充斥蔓延，但當耶穌這光在場時，黑暗卻無力與之對抗。

下一段值得我們注意之處，乃是十一章9至10節的經文。拉撒路的死亡引發了耶穌行使神蹟的心意，但門徒對於耶穌性命的安危卻憂心忡忡。耶穌以光的類比，回答了他們心中的關切。耶穌並未直言祂將要死的時刻尚未來到，祂以白日有12小時的比喻，帶出了時間迂迴直下的急迫感。雖然時間急速往前沖流，但耶穌得榮耀的時刻尚未臨近。為了使耶穌對於光的類比產生意義，猶太人企圖謀害耶穌的舉動，就成為白日消逝黑夜降臨的表徵了。在討論光的上下文中，耶穌坦白地告訴祂的門徒：「拉撒路死了，我沒有在那裏就歡喜，這是為你們的緣故，好叫你們相信。」(十一14下～15) 這節經文讓我們清楚看見，信心是光出現的結果。再一次，門徒以「猶太人近來要拿石頭打你」(十一8) 的陳述，勾勒出了壞人的嘴臉。但耶穌的行動展現了祂是終將克服敵人的那一位。這羣意圖謀殺者的努力，並不因拉撒路從死裏復活，而有任何挫敗或阻擾。一些充滿不信之心的猶太人，故意將耶穌所作的事，告訴法利賽人及祭司長，以期加速對於耶穌的謀害。[13] 與這羣邪惡之人恰成對比的是拉撒路。拉撒路猶如一隻柔順的小羊，他認得牧人的聲音。當耶穌慈聲呼叫他從墳墓中出來時，他因認得耶穌的聲音，從死裏復活走出黑暗的墳墓 (十4，十一43～44) 。逆境與相信的兩個主題，在此段經文中前後一致地並行出現。

在拉撒路復活敍事的更廣上下文中，耶穌以光比喻自己的講論，再次出現於十二章35至36節的經文中。但接著的經文卻馬上顯出猶太人的不信之心 (十二37) 。相信耶穌的人將永遠住在光中，而不相信耶穌的人則將遭受末日的審判 (十二46～50) 。耶穌最後的大聲呼喊，帶出了信主之人將得永生的宣告 (十二50) 。顯然地，接受光的人將得到生命。在拉撒路復活的敍事中，拉撒路不僅是一隻活在光中並得到生命的羊，他也成為展現耶穌是光及生命之源的最佳媒介。約翰要他的讀者知道，如果耶穌對於祂的跟隨者拉撒路的生命握有掌控權，那麼祂必然也掌控了蘊涵在宇宙萬物之間所有的生命氣息。這就是真光的耶穌，要求我們對祂顯出完全的相信。

基於上述的討論，我們肯定了約翰對於前言中的「光／黑暗」有前後一致的評價。這個前後一致的評價，也繼續出現在約翰福音的不同敘事中。在此觀察中，我們發現了幾項相關主題的浮現。第一，「猶太人」始終出現在黑暗中。第二，黑暗總是與約翰評估為負面的誤解、盲目或不信連在一起。第三，約翰使用「光／白日」帶出正面的價值，而「黑暗／黑夜」則顯示了負面的價值。[14] 第四，「光／白日」及「黑暗／黑夜」兩者之間的聯想，為我們指向了一個更大的十字路口，佇立在這十字路口的世人，面臨永生及審判的抉擇（十10、28，十二50）。

既然上述的研究已經展現了「白日／黑夜」以及「光／黑暗」的價值評估，現在讓我們看看，約翰福音中的「白日／黑夜」在與「光／黑暗」相關的情況之下，是否超越了僅為時間指標的功能？除了尼哥底母的經文之外，有一處顯著的經文以「夜」字作為時間的指標。在十三章30節中，耶穌的背叛者猶大領受了餅之後，立刻就出去，那時是夜間了。猶大在夜間出去，因為他要執行他對耶穌的最終反叛行動。猶大的離去，在十三章31節中再次被約翰強調。為甚麼在猶大離去時，約翰要插入「那時候是夜間了」一語呢？在最後晚餐的描述中，約翰對於時間的提示似乎奇特，因為人人都知道這是吃晚飯（δείπνου，十三2）的時候。[15] 可見，「那時後是夜間了」這句陳述必定有時間指標以外的意義。[16] 我認為，讀者對於這段經文的研讀必須以受難敘事為基礎，並連帶地以復活敘事為參考。

約翰福音十三章為受難敘事畫下了起點。猶大的離去為即將來臨的邪惡事件扣起了急欲觸發的板機。此後，猶大未再出現，而耶穌與祂的門徒也在安慰、教導及代禱的安息中，等待暴風雨的來臨。在十八章2節的捉拿敘事中，我們再次發現了猶大的蹤影。雖然在捉拿時，黑暗籠罩了全地，但耶穌仍然維持祂得勝者的身分。首先，耶穌以強而有力的「我就是」(εγώ εἰμι) 擊敗了前來逮捕祂的一夥人。[17] 更進一步地，耶穌以醫治馬勒古的耳朵，彌補了彼得的不當舉動。此外，耶穌為羊的捨命犧牲，也將為光帶出終極的勝利(十八8～9；另參六39，十11)。最後，約翰平行對照了彼得的三次不認主(十八15～18、25～27)，以及耶穌的三次受審問(十八19～24，十八28～十九3，十九4～16)。約翰藉著這對照，帶出耶穌是得勝者的用意，相當清楚。[18] 在這黑暗的夜晚，公理不彰。不論是彼得這位耶穌的主要跟隨者、羅馬政府的權威代表，或是猶太的宗教領袖，都在公理之前愴然敗跌。光的得勝，要等到七日的第一日清早，晨光初曉時，才能全然實現(二十1)。這時候，抹大拉的馬利亞因著極度的悲傷與困惑，深陷於真實的黑暗中(二十11～15)。但當耶穌這位真光出現時，馬利亞的心靈受到了全新的啟迪(二十16～18)。在黑暗夜晚中的門徒，因為害怕而將自己緊關在門內，但當耶穌這位真光出現時，他們的懼怕立即為喜樂所取代(二十19～20)。在復活的敍事中，我們看到更多「光／黑暗」及「白日／黑夜」，這兩個表象重複出現。從清晨到夜晚、晚餐到早餐、以及彼得的否認到堅立，這些不同的畫面成為交織於受難敍事及復活敍事的重要線路。在二十一章3節的經文中，約翰讓我們看見彼得的空網，是因為彼得在夜間捕魚的緣故。當晨曦劃破黑暗時，他們看見了站在岸上的耶穌。耶穌也在光亮的白日中，再次地堅立了彼得。在受難敍事中，耶穌是猶大及彼得的對照。而在復活敍事中，耶穌再次地對照了在軟弱中接受堅固的彼得。

在前述諸多經文的檢視之下，我們可以總結「白日／黑夜」及「光／黑暗」這兩組表象，並非單是時間的指標，它們皆有作者約翰所賦與的價值評估。[19] 對於「光／黑暗」，約翰又與耶穌有相同的價值評估。當黑暗滿佈時，邪惡相偕存在。但當耶穌佇立於黑暗中時，祂壓制了黑暗的權勢。光對於黑暗的完全得勝，為作者約翰鋪下了邁向救恩之路。

2.「光／黑暗」與尼哥底母

在下文中，我將帶出尼哥底母經文(三，七，十九章)與上文所探討之經文，在下列三方面的關連性。第一，約翰將「白日／黑夜」的主題，與「光／黑暗」的主題交融在一起。第二，約翰使用描述耶穌面對法利賽人的類似修辭技巧，勾劃了耶穌與尼哥底母的對話情景。第三，在約翰福音中，約翰常以法利賽人的負面特性對照其他人物的正面特性。

約翰福音三章是講述尼哥底母故事的第一段經文，也是全書中有關尼哥底母最長的一段經文。在這故事中，尼哥底母「夜」裏來見耶穌(三2)。對於「夜」的不同解釋，出現在許多註釋書中。在多種不同解釋的參照中，我們可以發現一個極為顯眼的問題。許多釋經者偏好以約翰福音以外的經文為根據，作為約翰福音的詮釋，帶入許多未經證明甚至無法解釋的假設。在這種釋經方法下，許多關於「夜」的解釋，成為純粹猜測，毫無根據。[20] 無論如何，在尼哥底母的故事中，仍有一個重要的問題急待回答，那就是「尼哥底母與耶穌的夜間談話，到底為約翰福音三章及全書，帶來甚麼貢獻？」。許多釋經學者無法為此問題提出答案。但上文的討論，已經顯示「夜」並非只是時間的指標。並且，因為「夜」與「黑暗」的關係，經文可以對「夜」賦與極負面的評價。[21] 我們無法在其他經文中發現「夜」與「黑暗」有如此清楚的關連，因為「光／黑暗」的主題也隨即出現在耶穌或約翰的講論中（三19～21）。[22] 可見，如果尼哥底母故事中的「夜」只是時間上的提示，那麼，在這段故事中對於「夜」的使用法將成為約翰福音的惟一例外。

除了上述的釋經直覺之外，在約翰福音一章的前言及三章的討論中循環出現的主題，也明確地為尼哥底母畫下了負面的肖像。約翰在前言中提到凡接受光的人，必然獲得新生命的真理（一9～11）。約翰的新生命並不是從肉身（σαρκὸς）而是從神生的。這個肉身生的觀念，再次出現於約翰福音三章6節中。在約翰福音三章中，耶穌清楚指明，有一種人不是從靈生的，乃是由肉身生的（三6）。這種人既不了解也不相信耶穌。在耶穌與尼哥底母對話的上下文中，我們發現尼哥底母屬於既不了解又無法相信耶穌的這羣人（三7、10～12）。[23] 約翰在一章的前言中，已經明說這羣從肉身生的世人對於耶穌的拒絕（一11）。在三章的經文中，我們再次由耶穌對尼哥底母及與他類似者的指控，肯定了這羣人對耶穌拒絕的真實性。[24] 約翰在一章的前言中，以「從血氣生的」、「從情慾生的」和「從人意生的」描述不認識光之人。到了三章，約翰使用「從肉身生的」等相同字眼，描述尼哥底母的生命。由這兩處經文的對照觀察，我們看出了約翰對尼哥底母的評價。在約翰的眼中，尼哥底母並沒有由耶穌而來的新生命，因為在尼哥底母與耶穌談話之時，他仍然無法接受這位光的啟示。[25]

接下來，我們將由約翰抑制尼哥底母之觀點，或使尼哥底母靜默無言的寫作技巧，來了解約翰為尼哥底母展現的負面形象。由約翰福音三章開始，我們立即注意到，作者對於尼哥底母的描述，隨著經文的進展愈來愈少。直到三章的結尾，我們發現尼哥底母的答問全然被耶穌的教導所淹沒。[26] 本書另一文有關「道」之聲音的研究，已經讓我們對於約翰的寫作技巧有較深入的了解。約翰突顯或抑制聲音的修辭用法，出現在多處經文中，是約翰寫作的一個重要特色。由此可見，因為尼哥底母是一位仍在黑暗中的人，所以約翰很快抑制了尼哥底母對於耶穌的蒙昧了解。同時，約翰也以耶穌那有啟發性的教導，壓制了尼哥底母的全然無知。在故事的末了，約翰讓我們看見耶穌的回答與教導，使得身為以色列人先生的尼哥底母啞口無言。在另一處經文中，耶穌與法利賽人為了在安息日醫治生來瞎眼的事件，引發了一場辯論。[27] 耶穌以好牧人的講論斥責法利賽人，使在自己立場上站不住腳的法利賽人靜默無聲（九40～十21）。這段經文與尼哥底母的經文有引人注目的相似之處。首先，這兩段經文都提及「光」（三19，九5）。[28] 其次，這兩段經文也顯出法利賽人的特性（三1，九40），並且同時論到耶穌行使神蹟的能力來源（三2，九33）。最後，在這兩段經文中，作者都使有法利賽人特性的人物啞口無言。約翰對於尼哥底母與耶穌的對話描述，因此成為後文敘事中法利賽人與耶穌對話的「場景預表」（type scene）。[29]

現在，讓我們看看尼哥底母故事的緊鄰經文。在這些經文中，以四章的撒瑪利亞婦人故事最為特別。[30] 在尼哥底母的經文之前，約翰記錄了一組有關潔淨禮儀的故事。當耶穌將六口為潔淨的規矩而預備的石缸加滿水之後，祂將缸中平淡無味的水變為使客人歡喜的美酒（二10）。耶穌以水變酒的神蹟，使得禮儀的潔淨在美酒的相形之下，顯得毫無作用與能力。在此神蹟之後，約翰繼續地記下了耶穌潔淨聖殿的行動（二14～

16）。在潔淨聖殿的行動中，耶穌進一步顯出，祂對當時人們濫守宗教禮儀的不滿。這組與宗教禮儀有關的故事，自然引進了尼哥底母的故事，因為尼哥底母正代表了當時猶太宗教羣體的一部分。[31]在尼哥底母的故事之後，約翰使用了一些過渡性的經文，表達了他對施洗約翰的評價。姑且不論三章16至21節是耶穌的講論或是約翰的描述，這段經文確實見證了耶穌的偉大。施洗約翰在以下經文中（三22～36），更深入地見證了同樣的真理。在尼哥底母的故事之後，施洗約翰成為經文的焦點。然後，撒瑪利亞婦人的故事登場，呈現在我們的眼前。在尼哥底母稀少言語的對照之下，約翰顯然廣泛地記錄了撒瑪利亞婦人對諸多事情的意見。為使讀者避免對於撒瑪利亞婦人上下文的忽略，約翰刻意地在四章1至3節的經文中加了附註。約翰要讀者明白，耶穌離開猶太並經過撒瑪利亞，並非毫無原因的偶發事件。在層層宗教禮儀爭辯的陰影中，耶穌離開了猶太，避免與尼哥底母所屬的法利賽人宗教權勢發生更劇烈的衝突，因為法利賽人仍然不斷地對耶穌施以更多壓力。因此，約翰的加註經文提醒了讀者勿忘撒瑪利亞婦人的故事，與約翰福音三章之間的關連。在尼哥底母的對照之下，我們發現撒瑪利亞婦人並不是她社會中的尊貴成員。[32] 甚至在約翰的筆下，她的名字也不出現。尼哥底母不但名字響亮，還被稱為以色列人的先生，[33] 而這女人所屬的撒瑪利亞，卻不被列於正統信仰的範圍之內。[34] 但當她離開耶穌時，她竟然成為耶穌的見證人，並且大大震動了整個撒瑪利亞地區。[35] 顯然，撒瑪利亞婦人成為尼哥底母的強烈對比。在尼哥底母整全的智識裝備面前，她不具任何的知識背景。當尼哥底母由氣勢頗強的問句，轉為完全的靜默時，撒瑪利亞婦人的談論，引導她成為彌賽亞的見證人。當尼哥底母繼續與他的傳統及宗教保持關連時，撒瑪利亞婦人不但走出了她與社會的疏離境況，並且放棄了她的宗教傳統而成為耶穌的見證人。無名的撒瑪利亞婦人，勝過了這位好似挺拔卻是差勁的猶太宗教領袖。因此，多言或靜默是約翰表達他對人物之觀點的寫作技巧。在這角度之下，約翰福音三章中的尼哥底母並不是一個正面的角色。

再次，約翰容讓尼哥底母在七章45至52節中，扮演一個次要的角色。在這段敘事中，尼哥底母提出了一個問題。他的問題僅僅帶出了耶穌在法律的立場之下，有在庭上作見證的權利。尼哥底母的第二次出現，引進了耶穌是世界之光的主題宣告（八12）。[36] 但再一次地，約翰抑制了尼哥底母的角色。極為明顯地，約翰只是藉尼哥底母提出法利賽人審判耶穌的法律問題。在這段經文中的尼哥底母，代表他的宗教羣體，發出公義之聲。然而，不論這個羣體發出怎樣的美善，都遭法利賽人的黑暗全然掩蓋。尼哥底母的了解可能極為正面，但約翰仍以抑制聲音的修辭法，顯出尼哥底母的不完全。畢竟，約翰對於尼哥底母提出問題的記錄，只是為了強調耶穌更偉大的宣告。

在約翰福音十九章38至42節的最後一段經文中，約翰對於聲音抑制修辭法的運用，達到淋漓盡致的地步。在這段經文中，我們看不見約瑟及尼哥底母，或約瑟及彼拉多之間有任何言語交流。在完全的寂靜中，約翰將焦點放在埋葬耶穌的兩位人物身上。他仔細地描述了這兩個人的身分，並且進一步帶出依照猶太人傳統的埋葬方式。一般來說，有關埋葬的描述並沒有特別的意義，除非約翰認為「猶太人」或任何猶太傳統有負面的意義。[37] 正如我們在前面的討論，約翰在福音書的開始，就表現了他對猶太傳統的負面看法。而在此段經文中，約翰描述了約瑟對於猶太人的懼怕，並且稱他為耶穌的祕密跟隨者。約翰更提醒了讀者，在這段經文中幫忙約瑟的尼哥底母，就是先前夜裏去見耶穌的那位。約翰不會毫無理由地寫下這些回顧性的經文。畢竟，在約翰的故事中，還有誰名叫尼哥底母呢？為何約翰要在這段經文中，重複提起尼哥底母與耶穌的第一次會面呢？是否約翰刻意再提這次會面，是為了提醒讀者勿忘尼哥底母是怎樣的人物？尼哥底母是一位在黑暗中的人；在黑暗降臨時，與耶穌的祕密跟隨者一起埋葬耶穌的屍體。聖經學者孫寶玲認為，約翰特意記述巨大數量的埋葬香料，強調尼哥底母對於耶穌復活的無知或缺乏信心。[38]

最後，讓我們由約瑟及尼哥底母與伯大尼的馬利亞之間的對照，再深入了解尼哥底母在約翰福音的角色。事實上，絕對無人否認耶穌之死與伯大尼的馬利亞的密切關連。他們之間的關連，早在拉撒路的復活敘事中就極為明顯了。約翰以馬利亞膏耶穌的預示（十一2），連結了拉撒路故事與耶穌的受難。[39] 在約翰福音十二章中，約翰藉著馬利亞的行動，表達了另一種發自內心的埋葬方式。這種內在性的埋葬舉動，預示了耶穌的受難。[40] 在埋葬耶穌的行動上，馬利亞與約瑟及尼哥底母之間的對照，似乎非常清楚。馬利亞所使用的香膏，與約瑟及尼哥底母所使用的沒藥與沉香大不相同。兩者的重量更是相距甚遠。[41] 另外，約翰對兩種香料的強調重點也前後不一。約翰刻意地使用十二章3節的解釋，宣佈了馬利亞香膏的昂貴品質。甚至猶大這個壞傢伙，也在十二章5節中再次地強調了香膏的金錢價值。[42] 香膏的價值，並不是耶穌的惟一關切。在十二章7至8節中，我們看見耶穌所注重的乃是香膏的預言性質。當馬利亞膏抹耶穌時，耶穌仍然活在世上。因此，耶穌能夠親口稱許並為馬利亞那深具意義的行動辯護。由經文的描述，我們也看見作者以極為含蓄的筆法，帶出他對馬利亞的稱讚。馬利亞以香膏擦抹耶穌的腳，而不久之後耶穌就為門徒洗腳。除了耶穌以外，馬利亞成為「犧牲」的終極典範。耶穌及約翰都已為馬利亞的行動，作出許多正面的評論。但若與馬利亞為耶穌所擺上的相比，耶穌顯然為祂的門徒擺上更多。

現在，讓我們將焦點轉回約瑟及尼哥底母身上。在經文的描述中，我們看不見任何稱許或辯護約瑟及尼哥底母的話語，因為耶穌已經死了。約翰除了描述他們兩人的身分之外，並未對他們的舉動多加評論。約翰如此不同的筆法，為這兩位埋葬耶穌的人物帶出了甚麼意義呢？耶穌在十二章42至43節中的話語，為我們帶出了一個最完美的答案。原來，他們兩位愛人的榮耀，過於愛神的榮耀。在公開跟隨耶穌或暗地相信耶穌的劇烈掙扎中，他們一致地選擇了後者。[43] 他們行動的信息，較他們的話語來得響亮。耶穌以相當不贊成的眼光，看待那些因懼怕人而選擇成為祕密跟隨者的信徒。耶穌透視了這些人內心的動機，而約翰則任由行動的描述，為這些人的動機帶出審判。那麼，到底尼哥底母在這段埋葬敘事中的角色為何？第一，他的生命較他的話語，更表現出他對承認耶穌的掙扎。在約翰的筆下，尼哥底母的故事以尼哥底母與耶穌的初次會面為開始，也以對於這次會面的提醒為結束。第二，在埋葬敘事中，約翰將尼哥底母與約瑟放在一起，為耶穌提供一個埋葬之處。無論他們為耶穌的埋葬預備了多少香料，他們對耶穌的公開承認實在太晚。他們在埋葬敘事中的角色，正如尼哥底母在七章51節的角色一樣，僅是為了介紹另一更大的事件或宣告。而這一更大的事，就是緊接下來的復活敘事。

3. 約翰心目中的尼哥底母

在多方探討之後，我們可以為約翰對尼哥底母所描繪的畫像，提出一些結論。尼哥底母這位人物似乎單調乏味，但實際上，他在整本書的作用卻是充滿生氣又動態十足的。[44] 雖然在約翰敘事的建構中，尼哥底母幾乎是一個無血無肉的人，但約翰熟練地使用他為論證的修辭工具。[45] 無論在何處，尼哥底母總是披戴著完全負面的形象。幾乎在每一情況中，約翰都以尼哥底母為修辭的工具，帶出另一更具意義的事件或神學的陳述。難道尼哥底母真的如此無可救藥嗎？畢竟，尼哥底母在七章51節及十九章39節中，分別對耶穌作出相當正面的回應。因此，若毫無保留地將尼哥底母視為「壞人」，實在也不算公平。這樣，我們當如何為尼哥底母的角色定位呢？約翰及耶穌對於尼哥底母的描述及看法，為我們對他的評估帶來了亮光及憑據。尼哥底母以法利賽人及猶太人的官這兩種身分，在福音書中登場（三1）。耶穌也稱他為以色列人的先生（三10）。雖然尼哥底母在七章50節中，表達了與其他法利賽人相當不同的觀點，但他仍然與祭司長及法利賽人同坐。然而，當尼哥底母出現於十九章39節時，他不再被稱為法利賽人。他陪伴著約瑟，但不幸地，約翰在此對約瑟的描述也極為負面。在這些經文的參照中，我們顯然看見約翰對尼哥底母描述的進展。可是，約翰對於尼哥底母夜訪耶穌的反覆提及，不禁讓我們懷疑約翰到底對尼哥底母有多少正面性的看法。[46] 縱貫整本約翰福音，尼哥底母不是與耶穌的祕密跟隨者約瑟一起出現，就是與他的同伴並列同坐。尼哥底母的同伴，不但為他提供了個人方面的資料，並且因著彼此的關連，指明了尼哥底母與耶穌之間的關係。對約翰來說，與法利賽人的關連有絕對負面的意義。根據約翰，尼哥底母可能是他法利賽同仁中的例外。事實上，尼哥底母可能是這羣法利賽人中最好的一位，但連他都無法與撒瑪利亞婦人的信心相比。[47] 尼哥底母可能是耶穌的祕密跟隨者，但他對耶穌的跟隨極為淺薄，其程度甚至無法與深陷在三次否認耶穌中的彼得相比。至少，跌倒的彼得還是一位公開的耶穌跟隨者。約翰並未回答「尼哥底母是否重生？」的問題。[48] 因為他根本不在乎尼哥底母是否得救。更確切地說，約翰只是使用尼哥底母這個人物，來表達他對當時宗教領袖的關切與討論。在這羣腐敗的宗教領袖中，最上等的代表也只不過是耶穌祕密跟隨者的同伴而已。如果我們由二十章31節的信心角度來閱讀尼哥底母的故事，我們必然同意約翰所描述的尼哥底母，代表了約翰對讀者的警告。因為，尼哥底母正是有信心者的反面。一個理想的信心，不會使人成為耶穌的祕密跟隨者。一個完全的信心，也不會使人公開與對抗真理的團體保持關係。無論是何時和何處，真實的信心必然帶出立場的堅持。因此，圍繞著尼哥底母的諸多修辭用法，強力表達了約翰的信仰理念。對約翰而言，信仰的傳達遠超過他對人物歷史真實性的關切。[49]

約翰福音的四個基本釋經角度，帶來了如下結論。第一，與前言及結語有關的釋經角度，在每個階段中強烈地影響了尼哥底母這位人物。尼哥底母的黑暗，在他與法利賽人的關連及個人的行動表現兩方面，顯得更加清楚。儘管尼哥底母並非一個壞人，但他絕對不是屬靈的好榜樣。第二，二元結構的釋經角度也深刻地影響了我們對於尼哥底母的詮釋與認識。他與撒瑪利亞婦人的對照，只是顯出了他貧窮的宗教背景。對於約翰來說，沒有耶穌的猶太教，並不是一個真實的信仰。無論多好的出身背景、教育程度或社會名望，都無法為人帶來真理。第三，由敍事情節進入的釋經角度，讓我們看見串連尼哥底母的情節，猶如一條無法切斷的線路貫穿全書。在不同的處境中，尼哥底母的身分與角色總是不變。他的存在是為耶穌帶出講論的空間。第四，由社會歷史的背景來看，約翰為他的信仰羣體帶出了膽量與信心不可分割的真理。信心需要冒險。每一位公開跟隨耶穌的人，都必須有勇敢的信心！

4. 省思與今日應用

在約翰福音中這位信仰含糊的尼哥底母，讓我們看見了約翰對於那些自稱為相信耶穌的人所發出的敏感關切。尼哥底母的存在，成為今日信徒的警告。信徒的信心，必須能夠面對隨著信仰而來的種種危險，而尼哥底母恰是以信心跟隨耶穌者的反面。在現今，我們仍然看見許多類似尼哥底母的信徒。這類的信徒可能有滿腦的信仰知識，而這些知識也在繼續增長中。然而，他們卻因著各種不同的環境因素，而成為祕密的見證人。他們的工作或家庭環境，可能使他們對信仰倍覺羞辱，而不敢承認自己與耶穌的關係。他們對於耶穌的知識，並沒有真實地表現在與耶穌的生命關係中。許多認識他們的人，在得知他們是基督徒時都深感訝異。他們是一羣善良又具道德心的人，但耶穌甚少出現在他們的生命或話語中。尼哥底母的故事像警鐘，敲醒了今日的信徒。蒙神喜悅的信心必須徹底，並且要在生活的每一層面與耶穌認同。這也是約翰要今日信徒不斷追求的信仰目標。

「猶太人」：一個敵對的羣體

1. 引言

在約翰福音中的「猶太人」，佔有非常特殊的角色。約翰對這個獨特角色的精心刻畫，使許多學者認為約翰福音是一本充滿反「猶太人」意味的福音書，也因而產生不少這方面討論的作品。[50] 以莫特爾 (Steven Motyer) 為例的一些學者，試圖將約翰福音視為猶太教內部之對話，以軟化書中描述「猶太人」的語調。另一些如馬丁 (J. Louis Martyn) 的學者，則將約翰福音視為當時教會與猶太教分離的寫實記錄。[51] 不少學者保持中間的立場。然而，在仔細觀察之下，我們將發現這羣「猶太人」並非一般的猶太人，他們事實上是敵對耶穌的典型代表。下文的研究清楚指出，約翰絕對無意將所有的猶太人納入代表耶穌敵人的陣營中，因為這並非約翰寫這卷福音書時的用意。[52] 但是不可否認地，約翰對當時一羣特殊的「猶太人」團體，有極具體及深刻的負面描述。[53] 在這個特殊的「猶太人」羣體之外，仍有許多如尼哥底母及耶穌跟隨者的猶太人，他們對耶穌都表現了極為友善的態度。由於歷代的教會對有關「猶太人」的經文產生不少誤解，以至整個猶太民族在歷史上蒙受了許多悲慘遭遇。如此，約翰福音再次地提醒我們，面對正確釋經所應有的嚴肅及慎重態度。

2. 代表假以色列的「猶太人」

在進入「猶太人」的討論之前，讓我們先看一段有關耶穌與拿但業的生動對話。雖然在一章46節中，拿但業好像對耶穌冷嘲熱諷，但耶穌卻認為他是真以色列人，並且心裏毫無詭詐

(一47)。為甚麼拿但業對耶穌的評論如此不友善，而耶穌卻仍給他相當正面的評語呢？若與其他針對耶穌的敵意批評比較，耶穌在此時對拿但業的回應，實在令人驚奇。耶穌之所以稱拿但業為「真以色列人」，與他對耶穌不友善的評論毫無相關。因為，另一羣未必如此諷刺耶穌的「猶太人」，竟然得到耶穌相當負面的批判(參三2、10)。到底原因何在？原來，拿但業心裏沒有詭詐。換句話說，耶穌認為拿但業所說的話，代表了他心中的想法。「詭詐」並不常出現在新約中。它的反義字就是「真理」，而這「真理」正是耶穌的具體表現(一17)。當耶穌說拿但業並不詭詐時，祂表明了拿但業對真實事物的誠摯關切。在約翰的筆下，拿但業是「猶太人」最好的對照人物。他這位真實的以色列人，恰是不真實以色列人的相反典型。因著他對真理的關心，他被稱為真以色列人。換句話說，另有些屬於假以色列人的羣體對真理全然拒絕。這羣假以色列人對真理的拒絕，在下面約翰的敍事中將更加顯明。在耶穌與尼哥底母的對話中，耶穌稱尼哥底母為以色列人的先生。在約翰福音中，以色列人的用法亦代表了以色列民族是神選民的特殊身分。尼哥底母這位以色列人的先生，正應該好好教導以色列人認識真理(三10)。在整個對話的描述中，選民的意味相當強烈。

約翰福音的引言部分可以幫助我們更了解耶穌跟隨者是真以色列人的主題思想。「他到自己的地方來，自己的人倒不接待他」(一11)，清楚帶出以色列人屬於祂的觀念。同樣用法也出現在十三章1節及十九章27節中。在十三章中，耶穌用「屬自己的人」描述祂對耶穌跟隨者的愛。而在十九章中，那位耶穌所愛的無名門徒則將耶穌的母親接到「自己家裏」去了。在「自己的地方，自己的人」、「屬自己的人」及「自己的家裏」的交織呈現中，我們發現了帶出家庭關係的一條清晰線索。十三章1節讓我們看見了家庭同在的聚餐，而十九章27節則讓我們看見了家庭成員的關係。如此看來，一章11節顯然與屬於耶穌的以色列民族有關。但在尖銳的諷刺之下，這羣與耶穌有血肉關係的以色列民竟然拒絕祂。而與這羣悍然拒絕耶穌的羣體互相對立的，就是在十三章1節中那羣「屬耶穌自己」的人。這羣屬於耶穌的真以色列人，已經超越了以色列的民族範圍。以色列人的民族身分，再也不是神子民的惟一條件。當耶穌來到祂自己的地方時，民族的模式已經演變為關係的模式。

以色列人的影子，在耶穌餵飽五千人的故事中清楚可見（六章）。而在七章2節中，住棚節的象徵意義更闡明了以色列人的主題。約翰將耶穌餵飽五千人的故事與住棚節的故事交融在一起，巧妙地帶出了甚至在耶穌的時代，以色列民仍然四處漂流的境況。在約翰福音六章中，為數五千的人羣極為飢餓。這個廣大的羣體，由包含「猶太人」的不同人種所組成。耶穌及約翰對摩西和嗎哪的引用，帶出了與以色列相關的主題（六31～32、49、58）。有些人甚至認為，耶穌是摩西在申命記中所提及的那位人物（申十八15、18）。在暗示的筆法下，這個廣大的羣眾就像當日的以色列人一樣，在其中有喜歡抱怨的猶太人（六41）。約翰對故事的設計，明顯地帶出了古時以色列人抱怨耶和華及當時猶太人抱怨耶穌的平行對照。在這情節架構中，耶穌具有耶和華的地位。基納指出古時猶太人在尚未得到嗎哪之前，對耶和華發出抱怨的事實。[54] 而這羣可悲的羣眾，卻在食物具體性地餵飽，及耶穌象徵性地滿足他們的情況下，仍然抱怨不停。在舊約聖經中，抱怨的以色列民得到終身流蕩曠野及不得進入迦南的懲罰。約翰在這段經文中，赤裸裸地帶出了「猶太人」的負面形象。這羣對耶穌毫無了解，並且抱怨不停的「猶太人」並不是真正的以色列人。他們對耶穌的缺乏了解，顯示了他們未蒙揀選的地位。只有真以色列人才全然了解耶穌的使命及身分。在與摩西有關的主題之下，約翰繼續記載生來瞎眼者及宗教領袖在九章28節中的對話。這羣宗教領袖將自己稱為摩西的門徒。相當可笑的是，他們竟然完全忽略了耶穌超越摩西的事實。這個極為明顯的失敗，證明了他們並不是真正的以色列人，更不是摩西的真正跟隨者。

在不離開真正與摩西及以色列認同的主題之下，耶穌以好牧人講論的寓言駁斥了他們對自己的宣稱。耶穌的好牧人講論，顯然與以西結書三十四章的信息有密切關連。神在以西結書三十四章嚴厲地對領導以色列人的假領袖定罪。由定罪耶穌時代宗教領袖的角度來看，以西結書三十四章的確為這羣宗教領袖的身分帶來極適切的背景對照。他們宣稱自己屬於摩西及以色列人的傳統，但耶穌稱他們為賊及強盜。他們的身分在耶穌的定罪之下，再也無法隱藏。

「猶太人」的另一個特徵，在他們辯稱自己與亞伯拉罕身分有關的議論中顯明無遺（八31～41）。他們堅稱亞伯拉罕是他們的先祖，強調了他們對以色列民族認同的重要性。[55] 事實上，亞伯拉罕並非只是以色列人肉身上的先祖。莫理斯認為「猶太人」深知耶穌不尋常的出生背景，[56] 然而，馬太福音中的處女懷孕並非約翰福音關心的重點。因此，莫理斯的這點看法並未對經文的了解帶出任何正面的貢獻。在「猶太人」對自己與亞伯拉罕之關係的宣稱後，耶穌進一步談論了身為亞伯拉罕子孫的屬靈意義。這個議題，極可能是當時約翰信仰羣體極為熱烈的辯論內容。[57] 作為亞伯拉罕的子孫，不論在肉身上，或在更重要的道德層面上，都必然是真以色列。約翰福音的「猶太人」沒有任何道德層面的支持，可以顯示他們是亞伯拉罕的子孫。他們充滿詭詐又毫無追尋真理的心，正好與真以色列人拿但業，成了突出的反照。

上述觀察讓我們肯定了約翰使用「猶太人」對照「以色列」的寫作筆法。因此，針對「猶太人」的詮釋，必須依據上下文的觀察。一個忽略上下文的錯誤釋經方法，將為「猶太人」的詮釋及運用帶來悲慘的結果。在約翰的筆下，「猶太人」及「以色列」的對照，就如「尼哥底母」及「撒瑪利亞婦人」的對照一樣，具有辯證的性質。一方面，「以色列」代表了與神真實有約的關係，另一方面，「猶太人」則暗示了被擄之後，以色列人在儀式上與外邦人有所分別的強烈意味(四9)。當「猶太人」一詞的使用，與耶穌的救恩有關時，「猶太人」顯出了極為難得的正面形象(四22)。

3. 代表宗教勢力的「猶太人」

約翰為「猶太人」所勾劃的第一個畫面，與他們的宗教信仰有關。在約翰福音開始時，「猶太人」從耶路撒冷差派了祭司、利未人和法利賽人到施洗約翰那裏(一19、24)。如果被「猶太人」差派的竟然是代表宗教權威的領袖，那麼這羣「猶太人」又有何宗教地位呢？這顯然是一個相當引人注意的問題。一般的猶太人都屬於這批宗教領袖的權威之下，但約翰對這些「猶太人」的描述，使讀者對他們真實的身分產生極大的懷疑與好奇。事實上，他們可能與宗教領袖有極強關連，甚至他們自己就是代表宗教權威的領袖階層。他們在聖殿區域屢次出現，顯明了他們並非一般猶太人。他們自由地出入聖殿，而且與耶穌辯論聖殿重建的問題，就是極好的例子（二20）。因此，約翰福音中的「猶太人」並非一般的猶太人。約翰要他的讀者明白，這羣「猶太人」與當時的宗教權威脱離不了關係。[58]

「差」字在約翰福音一章重複出現，也使我們對這個羣體的品格產生了懷疑（一19、22、24）。約翰在一章6節的經文中，以「從神那裏差來的」描述施洗約翰的事工及使命。施洗約翰是故事中的「好人」。在一章19節中，「猶太人」也差派了祭司和利未人。在此我們看見，神及「猶太人」兩種不同的差派來源。其實，一章19節是一章6節在實例或敍事上的平行。兩種不同的差派來源，帶出兩種截然不同的人及使命。約翰在福音書的開始，就隱含地指出神及「猶太人」之間的強烈衝突，終將導致耶穌的被拒及受難。第一章的祭司及法利賽人，將成為在受難敍事中謀害耶穌的邪惡凶手。這兩類人同時出現在約翰福音一章，也同時被「猶太人」差往施洗約翰之處。可見身為差遣者的「猶太人」，直接與神為敵。「猶太人」與神之間的敵意，在耶穌潔淨聖殿趕出買賣之人的行動中，更為明顯。在耶穌潔淨聖殿之後，「猶太人」竟然膽敢挑戰耶穌再顯神蹟證明權威（一18）。約翰以充滿諷刺的筆調，描述了耶穌潔淨聖殿的事件。對約翰來説，誠實地記錄耶穌與「猶太人」之間的衝突並非易事，因為顯然「猶太人」是差人詢問施洗約翰的宗教權威代表。在本質上，「猶太人」認為耶穌企圖奪取他們的權威。因為既得權勢受到嚴重的威脅，「猶太人」更加痛恨耶穌。許多學者認為耶穌與「猶太人」之間的辯論，並不僅限於政治及宗教的層面。其實，耶穌是否基督的問題，才是辯論的核心。[59] 有關耶穌身分的討論，繼續不斷地出現在整本約翰福音中，是書中的重要主題之一。兩者之間的爭論，最終與「耶穌是誰」及

「耶穌行事的權威到底從何而來」，脫不了關係。

由「猶太人」與施洗約翰發生衝突的其他事件，我們更明白「猶太人」與宗教權威的緊密關係。由三章25節開始的經文段落中，一個「猶太人」與施洗約翰的門徒辯論潔淨的禮儀。施洗約翰的洗禮已經進行許久，並且根據約翰福音一章，施洗約翰的洗禮有極重要的神學涵義。施洗約翰為人洗禮的重要性，在「猶太人」差人前來詢問的舉動中顯露無遺。不論施洗約翰當時洗禮的涵義為何，這個儀式繼續成為「猶太人」熱門討論的議題。更何況如今，施洗約翰的洗禮已經擴展進入耶穌的事工裏（三26，四1～2）。因此對「猶太人」來說，施洗約翰的洗禮不再只是儀式上的問題。施洗約翰不在「猶太人」的宗教制度之內傳洗禮之道，才是「猶太人」最關心的問題。他們不喜歡施洗約翰在宗教上的獨立自主。跟著施洗約翰而來的耶穌，更強烈表現了與施洗約翰相同的自主精神。「猶太人」深怕失去宗教的掌控，在敘事的進展中，耶穌與「猶太人」之間的衝突竟然成為一場權力之爭。

除了受難敘事之外，耶穌與「猶太人」之間最大的衝突，應屬醫治生來瞎眼者的事件了。顯然，在此醫治的神蹟中，宗教領袖對於不守安息日的耶穌非常惱火（九16）。兩者之間的緊張及敵意，波及到這位得痊癒的生來瞎眼者。雖然不甚明顯，但是讀者仍可以注意到約翰以「猶太人」及「法利賽人」兩詞交替使用，帶出兩者對耶穌相同的敵對態度（九16、18）。在這個故事中，法利賽人不相信耶穌從神而來，而「猶太人」則不相信得醫治者從前是瞎眼的。換句話說，他們認為整個醫治的神蹟，只不過是一場騙局罷了。由「猶太人」對生來瞎眼者的父母所作的威脅，我們無疑可以將「猶太人」等同於當日的宗教領袖。九章22節明說生來瞎眼者的父母害怕「猶太人」，因為「猶太人」已經商議，將認耶穌是基督的人趕出會堂。如果「猶太人」能夠任意將人由會堂趕出，那麼他們必然是宗教的領袖。生來瞎眼者在誠實勇敢的答問中，被「猶太人」趕出了敬拜之處（九34）。針對法利賽人（或「猶太人」），耶穌以好牧人的講論嚴厲又直率地定罪了他們。總而言之，這羣法利賽人及「猶太人」雖然名為以色列人的宗教領袖，但其行為卻顯露了他們惡棍及暴徒的真相。

被擄之後以色列人的宗教制度，為宗教領袖帶出了無上的權力。而這引人的權力，卻因日漸腐化而造成耶穌與「猶太人」之間的巨大衝突。在以色列的社會中，宗教制度對社會和文化有極大的掌控力。對隸屬於羅馬帝國之下的以色列而言，政治自主權的有限，反而使宗教制度對整個以色列社會產生更大的影響。約翰對此宗教社會背景，勾勒得極為生動（十八31，十九7）。當耶穌來到世上時，祂以非傳統及不符合猶太教規的行動，向宗教權勢發出了挑戰。因此，耶穌及「猶太人」之間的尖銳摩擦，成為無法避免的激烈衝突。在這衝突必然發生的情況之下，「猶太人」成了對抗耶穌的敵對羣體。

4. 代表耶穌敵人的「猶太人」

對耶穌的敵意，是約翰筆下的「猶太人」的另一個特殊標誌。雖然在由耶穌起始的潔淨聖殿事件中，「猶太人」向耶穌挑戰了行事的權威，但有關「猶太人」對耶穌公然敵意的描寫，則出現在五章16節中。從起始以來，「猶太人」與耶穌的關係從未好過，彼此之間的緊張狀態在約翰福音情節的發展中不斷高漲。當耶穌在靠近羊門之處，醫好一個病了三十八年的患者時，耶穌及「猶太人」之間的緊張狀態成為全面性的敵對局面。在這次對抗中，約翰第一次記下了「猶太人」謀殺耶穌的意圖（五17）。同時，約翰也似乎有意指出，耶穌及「猶太人」兩方對安息日的關切。對「猶太人」而言，耶穌犯了安息日，因此應當受到死刑的懲罰（出三十一14～16）。在「猶太人」的控訴之下，耶穌卻仍逕自堅稱祂與父神平等，而且照樣作父神所作之事（五19）。耶穌的這番講論，引起了「猶太人」更深的憤怒。我們必須注意，耶穌在此並非故意挑起「猶太人」對祂的恨意。更確切地說，耶穌只是指出了他們內心的想法。耶穌陳述了「猶太人」內心的真相，而祂的判語也在福音書的末尾顯出完全的正確性。可見，耶穌對「猶太人」的定語，不但不是控訴，反倒加添了預言的層面。如此看來，敵意的發起者並非耶穌，而是頑劣的「猶太人」。

當耶穌的事工愈蓬勃發展時，「猶太人」對耶穌的敵意也愈深沉。由前文的討論，我們知道耶穌餵飽五千人的神蹟暴露了「猶太人」與宗教權勢的連盟關係。他們在不但在迦百農的會堂中反對耶穌（六59），更在住棚節時，顯出強烈的殺機。在這慶祝神奇迹地帶領他們離開曠野進入迦南的節期中，他們理應感恩歡樂，但他們心中所圖謀的卻是如何殺害耶穌的惡念（七1～2；參利二十三42）。神在曠野中，賜予他們生命。而他們在慶祝住棚節時，竟然盤算奪取耶穌生命的計劃。這羣「猶太人」顯然不是神子民之一。他們不但是與神立約的違約者，更是與神對抗的頭號敵人。在約翰毫無隱瞞地描繪之下，「猶太人」行動背後的意圖更顯清晰。「猶太人」的不信之心，在七至八章的經文中盡露無遺（七45～八30）。他們的不信，使他們成為耶穌的敵人。然而，當他們企圖謀害耶穌時，不信的問題更加惡化。在日益增強的衝突中，他們竟然公開拿起石頭急欲打死耶穌（八59）。

到了耶穌叫拉撒路復活之時，「猶太人」要殺耶穌的事實完全顯明。門徒對耶穌的性命極為掛慮（十一8）。「猶太人」所居之猶太地，因「猶太人」的殺機而成為一個充滿敵意的地方（十一7）。在拉撒路復活之後，約翰正面地記錄了一段有關「猶太人」的罕見行為表現（十一45）。約翰在這節經文中對「猶太人」的用法極為少見，或許與約翰使用「羣眾」描述頭腦不清的暴徒，屬相同的文學筆法（六5、22、24，七20、49，十二9、12、17、18、29、34）。在為數眾多的人羣中，也有支持耶穌敵人的同情者（十一46）。因此，即使約翰運用正面的筆法描述這節經文中的「猶太人」，「猶太人」一詞仍然暗含敵對的意味。由於叫拉撒路復活而為自己帶來極大危險的耶穌，在此事之後就從眾人之前隱退，直到祂受難得榮耀的時刻來臨（十八章）。

直至目前，對於「猶太人」一詞最負面的使用，出現在耶穌受難的敍事中。這段敍事中的「猶太人」為置耶穌於死地，而慫恿彼拉多將耶穌處以死刑。當彼拉多游移不定時，「猶太人」以如海的聲浪高喊釘耶穌十字架的惡言（十八31、40，十九7）。「猶太人」以尊該撒為王的答案回應彼拉多，使想要釋放耶穌的彼拉多別無選擇地將耶穌交給兵丁去釘十字架（十九15）。在這黑暗的時刻，「猶太人」對神的羞辱達到了最終極的頂點。他們否認神的妄為，違反了一個好以色列人的基本信條。因為一個好以色列人，應當視神的管治高於一切世上的君王。但是「猶太人」勢力的龐大，竟連深具名望的亞利馬太人約瑟及尼哥底母，都對他們懼怕三分（十九38～39）。事實上，「猶太人」

威嚇門徒的力量，在耶穌復活之後仍然未消（二十19）。[60] 或許門徒的信心不夠，但「猶太人」令人生懼的巨大影響力，卻是無可否認的事實。

約翰的敘事在情節發展之下，逐步強化了耶穌與「猶太人」之間的衝突。起初，「猶太人」並未顯明他們是耶穌敵人的身分，但很快地，他們的行為出賣了內心的動機。因此，在約翰的描繪之下，「猶太人」無疑是一個心懷惡意的羣體。對「猶太人」來說，內心的惡意轉為外表的惡行，只是時間上的問題罷了。耶穌與「猶太人」之間的衝突，在受難敘事中達到了高峯。在一種令人心酸的諷刺中，神使用了「猶太人」與耶穌的敵對，成就了耶穌來到世上的救贖使命。從某一方面來說，約翰福音中的「猶太人」是神的敵人的具體表現。他們的存在象徵了神的敵人的存在。但是在神的手下，「猶太人」或神的敵人都不過是神成就更大旨意的工具而已。

5.「猶太人」在上下文的角色

釋經的四個角度將視「猶太人」為一個實體，以進行多方面的觀察。首先，約翰福音對「猶太人」的畫像，讓我們肯定了前言與結語皆直接或間接與「猶太人」相互關連的觀察。雖然在前言中，「猶太人」並未被特別地提及，但他卻是壓制以色列那黑暗權勢的化身。更明確地說，「猶太人」對耶穌的反對象徵了黑暗世界對生命之光的拒絕。學者鄧恩（J. D. G. Dunn）指出，一般以色列人都認同希伯來律法書（即摩西五經，另稱妥拉〔Torah〕）為神的智慧（例如 Sir. 24.23；Bar. 4.1），因此「猶太人」對妥拉的看法，與當時的信念無異。然而，約翰由另一個角度介紹耶穌為智慧及神聖的「道」。約翰對耶穌的描繪，清楚顯示耶穌與「猶太人」集團及其信仰系統對立的情況。[61] 從福音的起頭，「猶太人」就與施洗約翰對抗，到了福音的結尾，他們更惡毒地將耶穌釘了十字架。他們同時拒絕了「道」，以及「道」的見證。由他們的惡心及惡行，我們看不見一點福音結語所要求的那種信心。在約翰福音中的「相信」一詞，總是以動詞的型態出現，可見這批「猶太人」完全不相信代表「道」的這位耶穌。

第二個釋經角度，與敘事的二元結構有關。在約翰福音各角落出現的「猶太人」，顯然與二元結構脱離不了關係。在二章的經文中，他們成了舊時代及舊秩序的象徵。除此之外，他們也代表了介於尼哥底母及撒瑪利亞婦人中間的變遷階段。正當尼哥底母夜訪耶穌，為以色列的先生投下可疑的陰影時，「猶太人」與施洗約翰的討論證明了整個以色列國家處於困惑混亂的事實。「猶太人」的線條脈絡，繼續延伸到撒瑪利亞婦人的故事中。可見，「猶太人」這條線索連貫了尼哥底母及撒瑪利亞婦人這兩個故事的二元結構。約翰回應「猶太人」的關切，並在經文中特別提及「猶太人」的存在。這種刻意的寫作筆法，藉著尼哥底母與撒瑪利亞婦人的二元對照，帶出了禮儀及宗教事務的討論。在二元結構的進展中，「猶太人」每況愈下，直到六章有關耶穌是生命之糧的講論時，猶太人已經成為「不信」的實例。他們並未出現在餵飽五千人的敘事中，但緊接而來的對話記錄卻指出了他們在場的可能性。當他們出現在耶穌是生命之糧的講論中時，他們成為討論中的敵對者。好牧人講論更透徹地指出，「猶太人」並非真以色列，反而是最終帶領以色列人進入死亡終局的邪惡領袖。「猶太人」在反對生來瞎眼者的故事中，也扮演了主要的角色，並且為耶穌嚴厲指責。但在此之後，二元結構不再是了解「猶太人」的關鍵鑰匙。在拉撒路復活之後，「猶太人」一意孤行地踏上了謀害耶穌的不歸路。

約翰以使「猶太人」靜默的敍事筆法，帶出他要傳遞的信息。正如在三章中，耶穌宏亮的聲音淹沒尼哥底母的微聲細語一樣，施洗約翰在曠野的呼喊聲也掩蓋了「猶太人」對他所提出的質問。在這些經文中，耶穌及施洗約翰的話語，顯然遠超尼哥底母及「猶太人」。話語分量及靜默與否的強調，是約翰表達對這兩種人物看法的獨特寫作方式。由約翰使尼哥底母及「猶太人」靜默的筆法，我們知道這兩類人的觀點毫無令人深思的價值。他們對於禮儀的拘泥及權力的堅持，更是令人頭痛。除了偶有幾次「猶太人」圈內的辯論以外，約翰福音中的「猶太人」從頭到尾地代表了與耶穌對立的聲音。對約翰而言，「猶太人」的口永遠不可能發出任何有價值的觀點。如此，「猶太人」前後一貫地象徵了那拒絕生命之光的黑暗世界。

第四個社會歷史釋經角度，誠然為我們打開了許多理解約翰時代背景的可能性。莫特爾發現約翰在書中重複強調猶太人的節期，他的觀察有幫我們更加了解當時的宗教背景。[62]公元七十年之後，這些節期的慶祝被迫停止，而以色列人也呈現在信仰的困惑中。基督徒的出現提醒了以色列人，他們再也不需遵守節期的儀式，因為耶穌的救贖使命已經取代了舊日的傳統，並應驗了節期的意義。在約翰的時代，教會及猶太信仰之間的衝突極為明顯。約翰福音似乎將上一代「猶太人」的罪咎自動轉移到下一代。然而，「反猶太」(anti-Semitism)一詞並不能正確地描述約翰信仰羣體當時的社會情況。畢竟，在約翰時代的教會中，不但許多信徒是猶太人，連使徒領袖也是猶太人。雖然教會歷史讓我們看見許多早期外邦人教父的存在，但這些外邦人教父在基督教領導圈佔優勢的情形，要等到第一代基督徒完全消失之後才發生。其實，現代學者對「反猶太」一詞的了解，並不再限於狹窄的種族層面，而是偏重信仰制度的強調。[63] 我們必須了解，基督教與猶太信仰之間的衝突，與種族的差異無關，乃因宗教及神學觀之不同而造成。顯然，在約翰的時代，「猶太教」為一實體的觀念還不成熟。但在公元七十年之後，撒都該人驟然消失，死海教派又被消滅，加上法利賽人掌控了以色列人的宗教信仰，因此猶太教的影子逐漸鮮明。公元七十年之後的宗教情況，輕易地解釋了約翰福音有強烈法利賽人氣味的原因。耶穌確實曾與其他非法利賽的集團接觸，但約翰的寫作目的，在於強調法利賽人對當時宗教信仰的控制力量。在約翰的寫作中，教會及其信仰羣體藉著耶穌的話語，不斷戰勝了猶太教對信仰黑暗渾濁的了解。當我們由社會歷史的角度來閱讀約翰福音時，我們發現約翰也使用彼拉多所代表的羅馬司法制度。當代表羅馬司法制度的彼拉多，與代表以色列宗教制度的「猶太人」合作時，他們成功地殺害了耶穌。在公元七十年事件的背景之下，耶穌的好牧人講論被賦與了新的意義。這些被耶穌定罪為賊及強盜的宗教領袖，不但謀害了耶穌，也將以色列國帶進死亡的結局。耶路撒冷的被毀，使以色列再度面臨被羅馬帝國佔據之前的宗教景況，猶太教如同往日只能在會堂裏進行。公元七十年之後，會堂的存在及普遍成為宗教領袖失敗的標示。對約翰來說，「猶太人」一詞代表了被擄之後在宗教及種族認知上發生問題的以色列人。這羣以色列人迫切需要惟有耶穌才能帶來的信仰更新。極可悲的是，「猶太人」

與羅馬政府合作釘死耶穌的舉動，並未替以色列人帶來和平。相反地，這個致命的合作竟然為以色列人帶來了毀滅的命運。當約翰在福音書將耶穌視為聖殿時，他發出了基督教將取代猶太教的宣告。公元七十年代的猶太宗教已經面臨崩潰的地步。惟有耶穌的事工得以常存，因為祂以自己取代了聖殿。所有認識真理的人，都將因耶穌為世人所獻上的而敬拜祂。

那麼，究竟我們能對約翰使用「猶太人」的方式有何結論呢？首先，「猶太人」的使用到底與種族、宗教或行為的因素有關？這是優先考慮。宗教及行為的因素似乎是約翰使用「猶太人」一詞的重要原因。如果我們仔細觀察約翰所用的「猶太人」一詞，我們將發現這個名詞通常以複數的形態出現。他代表了一個敵對耶穌的特殊集團。[64] 其他福音書作者對於「猶太人」一詞採用中性的態度。獨有約翰筆下的「猶太人」深具負面的意義。這個羣體雖然在某方面顯得極為困惑，但卻對耶穌為世人所帶來的救恩全面敵擋。無論種族身分為何，在約翰的時代，「猶太人」的確成為所有反對基督教信仰的縮影。

6. 省思與今日應用

約翰對「猶太人」準確無誤地描繪，為今日的信徒帶來不少寶貴的屬靈教訓。由本文的研究，我們發現任何人都可以濫用約翰的經文，而帶出反猶太的錯誤應用。由多變浮沉的歷史中，我們看見了基督徒與猶太人之間許多不必要的衝突事件。因此，當我們閱讀約翰福音有關「猶太人」的經文時，我們應當更加謹慎。[65]這也再次地提醒了今日讀者，正視正確釋經的重要性。錯誤的釋經極有可能帶出新納粹主義，甚至促使二次大戰猶太人被大屠殺的歷史事件重演。

「猶太人」的例子更警告了今日信徒，務要記住現代及古代背景差異深廣的事實。對於約翰福音中「猶太人」經文的誤讀，常與現代解經的趨勢或偏好有關。許多現代信徒不加區別地採用整本聖經串珠式的解經法，這是極為錯誤的。約翰所用的專門術語，在希臘原文中，都有其獨特的用法及意義。因此，最佳和最安全的新約釋經法，應該是每書卷各自獨立的經文詮釋。

除了應該避免整本聖經串珠式的釋經法之外，對於歷史背景的了解也非常重要。聖經讀者必須對有關作者及人物的背景，採取嚴肅的態度，以避免為約翰福音的經文帶出不道德的反猶太教訓。一般而言，聖經讀者如能更透徹地了解古今背景的分歧差異，那麼誤讀經文的可能性就相對地減低許多。仔細研究聖經，永遠好過不嚴謹或過度鬆散的釋經方式。在基督徒倫理道德的應用上，正確的釋經更成為最優先的考慮。在約翰福音中，約翰特別區分「猶太人」為耶穌敵人的角色，並在寫作結構的安排上帶出「猶太人」與宗教權威的緊密關係。因此，今日讀者可以很輕易地以「猶太的宗教權威」一詞，取代「猶太人」的使用。如此說來，種族的層面就不是約翰所要強調的重點。「猶太人」這個羣體的特性，以及其信仰理念，才是約翰的研究焦點。這羣「猶太人」代表了耶穌的敵人。敵人的身分隨著時代改變，但是敵人與耶穌衝突的本質卻仍然相同。所以，與其關注「猶太人」的種族身分，不如仔細研究「猶太人」成為耶穌敵人的原因。由本文的研究，我們知道有兩個重要的因素支配了「猶太人」的行動。第一個因素與他們對權力的喜愛有關。當耶穌來到人間時，祂同時向猶太人及外邦人發出了挑戰。祂要求世人改變。祂也為舊日的傳統提供了一個新的取向。這些特性都呈現在耶穌未來以先的救贖歷史之中，表明了神的作為。基督的到來，證實了祂對人自我檢視的要求。祂要求尼哥底母以超越肉體的眼光看重生的問題，祂要求飽享食物的羣眾仔細思想祂的身分，祂更要求一個超越亞伯拉罕及摩西的地位。其實，衝突的中心與種族問題毫不相干，卻與猶太人如何看耶穌的身分有重要的關連。耶穌勇敢地正視他們信仰問題的核心。猶如耶穌當時挑戰以色列人正視自己的信仰問題一樣，今日耶穌仍然向教會發出挑戰。當教會變得極為強大，以至失去由基督的角度來探視教會成功的能力時，教會已經陷入了權力過大的危險中。與耶穌時代的「猶太人」一樣，今日有許多教會在慶祝他們的成功時，竟然忘了耶穌的存在。他們再也沒有能力為改善神的國度盡上力量。當有人善意地提出改進的建議時，他們一方面暴發憤怒的情緒，另一方面又陶醉於極度的自我滿足中。他們無法以新鮮的思考過程，面對任何冒犯他們地位的行為。經由諸如教會傳統或會員人數的統計數字，他們死命地抓緊權力。積習日久，他們的教會由鮮活的有機組織變成呆滯的宗教制度。他們的教會只是一種制度，毫無變化革新的活力。他們的權力在可能成為福音攔阻的傳統理念中，享受堅固的保障。只要權力在握，他們就毫無掛慮。在對權力不自覺地貪愛中，他們成了福音的敵人。

當我們面對「猶太人」的行為，及他們對權力的喜愛時，我們對經文的應用就要更加慎重。雖然「猶太人」促成了耶穌的受難，但約翰從未寫下耶穌命令祂的門徒恨惡「猶太人」的記錄。以令人信服的釋經證據，德博爾(M. C. de Boer)根據約翰的著作，指出基督跟隨者不應憎恨猶太人的事實。[66]「恨」是「猶太人」對基督徒及耶穌所表現的行為，然而基督的跟隨者不但彼此相愛，更愛那反對自己的敵人。耶穌為對祂具有敵意的世人而死，是基督徒最高的倫理道德榜樣。當牌子寫上耶穌是「猶太人的王」時，「猶太人」有了嶄新的意義。神的救恩由猶太人而出，一方面有諷刺的意味，但在另一方面則顯出神對猶太人的寬容與大愛。基督徒必須活出與神有相同理念的生命。耶穌在約翰福音中針對「猶太人」的辯證及定罪，應該被視為事實的陳述。單由耶穌在約翰福音中的敘事前提來判斷，我們可以明白耶穌從未提倡任何恨惡敵人的心態或行動。從道德的角度說，基督徒應該率先活出愛敵人的生命。不論敵人的種族身分為何，是猶太人抑或外邦人，都是基督徒學習愛敵人的首要對象。

與權力分不開的領導者地位，也是約翰討論的重點之一。在我們討論為何領導者的地位促使「猶太人」成為耶穌的敵人之前，讓我們先來思考一下與領導者地位有關的重要概念。約翰福音中的「猶太人」極重視妥拉的教訓，他們不單是宗教的領袖，也是有社會宗教影響力的羣體。但是約翰讓他的讀者看見，濫用權力的領導者將帶領自己的子民進入毀滅的厄運。一個不幸卻典型的例子，就是發生在公元七十年的耶路撒冷被毀事件。同樣地，在今日的教會中，有許多領導者操縱教會所賦與他們的權力玩弄教會政治。在可悲的現實中，他們提高了自我的利益，但同時也傷害了他們所帶領的羊羣。有些領導者掛名參與各種組織的委員會，他們根本毫無服事眾信徒的動機，所要的是名聲的遠播及自我利益的獲取。領導權力的濫用，絕對不為約翰的信仰羣體所允許。而一個真實的信仰羣體，也不應該容讓這種不良領導者的存在。只為自己利益著想的領導者，不但是福音的絆腳石，更是耶穌基督的最大敵人。

傳統是導致「猶太人」成為耶穌敵人的第二個重要因素。

事實上，「猶太人」對權力與傳統有類似心態。傳統並非不好。例如，禮儀上的潔淨就對屬靈及肉身的健康有極大的好處。但是當類似潔淨禮的傳統由次要的地位，變成信仰的首要關切時，傳統就帶來了信仰的危機。另外，傳統主義者為愛傳統而遵守傳統的作法，也為基督教信仰帶來相當不利的影響。在約翰的故事中，傳統主義已經奪取了猶太人生活的真實意義。他們單單注重傳統的遵守，卻忘了耶穌及施洗約翰的生命見證，才是他們應當專注的信仰目標。他們失去了大原則的掌握，而在繁瑣的禮儀細節上鑽牛角尖。今日的教會，同樣要記住約翰對於傳統主義的警惕教導。即使教會並不隸屬於任何宗派，甚或教會有強烈的反對傳統立場，每一個教會難免都有一套自己的理念或行事方式。這些教會堅守的理念或原則，常常在不自覺中發展成對教會毫無益處的傳統。當傳統主義佔有優勢時，福音之光就顯得黯淡。

約翰對「猶太人」一詞的使用，為我們帶來了極多屬靈教導。基本上，「猶太人」這個羣體是歷代信徒的負面範例及提醒。這並不全然是約翰時代的「猶太人」，也不盡是今日的猶太人。他是象徵耶穌敵人的最佳代表。

註釋：

1 在本文中，我採取與卡爾佩珀類似的看法。R. A. Culpepper, *Anatomy of the Fourth Gospel*, pp. 135～136。他由較負面的角度研究尼哥底母。

2 Morris *John*, p. 826. 括弧中的約瑟及尼哥底母，為作者附加。

3 Severin, "The Nicodemus Enigma: The Characterization and Function of an Ambiguous Actor of the Fourth Gospel," in R. Bieringer et al (eds.), *Anti-Judaism and the Fourth Gospel* (Assen: Royal Van Gorcum, 2001), pp. 368～369.

4 相同性質但卻較簡短的研究，參 J-M. Severin, "The Nicodemus Enigma: The Characterization and Function of an Ambiguous Actor of the Fourth Gospel," *Anti-Judaism and the Fourth Gospel: Papers of the Leuven Colloquium 2000* (eds. R. Bieringer et al; Assen: Royal van Gorcum, 2001), pp. 357～369。塞弗林(J-M. Severin)對於尼哥底母的研究之結論，與我的類似，但他較注重有關尼哥底母的一般描述。並且，他對尼哥底母所持的觀點，較我的稍為正面。塞弗林的尼哥底母既不是正面的，也不是負面的。因此，尼哥底母只是一個「門徒」，而不是一個「信徒」。在決定尼哥底母的價值判斷上，塞弗林的研究顯出極大的張力。他的結論並未解決這個有張力的問題。另一位對這方面研究有貢獻的學者是 B. Hochman, *Character in Literature* (Ithaca: Cornell University Press, 1985), pp. 39ff.，書中提出以關係層面研究人物的方法論。康韋對於上述作品有相當良好的運用，對於本文亦提供了極大幫助，參 C. M. Conway, *Men and Women in the Fourth Gospel*。另一有用的參考見 E. M. Forster, *Aspects of the Novel* (New York: Penguin, 1962), pp. 54～81。在本文中，除了各敍事情節的焦點人物研究之外，我進一步建議了不同敍事間的人物比較。在獨特人物的焦點研究，以及不同人物的比較之間，我們更清楚了解約翰如何以人物的刻畫，帶出修辭用意。誠然，在情節中我們看見作者對不同人物的刻畫，但不同敍事之間的人物分析，有時可以為我們帶出在敍事之間的修辭關係。尼哥底母是一個最好的例子。

5 直接的陳述包含了作者或耶穌對於重要主題的討論。例如信心有無之談論就是例子。而含蓄的陳述則因觀察的基礎僅限於作者的描述，所以顯得較為主觀。關於表象為約翰福音帶出的象徵力量，參 R. Kieffer, "Different Levels of Johannine Imagery," *Aspects on the Johannine Literature: Papers presented at the conference of Scandinavian New Testament exegetes at Uppsala, June 16-19, 1986* (eds. L. Hartman, B. Olsson; ConBNT. 18; Uppsala: Almqvist and Wiksell International, 1987), pp. 74～78。對於光及黑暗的重要討論，見書中頁76～78。

6 比喻表示「夜」除了時間的意義之外，仍有另一種隱含意義。這不是說，尼哥底母在白日訪問耶穌，而約翰卻為了比喻的目的，而將其改為夜訪耶穌。我強調的是，約翰對於「夜」的使用，可能有比喻的意味。當我使用「比喻」一詞時，我承認比喻也有某種程度的字面意義。當被象徵的對象與象徵的字愈接近時，比喻的字面意義就愈顯強烈。有關比喻的討論，參下列書籍。G. Lakoff, M. Johnson, *Metaphors We Live By* (Chicago: University of Chicago Press, 1980); D. Donaldson, "What Metaphors Mean," *The Philosophy of Language* (ed. A. P. Martinich; Oxford: Oxford University Press, 1996), p. 420; W. G. Lycan, *Philosophy of Language* (London: Routledge, 2000), pp. 208～226。

7 約翰福音一章5節的「不接受」，在 NIV 中以 "understood" 出現。根據希臘原文“κατέλαβεν”，“overcome”(克服)應是更正確的翻譯。同一字以同樣的意義，出現在約翰福音十二章35節中，描述門徒被黑暗所克服(臨到)的境況。

8 Conway, p. 125 指出，在41節中，有27節沒有記錄耶穌在場。

9 關於「經文中不在場」(textual absence) 的觀念，參 J. D. Crossan, "It is Written: A Structural Analysis of John 6," *Semeia* 26 (1983), p. 7。經文的不在場是敍事者傳達信息的修辭技巧。這與經文中的歷史事件記載須加區別。換句話說，經文的「不在場」未必表示歷史事件中的真實「不在場」。

10 天生瞎眼者成為耶穌跟隨著即將面臨之遭遇的預表。這羣耶穌跟隨者將被「猶太人」趕出會堂(約九22，十二42，十六1～4)。約翰在第九章中，以人的所在之處，劃分了屬於光及黑暗的兩種人羣。

11 耶穌第一次在安息日治病的記錄，出現於五章1至15節中。

12 以九章22節劃分在九章及十章所發生的事件，不但對每個獨特的事件有更清楚的了解，並且容許「好牧人」及「不信」這兩個重要主題的延伸。由此看來，在耶穌醫好天生瞎眼的事件結束於九章21節時，我們看見法利賽人的靜默無言，以及猶太人的迷糊困惑。有的學者認為這裏的猶太人與法利賽人屬一個羣體，但猶太人的困惑與法利賽人對耶穌的全然拒絕，顯然並不完全相似。因此，法利賽人只有猶太人的一些特性，他們並不同屬一個特定的羣體。

13 十一章 46節讓我們看見一羣見法利賽人的猶太人。他們羣與相信耶穌的另一羣人相反，因為他們的不信，使他們不但前去見法利賽人，並且成為信主之人的對照。

14 Brown, *John*, p. 130.

15 根據此處之晚餐，與它處有早餐(ἀριστάω)之經文對照(約二十一12、15)，逾越節前的筵席於晚上舉行的推論應合理。然而，有些學者認為「夜間」在經文中僅限於時間的提示。參 John J. O'Rourke, "Asides in the Gospel of John," *NovT* 21 (1979), p. 218。

16 在福音書的研究中，許多學者特別探討約翰福音十三章的筵席，然後辯解這個晚餐的筵席是否其他符類福音書中的最後晚餐。其實這種討論並非約翰的關切重點。實際上，約翰的用意是要將這個逾越節前的晚餐與耶穌的受難串連一起。如果我們一定要為約翰福音十三章這個晚餐帶出一個名稱，那麼它是約翰福音中的最後晚餐。至於這個晚餐是否「真的」最後晚餐，或符類福音的最後晚餐，都不是讀者需要特別關注的重點。約翰藉著共同的主題及情節線索，串連了逾越節前的晚餐與隨之而來的受難敍事。

17 雖然，猶大領導捉拿的一夥人，而耶穌僅僅領導門徒，但耶穌卻是得勝者。

參 C. H. Giblin, "Confrontations in John 18. 1-27," *Bib* 65 (1984), pp. 210～231。

18 彼得受審與耶穌受審對照的可能關鍵字，是十八章19節的"οὖν"約翰顯示了發生在大祭司屋內及屋外的審判情景。耶穌受審的三個階段分別於下：耶穌首先被帶至猶太宗教領袖的面前。其次，宗教領袖將祂帶至彼拉多面前。最後，彼拉多將耶穌帶至眾人面前，已得最後的判決。

19 一直以來，學者在死海古卷中也發現了不少「光／黑暗」的相似用法。因此約翰對於這些表象的用法極為平常，與當時並無不同。參 1 QS 4.15ff.，另參 R. E. Brown, "The Scrolls and the New Testament"; J. L. Price, "Light from Qumran upon Some Aspects of Johannine Theology"; J. H. Charlesworth, "A Critical Comparison of the Dualism in 1 QS 3:13-4:26 and the 'Dualism' Contained in the Gospel of John," *John and the Dead Sea Scrolls* (eds. Charlesworth et al; New York: Crossroads, 1991), pp. 7～37, 76～106。

20 例如，參 Morris, *John*, p. 211。他以許多解釋說明黑暗為象徵性用法的結論。然而，他彷彿也認為尼哥底母在這段經文中，是耶穌這位真光的對照。莫理斯認為尼哥底母來到耶穌(光)之處。顯然，耶穌就是光，雖然尼哥底母夜訪耶穌，但他並不是「夜」的化身。我認為，莫理斯上述的平行對照，並不存在於經文之中。若說，道成肉身的耶穌象徵了光的來臨，如同約翰福音一及二章所述，祂在白日中服事眾人；而象徵了黑暗的尼哥底母，則在夜間來見耶穌。參 Carson, *John*, pp. 186～187; Brown, *John*, p.130。

21 類似的看法，參 Carson, *John*, p. 86。

22 到底是誰講論約翰福音三章19至21節的內容？講論者的身分並不是經文的關鍵，因為講論者的身分並不影響尼哥底母故事的詮釋。這段經文的重要意義，在於它對世人的判決(約三19)，與尼哥底母的討論有關。

23 耶穌以第一及第二人稱代名詞，對照了兩種人。第一人稱複數代名詞(我們)帶出耶穌與其他跟隨祂的見證人，同為見證人的陳述(約三11)。而第二人稱複數代名詞(你們)則指出另一羣不相信耶穌的人。約翰對於第二人稱複數代名詞的一貫性使用(約三7、11、12)，清楚指出耶穌對尼哥底母的看法。祂將他歸於那從肉身生，並且極需另一種新生的人當中。

24 約翰在一章12節及三章11節中，對於"λαμβάνω"一字的使用極為生動。這是約翰刻意安排的筆法。在這兩段經文中，約翰使用了「光」、「黑暗」、「相信」及「肉身」等相同字彙。在耶穌的眼中，尼哥底母不了解、接受或相信祂的教導及身分。因此，尼哥底母與那些對耶穌有相同態度的人，同屬一類。根據一章11節，我們相信這一類人包含一般的以色列人及特殊的宗教領袖團體。在希伯來文聖經中，有多處經文顯明以色列是耶和華的產業(例如，出三10；申四20、29，三十二9；詩三十三12)。

25 事實上，卡特(W. Carter)提出了前言中的四個相關主題，它們不斷出現在約翰福音的全書中。(1)耶穌這位「道」的起源及終結去向(約三2)；(2)耶穌啟示者的角色(約三13～14)；(3)世人對耶穌的回應(約三16、18～20)；(4)耶穌這位「道」與福音書中其他人物的關係(三10～21)。括號中的經文由本文作者加入。參 Carter, "The Prologue and John's Gospel: Function, Symbol and the Definitive Word," *JSNT* 39 (1990), p. 37。

26 尼哥底母在開始時即用包含24個希臘文單字的神學問句，展開了對話的序幕。但他卻以僅含四個希臘文單字的問句，在敘事中消失不見(約三2、9)。參 F. B. Cotterell, "Nicodemus Conversation: A Fresh Appraisal," *ExpT* (1985), p. 237，文中認為在一般的對話中，都是由地位或身份較高的資深人士開始建議性的話題。或許在一開始，尼哥底母誤以為自己有更深的資格來解釋耶穌的行動。殊不知到了末了，尼哥底母卻以處於劣勢的光景，悄然退出了現場。

27 再一次，我們必須從約翰及與他同時代的猶太基督徒之觀點，來理解這場辯論。

28 耶穌稱自己為「世界的光」，是要顯明在黑暗中的世人極需要生命之光的真理。

29 「場景預表」(Type Scene)的用語，源自 R. Alter, *The Art of Biblical Narrative* (New York: Basic, 1981), pp. 47～61。「場景預表」有某些特殊的形式，在約翰福音中不斷出現。「場景預表」也有為敘述者傳達信息的功能。Resseguie, *The Strange Gospel*, p. 121 指出在三章2節中，尼哥底母使用「我們」一詞，表達了他代表法利賽人的立場，勇敢地為他們說話。因此，尼哥底母有預表法利賽人的功用。

30 R. C. Culpepper, *Anatomy*, p. 136; Gench, *Back to the Well*, p. 112 提出尼哥底母與撒瑪利亞婦人的對照觀察，但他們並未進一步地思考約翰如此對照的修辭涵義。

31 事實上，有關天國的兩個重要談論，分別出現於三章3及5節中。A. Pilgaard, "The Qumran Scrolls and John掇 Gospel," *New Readings in John: Literary and Theological Perspective* (eds. J. Nissen, S. Pedersen; JSNTSup 187; Sheffield: Sheffield Academic Press, 1999), pp. 136～137，文中注意到，昆蘭社區在〈安息日祭祀之歌〉(*Songs of the Sabbath Sacrifice*)中，將天國與聖殿相連的獨特看法。

32 在約翰福音四章27節中，反映了約翰及耶穌的門徒希奇耶穌與一個婦人說話的表現。他們同時對此事的強調，令人好奇。事實上，撒瑪利亞婦人只是約翰福音眾多婦女中的一位重要見證人而已。參 T. K. Seim, "Roles of Women in the Gospel of John," *Aspects on the Johannine Literature*, pp. 56～73。

33 類似的看法，參 Conway, p. 109。在約翰福音其他有名字的女性對照之下，撒瑪利亞婦人的無名，更顯出深意。約翰未對撒瑪利亞婦人的名字提及，不見得表示她是不重要的人物，反而更強烈地對照了尼哥底母的名望地位，以及撒瑪利亞婦人的下級社會地位。關於有名及無名在敍事中的涵義，參 T. Docherty, *Reading (Absent) Character: Towards a Theory of Characterization in Fiction* (Oxford: Clarendon, 1983), pp. 43～86。

34 耶穌與撒瑪利亞婦人都強調種族與正統信仰的關係（約四20～22）。猶太人與撒瑪利亞人的對照，突顯在耶穌與撒瑪利亞婦人的對話中及另一處經文（約八48）。

35 馬西尼（R. G. Maccini）指出，撒瑪利亞婦人傳揚的並非我們所稱的「福音」，而是有濃厚意味的生命見證。參 Maccini, "A Reassessment of the Woman at the Well in Light of the Samaritan Context," *JSNT* 53 (1994), p. 35。如此説來，律法上的對抗而非純然的傳講福音，應該也是耶穌與尼哥底母對話的特性。撒瑪利亞婦人與尼哥底母的對照，顯然帶出一個光與黑暗互相對抗的研究個案。

36 如果釋經者認為七章52節至八章11節是後來加入的，那麼這種看法就更真實了。

37 畢竟，路加福音二十三章54至56節顯然強調遵照猶太傳統的埋葬儀式。

38 孫寶玲：《約翰福音文學註釋》，頁174。

39 事實上，約翰以讀者好似熟悉約翰福音十二章的方式，提及馬利亞膏耶穌的行動。由這種寫作方式，我們看出了約翰要這羣消息靈通的讀者，以他為這段故事的定位，重新閱讀這熟悉故事的心意。無疑，這些故事的重要走向，乃是將拉撒路及耶穌復活的核心意義連在一起。

40 十二章7節的「安葬」一字在十九章40再度出現，顯明馬利亞對耶穌的膏抹，是約瑟及尼哥底母埋葬耶穌的預示。這種預示的關係，為我們帶來了兩段紀錄的比較。這種比較並非平行式的比較，而是對照性的比較。埋葬時，他們使用的香料不一樣，重量也不同。馬利亞一斤的香膏，無法與他們一百斤的香料相比，但耶穌卻稱許馬利亞對祂的膏抹行動。耶穌稱許馬利亞的重要原因，乃是因為耶穌仍然活在世上。十二章3節的解釋強調馬利亞香膏的價值。猶大這個壞傢伙在十二章5節中再次提起了香膏的金錢價值。然而，香膏的價值並不是耶穌的惟一重點，耶穌注重的乃是香膏的預言性質。雖然，約瑟及尼哥底母使用了百斤的香料，但約翰對這些香料的價值卻隻字未提。他只提及他們的身分而已。

41 類似的看法，參 J-M. Severin, "The Nicodemus Enigma: The Characterization and Function of an Ambiguous Actor of the Fourth Gospel," *Anti-Judaism and the Fourth Gospel*, p. 366。依據歷史的背景，Carson, *John*, p. 630 大膽猜測，一百斤的埋葬香料是由僕人提來的。這種猜測使耶穌的埋葬方式，

與皇家的埋葬方式相似(Jos. *AJ* 17. 199)。然而，如果真有僕人的話，那麼僕人的角色卻被約翰抑制不提。約翰沒有強調埋葬的可能盛況，只專注在兩位埋葬者的描述上，這與另外三本符類福音的傳統符合。Borchert, *John 12-21* (NAC; Nashville: Broadman and Holman, 2002), p. 281 則強調耶穌的皇家埋葬儀式。但耶穌的埋葬儀式是否真如皇家的？在此沒有清楚答案。博徹特(G. L. Borchert)引用十九章19至20節為證據，指出耶穌有王的身分。但這種看法並不十分令人信服，因為當時彼拉多及兵丁以嘲笑猶太人的態度，為耶穌安上猶太人之王的名號。我並不否認約翰看見耶穌為王的身分，但天國的用語並不是約翰福音的特色。

42 M. Davies, *Rhetoric and Reference in the Fourth Gospel*, p. 331. 與其他三本符類福音相較，約翰在這個故事中，將猶大邪惡的品格表達得更透徹。

43 L. Morris, *John*, p. 211, n. 6 亦指出這方面的觀察，但並未將它運用在人物刻畫的詮釋上。J. Nissen, "Community and Ethics in the Gospel of John," *New Readings in John*, pp. 206～207 認為，約翰試圖呼召祕密信徒，公開承認他們的信仰。類似的看法，參 Brown, *John*, p. 960。誠然，我們可以用此角度了解經文，但在應用的層面上，其正確性有多少，實在值得懷疑。倒是，約翰對於反猶太論證的一貫性使用法，較能解釋約翰對於約瑟及尼哥底母的描述筆法。在約翰的筆下，約瑟及尼哥底母並非例外。

44 有關單調沉悶的人物，參 Forster, pp. 73, 81。在卡爾佩珀的 *Anatomy* 中，亦可見福斯(E. M. Forster)對於人物類型的看法。

45 M. Bal, *Narratology* (Toronto: University of Toronto Press, 1998), p. 115 認為，敍事中所有人物都是「紙上的人物」，並不真正有「血與肉」。以尼哥底母的例子來說，它所有的「血與肉」更是微乎其微。

46 Borchert, *John 12-21*, p. 280 認為，尼哥底母在對於耶穌的效忠，由祕密的跟隨逐漸地進展為更公開的表達。但是埋葬耶穌是公開的事件嗎？約翰並未對此點多作說明。我們只可以看見，約翰對於尼哥底母夜訪耶穌的提及。

47 下文認為人物只是一個典型或代表，並不具人格，也非特指某一人，參 P. Merenlahti, "Characters in the Making: Individuality and Ideology in the Gospels," in *Characterization in the Gospels*, pp. 51～52。另參 J. S. King, "Nicodemus and the Pharisees," *ExpT* 98 (1968), p. 45，文中認為在法利賽人中，仍可能有人對耶穌抱同情之心。

48 許多釋經者嘗試由信心的角度，帶出尼哥底母是否重生的討論。由經文的人物刻畫，我們無法證實這種釋經方式的正確性。因為約翰常以尼哥底母的同伴及他與同伴之間的關連，描繪尼哥底母的畫像。約翰對於他的信心從未評論。參 R. F. Collins, *These Things Have Been Written: Studies on the Fourth Gospel* (Louvain: Peeters, 1990), p. 58。

49 我同意 J. L. Martyn, *History and Theology in the Fourth Gospel* (Nashville:

Abingdon, 1979)，文中認為福音不但是耶穌生命的見證記錄，也是約翰信仰羣體對於信仰的反省及深思。Mierenlahti and Hakola, "*Reconceiving*," p.33 正確指出，福音是有關思想理念的敍事，而非純為表現藝術的文學作品。

50 例如 R. Bieringer 等的 *Anti-Judaism and the Fourth Gospel* (Assen: Royal Van Gorcum, 2001)，有關於此方面探討的一大列文章，除了書目及索引之外，涉及近548頁的討論內容。

51 兩個極端的看法，似乎是 Bieringer 編譯的 *Anti-Judaism*的討論出發點。

52 雖然在公元七十年，並不是每個猶太人都背叛羅馬，但歷史學家約瑟夫(Josephus)在著作中卻有所有猶太人皆是羅馬敵人的意味。事實上，由四章22節，我們清楚看見耶穌將自己歸屬於猶太人。參 J. A. Weatherly, "Anti-Semitism," *DJG*, p. 14。

53 約翰對他的時代極為強調，而這是重要的，正如 J. D. G. Dunn, "The Embarrassment of History: Reflection on the Problem of 'Anti-Judaism' in the Fourth Gospel," in *Anti-Judaism,* p. 48 對此看法的強烈支持。在對於納粹屠殺猶太人不了解的新一代產生之後，有關猶太教及基督教信仰差別的強調，更有前所未有的重要性。

54 Keener, *John*, p. 684。另參 Morris, *John*, p. 37, n. 106。

55 Hendrik Hoet, *Anti-Judaism,* p. 194 中，以「我們的父就是亞伯拉罕(約八39)：約翰福音及猶太基督徒的對話」，否認了任何與種族有關的看法，認為基督徒及猶太人因屬靈的緣故，而與亞伯拉罕有關。雖然這種看法與保羅的觀點相同，但沒有足夠證據，顯示約翰的寫作亦持相同的論點。該書的推論使早期的基督徒羣體完全同質同種，絕非正確的觀察。

56 Morris, *John*, p. 462.

57 Keener, *John*, p. 758.

58 另參 S. Freyne, "Villifying the Other and Defining the Self: Matthew掇 and John's Anti-Jewish Polemic in Focus," J. Neusner, E. S. Frerichs (eds.), *To See Others as Others See Us: Christians, Jews, "Others" in Late Antiquity* (Chico: Scholars Press, 1985), pp. 11～143。

59 R. Alan Culpepper, "Anti-Judaism in the Fourth Gospel as a Theological Problem for Christian Interpreters," *Anti-Judaism*, p. 74.

60 這段描述門徒懼怕的經文，貼切地對照了門徒及尼哥底母。尼哥底母可能是一個暗地的耶穌跟隨者。而門徒則是公開的耶穌跟隨者。但是，暗地的耶穌跟隨者前來領取耶穌的屍體，而公開的耶穌跟隨者卻遁逃無形。門徒的失敗，的確顯明「猶太人」惡性威脅的真實性。

61 J. D. G. Dunn, "The Embarrassment of History: Reflection on the Problem of 'Anti-Judaism' in the Fourth Gospel," *Anti-Judaism*, p. 54.

62 Motyer, "The Fourth Gospel and the Salvation of Israel: An Appeal for a New Start," *Anti-Judaism*, pp. 97ff; Blomberg, *The Historical Reliability of John's Gospel*, pp. 147～148.

63 如欲更了解「反猶太」的意義，參 Judith Lieu, "Anti-Judaism in the Fourth Gospel: Explanation and Hermeneutics," in *Anti-Judaism*, pp. 128～131。

64 相似的看法，參 U. C. von Wahlde, "The Johannine 'Jews': A Critical Survey," *NTS* 28 (1982), pp. 33～60。

65 有關德國納粹的佳作，參 Bertold Klappert, "The Coming Son of Man became Flesh: High Christology and Anti-Judaism in the Gospel of John?" in *Anti-Judaism*, pp. 159～163。

66 M. C. de Boer, "The Depiction of 'the Jews' in John's Gospel: Matters of Behavior and Identity," in *Anti-Judaism*, pp. 260～280.

第六章

約翰福音人物的再思

簡論

當接近本書的尾聲時，我相信每位讀者都已經看見，人物刻畫在約翰信息中不可或缺的角色。約翰福音包含極多的人物刻畫，除了本書選擇的代表之外，尚有許多有趣的人物值得值得深入探討。一位極重要並值得花上一本書篇幅來研究的就是聖靈。[1] 在主耶穌復活升天之後，聖靈承擔了與「道」相同的特性，並且成為「道」的完全取代。雖然學者仍為如何翻譯希臘文音譯詞"*Paraclete*"而辯論不已，但聖靈的角色卻一點也不比耶穌次要！依此看來，本書的釋經方法或許能為聖靈在約翰福音的角色，提供更精確的詮釋。多馬也是一位有趣的人物。千年以來，約翰筆下的多馬仍然吸引無數讀者。有人認為他的故事使多人歸信耶穌，對歷代信徒有不可磨滅的巨大影響力。[2] 另有人認為，約翰信仰羣體中跟隨多馬的信徒曾為早期教會立下汗馬功勞。[3] 另一位讓人咬牙切齒的人物，就是彼拉多。對許多心疑的猶太人，彼拉多是當時凱撒的朋友。除了認識彼拉多的歷史背景之外，讀者也可以由約翰信仰羣體的角度來觀察彼拉多對約翰福音的信息。從約翰福音，讀者已經嗅出，羅馬帝國與當時教會之間衝突可能有的氣味。當然，兩者之間再也無法隱藏的對立抗爭，要到處於衝突高峯的啟示錄撰寫時，才完全呈現在讀者眼前。研究約翰福音中所有人物的刻畫，並非本書目的。這份特權應該留給約翰福音的每位讀者來享受。本書的寫作是希望藉著方法論的引用，及其結果的應用，為讀者在信仰的理念及生活上，帶出積極的貢獻。

方法論

在結束之前，讓我們再次回想，本書所用的研究方法理念。首先，我們必須記住，人物研究不可離開約翰福音全書的上下文而獨立進行。本書所用的四個釋經角度，正是表現上下文在釋經過程中如何重要的有效方法。

當約翰只用一個層面單純刻畫某些人物時，讀者如能依次採取四個釋經角度的研究步驟，那麼精心的文筆巧思及豐富的信仰教導就立時呈現讀者眼前。尼哥底母可說是這類人物的最佳代表。但反觀約翰福音中的耶穌，就不容許如此刻板地運用這四個釋經角度。在約翰的筆下，耶穌有多層面與多變化的角色，從「道」、「好牧人」、「羔羊」到「聖殿」等，耶穌呈現的畫像，不但在身分的轉變中令人意外，更在深愛的堅持中感動人心。在這種較複雜的人物刻畫下，如果釋經者能先專注於每個比喻的細節研究，再進入四個釋經角度的綜合觀察，那麼整個詮釋的過程將較為容易。當釋經者將所有關於耶穌的比喻檢視後，就能夠進行耶穌不同層面肖像的串連，而產生一幅完美的耶穌畫像。這完美畫像的耶穌，就是約翰信仰理念中的耶穌。

在文學評鑑中約翰的人物有些平淡無奇、有些晦暗不明、有些則顯而易見。這些人物在福音書中的功能，也常藉著約翰對他們行動的描述表現出來。舉例說，拉撒路及耶穌「所愛的門徒」都是靜默無言的人物。他們的生命卻為耶穌及祂與門徒的關係，帶出如雷般的信息。在無聲的另一端，我們看見了彼得與多馬，他們的說話定義了他們的生命。由他們的言詞，讀者可以判斷他們所代表人物的生命特性。耶穌在經文中的聲音，也有極大的重要性。耶穌對於這些人物的親口評論，與作者約翰對於他們行動或動機的判斷，分量不相上下。不論是耶穌或約翰的意見，讀者應有相同的重視，否則將錯失了完整的信息精意與教導。

在最基本的層面上，人物的文學研究彌補了專注歷史背景的釋經法。今日保守陣營對於歷史背景的強調，使他們失去了與經文所提問題的對答能力。福音書的人物，不只是歷史人物。不錯，他們曾經出現在歷史中，但對讀者而言，這些人物栩栩如生地活在作者為他們建構的經文中。經文不僅描述他們的生命事實，更使他們成為作者信息的傳達者。每位人物都或多或少地帶出了一個或以上的信息。釋經者的責任，就是學習欣賞並體認每位人物所代表的信息。

展望將來，我相信本書的釋經法在稍作調整下，可以應用於任何一本福音書。譬如，馬太福音對於萬民的關切，在前言及結語中十分突顯。馬太的寫作是否有教導跨文化使命的用意？如果平行對照，五篇講章及圍繞在旁的敘事，我們能夠對兩者之間的關連視而不見嗎？或許其他福音書的結構，不像馬太及約翰的那般緊密，但人物及信息之間的關係仍然依晰可見。那麼，倘若路加福音的讀者執意將使徒行傳擺置一旁，他們必然無法領略這兩本書的完整意義！

應用

如果經文詮釋無法為教會提供信仰層面的生活應用，那麼釋經的步驟或過程顯然尚未完成。畢竟，教會羣體是約翰寫作的動機與對象。然而，經文的應用必須是釋經的結果，而不是靈感的偶得。綜觀本書的人物刻畫研究，下列三點可以歸納出約翰對於信心的總結。

第一，人物的價值取決於他們在故事中所流露的信心素質。信心的線絡經常連貫約翰福音不同的人物故事。約翰福音在本質上是一本信心的福音書。每個故事及每位人物，都分別陳述了信心的某一特殊層面。

第二，耶穌無疑是約翰福音的核心人物與中心信息。然而，約翰所刻畫的耶穌，表現了一些與眾不同的素質。讀者必須清楚了解耶穌的獨特屬性，信心才能不斷成長。當耶穌基督的屬性環繞在四周時，信徒的信仰生命也隨之蓬勃豐滿。

第三，見證人的角色在約翰福音佔有相當重要的地位。所有在約翰福音中成為信徒典範的人物，都有相同的特性。他們是耶穌基督的見證人。可見，信徒的見證是信心最基本的表現。因此，讓我們切記，基督徒的首要使命，就是成為耶穌基督的見證人。

註釋：

1 有關聖靈的簡明摘要，參 O. Tolmie, *Jesus' Farewell*, pp. 134～135。

2 這個觀點，使我想起 Bonney 的 *Caused to Believe* 一書。

3 Charlesworth, *The Beloved Disciple* 有這方面的討論。

聖經研究叢書

探索與鑽研神的話語，傳承真理。

誰的保羅，哪個福音？——保羅詮釋現象的反思
Renewed Perspectives on Paul
曾思瀚 著／曾景恒 譯／HK$108

壞鬼釋經——糾正新約金句的常見詮釋
Commonly Misinterpreted Texts: Exegetical Fallacies in the New Testament
曾思瀚 著／曾景恒 譯／HK$88

壞鬼釋經：舊約敘事篇——糾正舊約金句的常見詮釋
Commonly Misinterpreted Texts II: Exegetical Fallacies in the Old Testament Narratives
曾思瀚 著／李梅 譯／HK$83

壞鬼釋經：舊約詩歌篇——糾正舊約金句的常見詮釋
Commonly Misinterpreted Texts III: Exegetical Fallacies in the Old Testament Poetry
曾思瀚 著／李梅、倪勤生 譯／HK$93

壞鬼比喻：馬太福音篇——糾正新約比喻的常見詮釋
Right Kingdom, Wrong Stories: A Backward Reading of Matthew's Parables
曾思瀚 著／曾景恒 譯／HK$93

使命傳承的故事——路加—使徒行傳的人物研究
Embodying Jesus: Luke-Acts Characterization
曾思瀚 著／吳瑩宜 譯／HK$98

士師記的刻劃研究——領袖、女性與家庭的故事
Judges Characterized: Stories of Leadership, Women and Family
曾思瀚、吳瑩宜 著／HK$128

啟示錄的刻劃研究——英雄、女性與國度的故事
Revelation Characterized: Stories of Heroes, Women and Empires
曾思瀚、吳瑩宜 著／HK$118

天國就在我們中間——馬太福音登山寶訓解經研究
Wise Relationships for God's People: Reading the Sermon on the Mount as Wisdom Literture
曾思瀚 著／吳瑩宜 譯／HK$78

傳到地極——羅馬書初探
To the End of the Earth: An Exposition on Romans
曾思瀚 著／吳瑩宜 譯／HK$78

基道釋經手冊
Introduction to Biblical Interpretation
(Revised and Expanded)
威廉·克萊因（William W. Klein）、克雷格·布魯姆伯格（Craig L. Blomberg）、羅伯特·哈伯德（Robert L. Hubbard, Jr.）合著／邵樟平 學術顧問／蔡錦圖 主編／HK$288

新約評經法導引
A Beginner's Guide to New Testatment Exegesis: Taking the Fear Out of Critical Method
埃理克森（Richard J. Erickson）著／許子韻、吳國雄 譯／HK$128

列王紀神學註釋
1 & 2 Kings
利法特（Peter Leithart）著／李金好 譯／HK$158

馬太福音神學註釋
Matthew
侯活士（Stanley Hauerwas）著／李雋 譯／HK$153

雅各書註釋
張略 著／HK$148

聖經導論叢書

一套高質素的原著作品，適合華人神學院和資深信徒使用的教材！

新約歷史與宗教文化導論

黃錫木、孫寶玲、張略 合撰／HK$93

在學習聖經的過程中，一般人都只專注於經卷的內容，而忽略了「聖經背景」的重要性，甚至認為它是可有可無的。然而，若要正確理解聖經經文所傳達的內容，我們必須從它們的處境出發。要成功地進入經文的世界，對經文的歷史和文化背景的認識是不可缺少的。全書分兩大部分：歷史篇遠溯至希羅文明的源頭，並介紹「兩約之間歷史」、「新約歷史」及「猶太散居地」。至於，宗教文化篇則分別介紹「新約世界的希羅宗教」和「猶太人的基本信念與實踐」，主要論及有關的宗教文化概念與神學思想。

福音書總論與馬可福音導論

黃錫木 編著／HK$98

使徒行傳導論

袁天佑 著／HK$83

加拉太書導論

郭漢成 著／HK$63

啟示錄導論

吳獻章 著／HK$88

聖經通識叢書

兼顧學術研究的精確和執著，
並教會信徒生活上的的實踐。

聖經鳥瞰

為您精簡而全面地展現聖經的本體與其來龍去脈

基礎篇 黃錫木 著／HK$93

進深篇 黃錫木 著／HK$68

聖經書卷要領

助您宏觀同類的聖經書卷

耶穌生平與福音書要領 孫寶玲、黃錫木 著／HK$88

使徒行傳與保羅書信要領 張達民、黃錫木 著／HK$88

希伯來書、大公書信與啟示錄要領 張略、黃錫木 著／HK$78

舊約先知書要領 黃嘉樑、梁國權、雷建華 著／HK$88

聖經書卷析讀

助您進深分析個別聖經書卷的內容和信息

奔走風塵的僕人——馬可福音析讀 張略、黃錫木 著／HK$118

逆轉人生的上帝之子——路加福音析讀 孫寶玲 著／HK$108

道成為人的耶穌——約翰福音析讀 吳道宗 著／HK$88

風起雲湧的初代教會——使徒行傳析讀 張達民、黃錫木 著／HK$78

情理之間持信道——加拉太書、帖撒羅尼迦前後書析讀

張達民、郭漢成、黃錫木 著／HK$98

同歸於一得基業——以弗所書析讀 郭漢成、劉聰賜 著／HK$128

僕人領袖的教導與領導——提多書、提摩太前書析讀

曾思瀚 著／曾景恒 譯／HK$138

擁抱危機的事奉傳承——提摩太後書析讀 曾思瀚 著／曾景恒 譯／HK$98

在曠野中與上帝同行——民數記析讀 黃嘉樑 著／HK$158

剛強壯膽回應上帝的應許——約書亞記析讀 黃嘉樑 著／HK$163

背約沉淪的循環軌迹——士師記析讀 吳獻章 著／HK$128

愛的審判與生命的應許——耶利米書析讀 熊潤榮 著／HK$148

其他出版

讓您多方、多向，更完整地研讀聖經

憑祢恩言——實用基督徒生活手冊 郭鴻標、黃錫木 主編／HK$108

聖經通識手冊 羅慶才、黃錫木 主編／HK$188

緊扣時代 服事教會

以文字傳揚基督真道

讀者意見表

衷心多謝你購買本社書籍。本社一直致力以出版事工服事教會，幫助信徒扎根於神的話語，促進靈命增長。為使我們的出版更能滿足你的需要，請填寫下列各項資料，並寄回或傳真予本社。

所購書籍：______________________

本書最吸引你的地方：

□作者　□適切性　□文筆　□設計　□實用性

□其他：______________________

購買本書地點：

□基道書樓　□基督教書店　□非基督教書店

性別：□男　□女　職業：______________________

信仰：□基督徒　□非基督徒

年齡：□16歲或以下　□17～25歲　□26～35歲

□36～55歲　□56歲或以上

學歷：□中三或以下　□中五　□預科

□大學　□研究院

□我欲更多了解基道出版社的事工及考慮支持，請寄給我下列資料：

□機構簡介　□新書資料　□基道會員通訊

□《基道文字事工通訊》

姓名：______________________電話：______________________

地址：______________________

____

傳真：______________________電子郵件：______________________

其他意見：______________________

____

多謝賜教！

意見表可以傳真（2687-0281）或直接郵寄以下地址：

香港沙田火炭坳背灣街26號富騰工業中心1011室

基道出版社編輯部收